ZHUANLIFA YANJIU

专利法研究

2018

国家知识产权局条法司　编

知识产权出版社

全国百佳图书出版单位

—北京—

图书在版编目（CIP）数据

专利法研究. 2018/国家知识产权局条法司编. —北京：知识产权出版社，2020.6
ISBN 978-7-5130-6879-6

Ⅰ.①专… Ⅱ.①国… Ⅲ.①专利权法—研究—2018—年刊 Ⅳ.①D913.04-54

中国版本图书馆 CIP 数据核字（2020）第 060553 号

内容提要

本书分知识产权法律制度、知识产权保护、知识产权运用、专利审查 4 个专题，
汇集 15 篇文章，围绕近年来的知识产权领域热点问题展开研究。相关文章是专利法
相关领域的最新研究成果，可以为从事专利法研究的人员提供借鉴和参考。

责任编辑：王祝兰　　　　　　　　　责任校对：王　岩
封面设计：韩建文　　　　　　　　　责任印制：刘译文

专利法研究 2018

ZHUANLIFA YANJIU 2018

国家知识产权局条法司　编

出版发行：知识产权出版社有限责任公司　　　网　　址：http：//www.ipph.cn
社　　址：北京市海淀区气象路 50 号院　　　邮　　编：100081
责编电话：010-82000860 转 8555　　　　　　责编邮箱：wzl@cnipr.com
发行电话：010-82000860 转 8101/8102　　　发行传真：010-82000893/82005070/82000270
印　　刷：北京建宏印刷有限公司　　　　　　经　　销：各大网上书店、新华书店及相关专业书店
开　　本：720mm×960mm　1/16　　　　　　印　　张：14.25
版　　次：2020 年 6 月第 1 版　　　　　　　　印　　次：2020 年 6 月第 1 次印刷
字　　数：250 千字　　　　　　　　　　　　定　　价：75.00 元
ISBN 978-7-5130-6879-6

目　录

专利审查

"知识产权基本法"中的行政与司法衔接条款

张 鹏[❶]

摘 要

在"知识产权基本法"的制定中十分有必要纳入行政与司法衔接条款。在该条款中应明确指出专利权效力的首次判断权限应该集中于行政机关,而不是司法机关。司法机关的二次判断应该本着谦抑的原则进行司法审查。从行政诉讼的基本构造上看,传统的撤销诉讼模式贯彻了司法审查对于行政行为判断的尊重与谦抑性,因此坚持专利无效判断上的行政诉讼基本构造应该是今后改革的一个基本方针。同时也应该在认识到我国专利无效行政程序在排除问题专利上的弊端的基础上,应更加兼顾效率性原则来改造行政诉讼基本构造——如当事人地位、诉讼管辖、审理程序、审理范围、判决类型、判决效力等方面。

关键词

专利无效宣告程序 专利无效抗辩 专利无效行政诉讼 确权程序 司法审查

---

❶ 作者单位:中国社会科学院。

一、问题所在

我国知识产权单行法与行政授权确权相关的领域中，一个最为突出的问题就是如何协调行政确权行为和司法判断的关系。特别是对专利权、商标权等存在行政机关确权程序的权利来说，行政行为的介入贯穿权利的取得、变更与消灭之始终。以发明专利为例，在权利取得方面实行授权前实质审查程序，并通过设立专门技术性行政机关集中处理这一工作，只有经审查满足授权要件的才授予发明专利权。❶ 此外，《专利法》就专利权的消灭设计了无效宣告程序，由隶属于行政机关的专利复审委员会❷依申请作出宣告专利权无效的决定（《专利法》第 46 条），并且宣告无效的专利权视为自始即不存在（《专利法》第 47 条）。❸

在实践中，行政机关就权利有效性判断与司法机关就行政机关判断的审查之间的相互衔接方面引发了种种问题，具体包括确权行政程序复杂冗长、有效性争议的诉讼定性不科学、难以避免循环诉讼、导致关联诉讼久拖不决等，因此改革现行衔接模式的呼声不断。❹ 其中，为解决上述弊端，在 2008 年《专利法》修改过程中就无效抗辩的导入问题发生过激烈的争论。最终，因为考虑到设立一个在全国范围内有案件管辖权的统一上诉法院并非在短期之内就能实现而作罢。❺ 2018 年 10 月 26 日第十

---

❶ 其典型例为：专利申请经审查后，没有发现驳回理由的，由专利行政部门作出授予发明专利权的决定（我国《专利法》第 39 条、第 40 条）；申请人按期办理登记手续的，专利行政部门应当授予专利权，颁发专利证书，并予以公告（我国《专利法实施细则》第 54 条），专利权自公告之日起生效。

❷ 2019 年更名为国家知识产权局专利局复审和无效审理部，为国家知识产权局专利局内设机构。——编辑注

❸ 由于我国《专利法》中并未像其他国家那样规定专利权订正审判程序，因此专利权授权后对于权利要求书等的变更仅能通过无效宣告程序中对专利文件的修改来实现。审查指南除了要求"修改不得超范围"之外，还对修改方式进行了限制，特别是规定了无效宣告程序中只能修改权利要求书，并且修改权利要求书的具体方式一般限于权利要求的删除、合并和技术方案的删除，而其他国家对于无效宣告程序中修改方式的限制要宽松得多，尽管有所限制但是在专利权变更中的确也存在着行政作用介入的事实。

❹ 邰中林法官总结了五种具有代表性的专利权确权机制改革建议。参见：邰中林 . 知识产权授权确权程序的改革与完善 [J]. 人民司法，2010（19）.

❺ 尹新天 . 中国专利法详解 [M]. 北京：知识产权出版社，2011：476.

三届全国人民代表大会常务委员会第六次会议通过的《全国人民代表大会常务委员会关于专利等知识产权案件诉讼程序若干问题的决定》,明确了建立国家层面知识产权案件上诉审理机制(同时中央批准最高人民法院设立知识产权法庭,统一审理全国范围内专业技术性较强的专利等上诉案件,促进有关知识产权案件审理专门化、管辖集中化、程序集约化和人员专业化,为建设知识产权强国和世界科技强国提供有力司法服务和保障)。该决定自 2019 年 1 月 1 日起施行。[1] 根据《最高人民法院关于知识产权法庭若干问题的规定》[2],最高人民法院设立知识产权法庭,主要审理专利等专业技术性较强的知识产权上诉案件,包括:不服高级人民法院、知识产权法院、中级人民法院作出的发明专利、实用新型专利、植物新品种、集成电路布图设计、技术秘密、计算机软件、垄断第一审民事案件判决、裁定而提起上诉的案件;不服北京知识产权法院对发明专利、实用新型专利、外观设计专利、植物新品种、集成电路布图设计授权确权作出的第一审行政案件判决、裁定而提起上诉的案件;不服高级人民法院、知识产权法院、中级人民法院对发明专利、实用新型专利、外观设计专利、植物新品种、集成电路布图设计、技术秘密、计算机软件、垄断行政处罚等作出的第一审行政案件判决、裁定而提起上诉的案件等。

考虑到上述实践中产生的现实问题,以及制度框架改革后在行政确权与司法判断上需要进行新的制度衔接,而作为调整知识产权各单行法中基本问题与协调问题的重要法律制度,"知识产权基本法"十分有必要纳入行政与司法衔接条款,并在一定原理的指导下为行政与司法在权限划分与程序协调上作出明确的指引。本文就是以此为目的,首先探讨在涉及行政行为介入的情况下协调行政与司法关系的原理,之后在原理的指导下对于一系列具体问题给出协调方案,最后再从具体问题中提炼可资"知识产权基本法"导入的衔接条款。

---

[1] 周强. 关于专利等案件诉讼程序若干问题的决定(草案)的说明:2018 年 10 月 22 日在第十三届全国人民代表大会常务委员会第六次会议上 [EB/OL]. (2018-10-26)[2018-10-26]. https://www.chinacourt.org/article/detail/2018/10/id/3549349.shtml.

[2] 法释〔2018〕22 号,2018 年 12 月 3 日最高人民法院审判委员会第 1756 次会议通过,自 2019 年 1 月 1 日起施行。

二、原理部分

（一）法院与行政机关权限划分的理论考察

1. 事前过滤与事后过滤

事前过滤主要是指通过更加严格的授权前行政审查程序减少不符合授权条件的权利产生的模式。但是考虑到在现实中各国专利等数量巨大的申请，严格审查的成本将是极其巨大的，而且就算是通过严格审查后授予了权利，由于在所有权利中真正投入实际使用的权利数量极其有限，大量审查成本将无端被浪费，同时由此造成的审查延迟、申请积压现象也会减弱知识产权制度的激励创新效果。❶ 考虑到从成本便宜的角度需要制度性地忽略事前过滤，因此有必要提高事后过滤的重要性。所谓事后过滤是指在授权后，通过无效程序等对于不符合授权条件的权利进行排除的制度设计。在进行事后过滤的制度设计时，应该充分考虑到其制度机能。具体来说，该机能的发挥包括两个方面的利益衡量，其一是权利人与主张权利无效的第三人之间就作为私权的权利效力问题产生的纷争，其二是作为制度整体来说排除不符合授权条件的权利存在的公益性目的。考虑到兼顾私益与公益的制度机能，在事后过滤的判断主体选择上，应充分考虑法院与专利行政机关的特点，选择适宜的制度配置。

2. 司法机关的质的控制（Quantitative Control）与行政机关的量的控制（Qualitative Control）

从法院来看，相比于行政机关，其优势主要体现在对法律问题的熟悉、易于保证中立的裁判、对个案的充分审查以及通过采用当事人主义

---

❶ MERGES R P. As Many as Six Impossible Patents Before Breakfast：Property Rights for Business Concepts and Patent System Reform ［J］. BERKLEY TECH. L. J. , 1999, 577 （14）：592；LEMLEY M L. Rational Ignorance at the Patent Office ［J］. Northwestern University Law Review, 2001, 95：1495.

也有学说主张应将事前过滤的制度设计成二阶段模式（Two-Tier），即一般审查员对于专利进行普通严格程度的审查，从而提高审查的效率，减少行政成本；专利申请人可以提出通过缴纳更高的审查费用希望专利局更加严格地审查专利的有效性的请求，而通过该更加严格审查的专利权称之为镀金专利（Patent-Plated Patents），在有效性的推定上给予其高于未经过该程序审查的专利的效力。参见：LICHTMAN D, LEMLEY M. Rethinking Patent Law's Presumption of Validity ［J］. Stanford Law Review, 2007, 60：45.

的诉讼结构使结论易于为当事人所接受，其劣势显著体现在对于技术性问题缺乏充分的判断能力、以当事人的请求为前提不诉不理、着眼于当事人间的纠纷解决、诉讼成本较高。尽管从个案来看，对于承担了较高的诉讼成本进行诉讼活动的当事人来说，通过法院审慎的审判活动，得到了就个案的公平处理，维护了私益；但是从事后过滤的公益机能角度看，法院并不能胜任排除不符合授权条件的权利并设定相对稳定的规范基准的任务。其原因在于：首先，在法院提起的纠纷数量过少，大多数潜在的纠纷由于诉讼成本等因素被排除在了法院大门之外；其次，专利等制度中存在的各种政策调节手段（具体而言就是授权要件）起到了依据不同的技术领域、产业类型的特点贯彻专利制度促进经济发展的政策目的。❶ 这种政策目的的实现很难通过个别的或者确定的预先设计所实现，而是仰仗经验主义的大样本调整，通过大量的实践逐步试错、反馈、微调，从而得出适应产业发展的政策。从这个角度看，由于受案件数量的限制，法院很难承担测定政策导向的任务。也就是说，法院的优势在于就个案的"质的控制"，而不擅长具有政策导向的"量的控制"。❷ 而行政机关却具备与法院相反的优缺点。考虑到在事后过滤的过程中，更应强调行政机关的"量的控制"的重要性，虽然在一定程度上也要使法院的机能得以发挥，但应以尊重行政机关"量的控制"为主体，协调两判断主体之间的关系。

3. 司法机关对于行政机关判断的谦让（Deference）

由于奉行司法最终原则，行政机关的任何行政决定均需经过司法审查。但是司法机关对于行政机关通过不同程序作出的行政裁决的谦让程度却应存在差异。特别是针对技术性很强的各种专利行政案件，从司法效率性的角度也需要区分对待各种类型。该观点是由 Rai 教授首先提出的，他从法院对于美国专利商标局（USPTO）所作出的三种决定采取的不同谦让（Deference）程度的角度说明了两者间在问题专利的无效判断

---

❶ BURK D L, LEMLEY M A. Policy Levers in Patent Law [J]. Virginia Law Review, 2003, 89: 1575. 中文版参见：BURK D L, LEMLEY M A. 专利法的政策杠杆 [M]. 汤俊芳, 等译//李扬. 知识产权法政策学论丛 2009 年卷. 北京：中国社会科学出版社, 2009.

❷ MASUR J S. Regulating Patents [J]. 2010, Supreme Court Review, 2010: 275.

权限分配上的问题，极具启发意义。❶ 具体介绍如下。

首先，对于专利授权（Patent Grants）来说，法院对于 USPTO 所作出的行政裁决的司法审查只需保持较低的谦让程度即可。❷ 此处所指的对于行政机关专利授权行政行为的司法审查主要是指专利侵权诉讼或专利无效确认诉讼中法院对于专利权有效性的判断。其理由就在于从制度上看，审查员存在授予专利权的倾向，从而易于放过在效力上有瑕疵的专利。具体来说，在单方审查程序中（Ex Parte），申请人一般不主动提出对自己不利的现有技术，因此就必须通过审查员自己详尽的检索来找出相关现有技术。由于申请数量的日益增多，❸ 审查员不得不在短时间内进行充分的检索及审查。此外以审查件数作为衡量审查员工作业绩的重要标准的评价体系也加重了这一倾向。据此 Rai 教授认为在专利权侵权诉讼中推翻对于专利权效力的推定的证明程度不必要求为明白且确信的程度（Clear and Convincing Evidence），而只需达到证据的优越性程度（Preponderance of Evidence）即可。

其次，对于拒绝授权（Patent Denials）来说，法院对于 USPTO 所作出的行政裁决的司法审查需要保持较高的谦让程度。❹ 此处所指的对于专利拒绝的司法审查主要是指对于 USPTO 作出的维持驳回的决定不服而上诉到美国联邦巡回上诉法院（CAFC）的情形。❺ 其理由在于审查员负有证明权利要求具备驳回理由的证明责任❻，因此其具有积极收集证据证明专利权无效的激励。此外，对于审查员作出的驳回决定，申请人也可以向 USPTO 的专利诉讼和冲突委员会（Board of Patent Appeals and In-

---

❶ RAI A K. Engaging Facts and Policy: A Multi-Institutional Approach to Patent System Reform [J]. Columbia Law Review, 2003, 103 (5): 1035, 1103-1110; RAI A. Allocating Power over Fact-Finding in the Patent System [J]. Berkeley Technology Law Journal, 2004, 907.

❷ RAI A K. Allocating Power over Fact-Finding in the Patent System [J]. Berkeley Technology Law Journal, 2004, 907: 910-912.

❸ 见美国 2011 年度专利申请及授权统计资料，网址为 http: //www. uspto. gov/about/stratplan/ar/2011/USPTOFY2011PAR. pdf.

❹ RAI A K. Allocating Power over Fact-Finding in the Patent System [J]. Berkeley Technology Law Journal, 2004, 907: 912-917.

❺ 35 U. S. C. § 141.

❻ 35 U. S. C. § 132.

terferences，BPAI) 请求复审。[1] 而根据统计显示，经过 BPAI 复审后仅有三成完全维持了原驳回决定，也就是说经过复审程序后的行政裁决的正确性较高。据此 Rai 教授认为在因不服维持驳回的决定而上诉到美国联邦巡回法院的诉讼中推翻对于专利权效力推定的证明程度不应仅为明白的错误程度（Clearly Erroneous)，而且应适用行政程序法典（Administrative Procedure Act) 中的实质性证据程度（Substantial Evidence)，也就是说只有在依据实质性的证据的情况下，美国联邦巡回上诉法院才可以推翻 USPTO 的行政裁决。[2]

最后，对于专利授权后复审（Post Grant Review) 来说，相比于上述两种情形，法院对于 USPTO 所作出的行政裁决的司法审查需要保持最高的谦让程度。[3] 其理由在于新导入的授权后复审程序的启动仅限于与专利权存否有利害关系的人的请求。该利害关系人对于寻找否定专利权效力的先行技术具备很高的积极性，因此 USPTO 依据相应资料作出的行政裁决的正确性也较高。据此 Rai 教授认为法院更应尊重 USPTO 所作出的行政裁决。

（二）无效宣告程序的性质研究

对于无效宣告程序性质的理解历来就存在行政程序说与民事诉讼说的争论。[4] 主张无效宣告程序在性质上属于民事诉讼程序的理由一般是认为无效宣告程序中所宣告的无效并不是授权行政处分决定的无效，而是权利在实体意义上的无效；专利权等作为私权，专利权人及第三人就该权利存在与否的纠纷在本质上属于私法上权利关系的范畴；[5] 此外，从规范层面看，专利无效宣告程序采取与民事诉讼程序相同的当事人对抗构

---

[1] 35 U. S. C. § 134.

[2] Dickinson v. Zurko，527 U. S. 150 (1999).

[3] RAI A K. Allocating Power over Fact-Finding in the Patent System [J]. Berkeley Technology Law Journal，2004，907：917-919.

[4] 其中认为无效宣告程序在本质上属于解决平等主体之间的民事争议的民事纠纷解决程序的观点包括：梁志文. 论专利授权行为的法律效力：兼评专利法改革中的制度选择 [J]. 法律科学，2009 (5)：157；程永顺. 无效宣告请求诉讼程序的性质 [G] //国家知识产权局条法司.《专利法》及《专利法实施细则》第三次修改专题研究报告. 北京：知识产权出版社，2006：739.

[5] 君嶋祐子. 特許無効とその手続（二）[J]. 法学研究，1996 (69)：33.

造，并较多地准用民事诉讼程序的规定；● 还有倘若承认专利无效宣告程序是对于专利授权决定宣告无效的话，在原行政处分无效后作出行政处分的机关不得不重新作出新的行政处分，但是经过专利无效宣告程序后并不需要专利复审委员会重新作出审查决定，宣告专利权无效的决定由专利行政部门登记和公告无效后即生效（《专利法》第 46 条），因此从该实定法上也可以证明专利无效宣告程序中所宣告的是专利权的无效。●

从专利制度发展史的角度看，也不乏"民事诉讼说"占统治地位的时期。例如日本在明治 21 年（1888 年）日本专利条例颁布之前，专利无效案件均由法院受理，尽管依据该条例逐渐完善了专利局的审判制度，但是直到"二战"前，日本专利局审判机构仍被视为是司法机构的特别法院，专利无效审判亦被视为民事诉讼程序的一种。● 美国也在传统上规定对于专利有效性判断的权限集中在法院。法院通过两种情况对专利权的效力进行判断。其一是专利侵权诉讼过程中被告提出的专利无效抗辩。该情况下由于推定专利权有效，因此被告负有证明专利权无效的证明责任。● 其二是提起专利无效的确认宣告判决诉讼。对于专利权无效具备诉之利益的人，诸如受到专利权人的侵权警告的人，可以提起该确认宣告判决诉讼。● 该情况下证明责任由原告负担。上述两种情况均属于民事诉讼，诉讼的效力仅及于当事人及其继承人之间。● 即使法院作出专利权无效的判断，行政机关的专利授权行政决定也不自动撤销，专利权人仍可以依其专利权对其他主体提起侵权诉讼。

而不管是日本专利条例还是美国专利法之上述实践都是建立在"先

● 大渕哲也. 特許審判と特許訴訟の諸問題 [J]. ジュリスト，2007（1227）：34.

● 大渕哲也. 特許処分・特許権と特許無効の本質に関する基礎理論 [J]. 日本工業所有権学会年報，2010（34）：91-93.

● 飯島歩. 特許無効審判における一事不再理 [J]. 知的財産法政策学研究，2007（16）：252.

● 35 U. S. C. § 282.

● Declaratory Judgment Act，28 U. S. C. § 2201.

● Chisum, patents § 19.02 [2]（1991）.

发明主义"基础之上，❶ 即承认专利权作为先国家性质的权利，专利权自发明行为完成之时起即产生，而专利授权处分行政行为在性质上属于对于发明事实的确认和公证，因此专利无效宣告程序中所宣告的是专利权的无效而不是专利授权行政处分的无效。

但是这种立足于自然权发明观❷的观点，不管是在理论上还是在实定专利法中都为现代实践所抛弃。对于因发明人从事了一定技术思想的创作，因此当然享有专利权的观点，至少在现行专利法的认识上，就算是独自发明的发明人也有可能受制于他人专利权的行使。因为虽说是独自发明的发明人，只要和其他发明人（及其继承人）的申请相比并非在先申请（专利法上的先申请主义）或在先进行了经营的准备（专利法上的先使用）的话，即会变成侵害他人的专利权而无法利用自己的专利权，所以以自然权为其根据是难以解释这一矛盾的。❸ 再者，由自然权论来证成规制他人行动自由的专利制度也颇为困难，因此结果上专利权的产生及承认不能仅着眼于个人权利，而应从涉及多数人利益的功利主义观点来加以推导。❹ 从实定专利法上看，对于不服专利无效决定或维持专利无效决定的司法审查是作为行政诉讼的一种，由专利复审委员会作为被告，第三人作为第三人参加该诉讼。该诉讼的性质属于对于行政处分的取消诉讼。因此认为专利无效宣告程序属于民事诉讼程序的观点至少在现行专利法上是没有根据的。

---

❶ 日本在大正 10 年（1921 年）专利法修改时该先发明主义为先申请主义，并视专利权为特许之行政处分创设性质赋予的权利，专利无效案件在性质上应视为主张特许无效的行政程序（網野誠.わが国の工業所有権における審判制度の沿革［J］. 工業所有権法，1982（5）：152）。而美国现行专利法自 1952 年以来，时隔近 60 年终于 2011 年 9 月 16 日进行了大修改 AIA（the Leahy-Smith America Invents Act）（H. R. 1249；112ᵗʰ congress；2011－2012）。新法中从先发明制（First to Invent System）向发明人先申请制（First Inventor to File System）的转变，是自 1790 年美国联邦专利法制定以来对该规定的首次修改。

❷ 代表性的论述见于德国专利法学者的瑟夫·科勒（Josef Kohler）对无体财产法的认识，即对于发明人利用自然而创造出新颖的发明思想以自然权为由均应享有权利。参见：コーラー. 特許法原論［M］. 小西眞雄，訳. 東京都：厳松堂書店，1913：43.

❸ 田村善之. 田村善之论知识产权［M］. 李扬，等译. 北京：中国人民大学出版社，2013：86.

❹ 田村善之. 田村善之论知识产权［M］. 李扬，等译. 北京：中国人民大学出版社，2013：1.

9

三、具体制度设计

（一）行政程序与司法审查在行政诉讼上的权责划分

1. 坚持专利无效判断程序上的行政诉讼基本构造

对于专利权效力的判断的首次权限应该集中于行政机关，而不是司法机关。司法机关的二次判断应该本着谦抑的原则进行司法审查。从行政诉讼的基本构造上看，传统的撤销诉讼模式在一定程度上很好地贯彻了司法审查对于行政行为判断的尊重与谦抑性。因此坚持专利无效判断上的行政诉讼基本构造应该是今后改革的一个基本方针。同时也应该在认识到我国专利无效行政程序在排除问题专利上的弊端的基础上，要更加兼顾效率性原则来改造行政诉讼基本构造的某些方面。

2. 专利复审委员会的定位问题

在确定以行政诉讼模式构建专利权效力判断体系后，就需要解决专利复审委员会的定位问题。在主张专利复审委员会在无效宣告程序中采用民事诉讼程序基本构造的学说下，会得出专利复审委员会应改组为司法机关或准司法性质的机关的结论。但是从上述专利权效力判断上存在的行政行为与司法审查的关系上看，专利复审委员会在专利无效宣告程序中所作行政行为的司法审查中，法院应该采取谦抑的态度，故而如果形成民事诉讼上下级全面审查模式的话，那么将打破专利权效力判断上的司法与行政分工之合理性，因此将专利复审委员会定位为行政机关不管是从学理上还是从积极稳妥地推进改革上看都是妥当的选择。事实上广受诟病的在专利无效行政诉讼中只能由专利复审委员会充作被告的设置，导致专利复审委员会既不能准确代表利益双方的实际诉求，又增添了相当可观的行政成本。可以预见的改革方式是在行政诉讼法中导入"当事人诉讼"模式，突破传统行政诉讼法理论上"撤销诉讼中心主义"的藩篱，将专利复审委员会作出的裁决作为"确认或形成当事人间法律关系的处分"的裁决，使形成或确认法律关系的任何一方当事人可以成为行政诉讼中的被告。同时可以以专利复审委员会在其中的不同地位为依据，划分为单方程序和双方程序。前者典型代表就是复审程序、授权前异议程序、授权后撤销程序、修改程序，而后者的典型代表就是无效程序。

3. 专利无效行政诉讼中的审理范围

对于专利无效行政诉讼中的审理范围问题，司法机关在"审理范围"问题上对行政机关判断的谦抑性实践尽管维护了行政机关在技术问题上的再审查权限，有利于保持专利权效力问题上的一贯性判断，但是却可能使得相关程序严重迟延，不利于单次程序中效率性地解决专利权效力判断上的实质性纠纷。举例来说，在行政诉讼中如果不限制新证据的提出与评述的话，这样仅需在行政诉讼单次程序中就可以将无效与否的事由全面地进行判断，有利于纠纷的迅速解决，进而体现了"纠纷的早期解决倾向"；而限制行政诉讼中对于未经行政程序判断的新证据的提出与评述，可能强化行政机关在新证据判断上的独占性，进而体现了"重视行政机关再审查倾向"，即保证任何技术上的事项都经过专利行政机关的审查。这就意味着对于无效行政诉讼中提出的新证据必须经过行政程序的审查。但这并不意味着无效诉讼的相关当事人不能在无效诉讼程序中提出新证据，而仅意味着法院不能于未经行政机关判断之前在行政诉讼程序中对其进行判断。尽管如此，法院可以接受该新证据，但不予评述，并判令专利复审委员会针对该新证据重新进行审查。

4. 专利无效行政诉讼中的判决效力

从判决的拘束力角度看，如果扩大判决拘束力所及无效理由之范围的话，那么就会限制再审行政程序对于无效事由判断的范围，因此有利于"纠纷的早期解决"；如果限制判决拘束力所及无效事由的范围的话，行政程序可以有较多选择对于专利权效力重新进行再审查，因此体现出了"重视再审查的倾向"。假设在无效宣告程序中专利复审委员会是以某无效理由作为主引用例否定了专利权的有效性，该理由在无效诉讼中被法院撤销，此时专利复审委员会不得再次以该无效理由否定专利权效力，但是不意味着专利复审委员会不可以将某无效理由作为主引用例与某一公知技术常识相结合否定专利权效力。但是如果承认撤销判决的拘束力不仅仅及于主引用例，对于专利复审委员会试图在主引用例上稍作修改规避判决拘束力的行为，应该适当扩大判决拘束力的范围，裁量性地否定专利复审委员会再次以相类似的无效事由启动无效宣告程序及作出行政裁决。

5. 专利权效力判断的行政程序的丰富

在我国现有的无效宣告程序体现出了以下特点：原则上采取口头审

理的形式，对提起无效程序的当事人来说成本也较高；强化依职权审查的倾向，减少了当事人参与程序的积极性；对无效宣告程序中专利文件的修改的限制；宣告专利权无效的决定对已履行的侵权判决不发生溯及力等。因此单一化的无效救济难以完成加强事后过滤的使命。可以考虑恢复原有的授权后撤销制度，并在制度上通过限制申请期限、原则上实行书面审理等措施。新增加这一程序可能带来诸多不利的影响，例如由于请求人的举证责任相对较轻，因此该程序极有可能被滥用。而一旦这一程序被竞争者利用，权利人再针对国家知识产权局的决定向法院提出诉讼，无疑会导致时间和费用的增加，很可能给权利人带来重大损失，不利于发明的许可和实施等问题。可以通过禁止反言的设置，排除当事人向法院或专利行政机关就同一事项、同一理由再次请求。

（二）行政程序与司法审查在民事侵权诉讼上的权责划分

通过设置明显性要件，有限导入法院在侵权民事诉讼中的无效判断权限。具体体现为对于法院来说无效事由是否显而易见，径行判断是否会产生过重负担，且依无效宣告程序是否也会必然地产生相同的结论。因此对于我国专利法上限定性描述的无效事由（《专利法实施细则》第65条），只要是满足法院在判断上不会产生过重负担，且依无效宣告程序也会必然产生相同结论的，即可作为无效抗辩的理由予以适用（这需要在司法实践中不断积累其类型，以期达到稳定的判断）。在借鉴比较法经验（日本）与我国实际情况的基础上，进一步提出对于下列情况应排除在无效抗辩中的适用。

（1）对于创造性的判断，一般认为涉及较强的技术性（多项现有技术组合等），因此对以丧失创造性为理由的无效抗辩可能会有悖于无效审查行政前置主义的制度初衷，并易于造成行政机关与法院相异判断的产生。

（2）对于权利要求中仅部分要件包含现有技术，或部分要件不满足说明书支持的情况，也不宜适用无效抗辩。其理由在于：在无效宣告程序中专利权人可能通过删除构成现有技术的权利要求部分（《专利审查指南 2010》第四部分第三章第 4.6.2 节）使得该专利不被宣告全部无效（部分无效），而在某些情况下并不影响被告的侵权构成。举例来说：在权利要求为"盐酸或硝酸配制的消毒液"中，盐酸配制消毒液为现有技术，被控侵权产品为硝酸配制的消毒液。尽管权利要求中包含无效事由，但专利权人可以通过在无效宣告程序中删除"盐酸配制的消毒液"部分，从而保留"硝酸配制的消毒液"，结果上并不影响被告的侵权构成。因此如果对于此种权利要求适用无效抗辩的话，可能造成与无效宣告程序相矛盾的判断。

四、"知识产权基本法"中的条款设计

（一）确权行政程序与司法审查的衔接

经任何程序作出的关于确权的行政决定均应接受司法审查。司法审查中应尊重行政机关对于技术性事项的判断，仅针对行政确权决定的合法性进行审查。

（二）确权程序与侵权纠纷处理程序的衔接

法院在审理知识产权侵权诉讼过程中，仅在例外的情况下，对于明显具备无效理由的情形，当事人提出权利无效抗辩的，法院可直接就权利效力进行审理，无需当事人另行请求知识产权复审机构宣告权利无效。

在当事人提出无效宣告请求后法院也无需中止侵权诉讼；但可要求权利审查机构就权利效力所涉事实问题提供审查报告，作为其对知识产权效力作出裁判的重要依据。

法院在知识产权侵权诉讼中对于知识产权效力所作裁判仅对判断侵权具有个案效力，知识产权本身的效力仍然需要通过权利无效程序确定。

知识产权地方立法
调研分析报告[*]

李　骥❶　许春明❷　胡安琪❸　张　军❹

摘　要

　　通过调查我国各省级和设区的市级人大知识产权立法现状，分析指出我国地方知识产权立法的特点：总体上缺乏体系性；专利地方性立法偏重"鼓励创造"和"加强保护"；商标地方立法数量不足，内容单一；著作权地方立法分散缺位，内容陈旧。知识产权综合立法具有必要性，应成为当前立法方向和重点。通过对四十余家企事业单位座谈调研，分析其对于知识产权地方综合立法的需求，对我国知识产权地方综合立法在知识产权的行政综合管理体制机制、创造和运用、全方位保护、服务体系、社会意识、人才培养与激励等方面提出了合理化的建议。

关键词

　　地方知识产权立法　现状分析　知识产权综合立法

＊　本文为国家知识产权局条法司"专利立法协调指导机制重点指导协调项目"2018年成果之一。
❶　作者单位：上海大学管理学院。
❷　作者单位：上海大学法学院、知识产权学院。
❸　作者单位：国家知识产权局条法司。
❹　作者单位：上海市浦东新区知识产权局。

一、序　言

近年来，知识产权的运用与保护越来越受到国家和社会各方的重视。2015 年 12 月出台的《国务院关于新形势下加快知识产权强国建设的若干意见》提出了建成中国特色、世界水平的知识产权强国的重要目标；2016 年 12 月，中央全面深化改革领导小组第三十次会议审议通过了关于开展知识产权综合管理改革试点总体方案，提出了推动形成权界清晰、分工合理、责权一致、运转高效、法治保障的知识产权体制机制的改革目标；2017 年 7 月 17 日，习近平总书记在中央财经领导小组第十六次会议上强调，知识产权保护是塑造良好营商环境的重要方面；2018 年党中央、国务院机构改革方案正式公布，从国务院到地方各级的知识产权管理部门都面临重组，知识产权综合管理改革正在进行中；2018 年 4 月，习近平总书记在博鳌亚洲论坛上再次指出加强知识产权保护是完善产权保护制度最重要的内容，也是提高中国经济竞争力最大的激励，并将"加强知识产权保护"列为我国近期在扩大开放方面的四个重大举措之一。

二、知识产权地方立法是国家知识产权 立法体系的重要部分

世界风云变幻，各国综合国力在全球舞台的角逐日趋激烈。这就对当代中国加快建设完备的治理体系、提升治理能力提出了极大的挑战。治理国家离不开完备的法律体系，建设社会主义法治中国，是建设富强、民主、文明、和谐的社会主义现代化国家的重要目标之一。

毫无疑问，知识产权已然成为国家与国家、企业与企业之间最重要的竞争手段和博弈工具之一，知识产权问题也日益国家化、政治化、外交化、国际化。在自身发展需求和国际环境推动等因素的综合作用下，我国用了大约二十年的时间就完成了发达国家花了上百年时间才完成的知识产权立法工作，我国的知识产权法律已成体系。我国现行的知识产权法律体系中包含了知识产权单行（特别）法律法规、基本法中的关于

知识产权的规范、其他法中的有关知识产权的规范、知识产权地方法规、知识产权司法解释等。但是，从与时俱进和拾遗补阙两方面来看，我国的知识产权立法工作仍然需要不断完善。

与知识产权法律法规配套，我国各地方依法开展了大量知识产权地方立法。课题组针对全国各省级和设区的市级人大知识产权相关立法文件进行了梳理。❶ 如表 1 所示，截至 2018 年 6 月 30 日，被调查省区市的知识产权相关立法的总数为 156 部，其中立法数量最多的是除专利、商标、著作权以外的"其他立法"类别，主要涉及"反不正当竞争"以及"科学技术促进"等方面，共计 78 部相关立法，占立法总数的 50.00%；其次是"专利立法"类别，除内蒙古、吉林、海南、西藏四省区外，其余各省区市均对专利进行了相应的立法保护，加上设区的市级人大立法文件，共计 44 部，占立法总数的 28.21%；"著作权立法"类别和"商标权立法"类别的立法数量分别为 24 部和 3 部，分别占立法总数的 15.38% 和 1.92%；知识产权的"综合立法"仅有包括 2 部省级人大立法文件和 5 部设区的市级立法文件在内的 7 部立法文件，仅占立法总数的 4.49%。

表 1　被调查省区市人大知识产权立法情况统计表（截至 2018 年 6 月 30 日）

类别	专利立法	商标立法	著作权立法	其他立法	综合立法	总数
数量/部	44	3	24	78	7	156
占比	28.21%	1.92%	15.38%	50.00%	4.49%	—

我国目前针对知识产权的相关地方立法主要集中于专利和反不正当竞争方面，商标和著作权立法较少。总体上，知识产权地方立法相对分散，综合性立法数量极少。

上述众多的知识产权地方性法规和没有列明的地方政府规章，是结合各地方社会实际和工作实践制定的，对于我国知识产权工作具有重要的推动作用，是我国知识产权立法体系的重要组成部分，对于相关问题的规定，可以起到对法律法规的补充作用。

---

❶ 调研数据的来源为各地人大网站等网络平台，可能存在部分缺漏。"其他立法"类别是指，除专利、商标、著作权以外的其他知识产权。

三、知识产权地方立法存在的问题及相关思考

（一）知识产权地方立法总体上缺乏体系性

1. 知识产权地方立法的上位法律体系仍不具完备性

我国知识产权法律体系随着"知识产权强国"建设正在逐步趋于完善，但是当前的知识产权法律体系构建仍不够科学，《专利法》《著作权法》《商标法》及《反不正当竞争法》等各单行法律相互之间不够统一、不够协调，缺乏法典化的统一安排和规范。正是由于上位法律体系的不完备，知识产权地方立法往往"上法下效"，分头分散立法，导致地方立法体系性的缺乏。

2. 地方立法规范之间存在交叉冲突和遗漏缺位

由于体系性的缺乏，知识产权地方立法规范存在交叉冲突和遗漏缺位。

在各省区市的立法中，仅有厦门市在专利、商标、著作权和其他方面均有相关立法。分析其立法内容发现，由于各条例是由不同部门起草，各个部门之间又缺乏横向交流和沟通，立法内容难免会有重复和遗漏。

纵观全国各省区市的知识产权地方立法，且不说一些发展相对落后的地方，即使是上海、江苏、广东等发达省市，知识产权地方立法依然不全面。广东省没有就著作权和商标权进行单独的立法，更没有针对集成电路布图设计和植物新品种等其他知识产权的单独立法。从各地方立法的制定时间看，大多在1995~2005年，部分在近几年进行了相关的修改，但其修改的幅度并不大，修改的内容并不多。

综上所述，我国目前的知识产权地方立法相对比较分散，较多为单行立法文件，几乎没有综合性立法文件；各单行地方立法中规定的内容交叉重复较多，对知识产权各类客体的规范不够全面，缺乏综合性和体系性。

（二）专利地方性立法重在"鼓励创造"和"加强保护"

截至2018年6月30日，我国各省级人大中拥有专利立法的共28个，占知识产权立法省区市总数的90.32%，如表2所示；专利立法数量共28部，占知识产权立法总数的25.93%，如表3所示；设区的市级人大中专利立法数量共16个，占被调查的设区的市级人大知识产权立法总数的

33.33%，如表 4 所示。

我国已建立了一套较为完整并具有中国特色的专利保护体系，形成了司法与行政平行运作的保护机制。地方专利立法是中国特色专利保护体系的特色之一，几乎每个省区市都有自己的专利保护条例。只有某些省区市没有自己的专利保护条例，例如内蒙古、海南、西藏等，这可能是因为这些省区市在经济社会发展上对此还没有特别大的需求。

表 2　已有知识产权立法的省级人大数量统计表（截至 2018 年 6 月 30 日）

类别	专利立法	商标立法	著作权立法	其他立法	综合立法	总数
立法单位数量/个	28	2	15	26	2	31
占比	90.32%	6.45%	48.39%	83.87%	6.45%	—

表 3　各省级人大知识产权立法情况统计表（截至 2018 年 6 月 30 日）

类别	专利立法	商标立法	著作权立法	其他立法	综合立法	总数
立法文件数量/个	28	2	22	54	2	108
占比	25.93%	1.85%	20.37%	50.00%	1.85%	—

表 4　各设区的市级人大知识产权立法情况统计表（截至 2018 年 6 月 30 日）

类别	专利立法	商标立法	著作权立法	其他立法	综合立法	总数
数量/个	16	1	2	24	5	48
占比	33.33%	2.08%	4.17%	50.00%	10.42	—

尽管我国专利地方立法已较为普遍，但仍有一定问题存在，主要表现为以下几点。

1. 专利地方立法往往偏重于鼓励申请而忽视了提高质量

当前，各地的专利地方立法都以鼓励创新为目标，希望提高专利申请量和授权量，这对于我国加快建设知识产权强国具有推动作用。但是，着重鼓励专利数量的增加而忽视对申请的质量导向，直接导致专利申请成了"数字工程"，研究机构和企业粗制滥造的专利多了，含金量高的专利却少了。

"努力推动专利质量稳步提升，加快建设知识产权强国"是"十三五"时期推动知识产权事业发展的重中之重，中央明确提出要实施专利质量提升工程。现在各地方在充分调动发明人、设计人积极性的基础上，应把提高专利质量放在突出位置，列为专利工作的重要原则，并通过专利产学研协同创新、专利立项前评议、专利代理、专利集成运营等一系列制度设计予以强化。

2. 专利地方立法偏重于专利创造而不关注后续发展及转化

在只重数量不重质量的背景之下，低含金量专利增多，专利的转化率自然不高。因此，我们必须关注专利创造背后的发展及专利转化问题，提高专利转化率，注重相关制度设计。因此，着力提高知识产权创造能力，通过立法对全社会的专利创造进行科学、有序地引导，提升专利创造效率和效益至关重要。充分发挥市场在专利创造运用中的引导作用，有利于提高专利的转化率、实施率，更好地实现专利的价值。要坚持政府、市场两手抓，并积极建设专利综合服务平台，开展各项专利服务，同时积极培育发展专利服务市场，推动专利事业发展。

针对这一问题，各地立法文件中已经开始了一定的有益尝试。例如，河北在专利立法方面，注重促进专利创造运用，实施知识产权"三优"培育工程；大力推进企业知识产权优势培育工程，培育知识产权密集型产业，实施专利导航产业发展试点工程，政府出资支持企业建立专利收储基金，开展海外知识产权规划、布局、股权投资、质押融资等专利运营；对开展专利导航的园区和企业给予一定的经费支持。陕西则提出，进一步提升专利创造能力和水平；引导各类创新资源加快形成知识产权，提高区域、产业知识产权密集度；开展专利质量提升工程和专利"挖潜"工程；进一步完善专利创造资助政策，突出授权发明专利；开展大学生工业设计大赛等创新活动，促进众创空间、在线创意等创新成果知识产权化；支持企业、高校、科研机构围绕可能产生颠覆性突破的基础和应用基础研究，获取一批具有战略储备价值的专利；在第五代移动通信、增材制造、无人机、北斗导航、虚拟现实等战略性新兴产业领域，支持创造一批支撑产业发展的专利，建立专利联盟；奖励省级优秀专利项目和获得中国专利奖项目。

国家专利战略已经制定，在加强知识产权保护方面，也已经取得了良好收效。在进一步优化专利战略的过程中，政府要以提高我国经济发展水平和综合竞争力为目标，不断建立和完善现行的知识产权制度，为企业创造良好的专利法律环境；规范专利市场秩序，以保证市场的公平竞争，政府还要不断完善国家专利信息平台，能为企业及时、准确地提供国内外各种专利信息。要真正激发人才的原动力,推动知识价值导向分配机制的落实,需要科技创新与体制机制创新"双轮驱动",才能真正落实党的十九大报告部署,加快技术转移和科技成果的转化。

(三)商标地方立法数量不足、内容单一

我国各省区市现行的有关商标的各级人大的地方立法,存在立法数量相对较少的问题。

截至 2018 年 6 月 30 日,我国各省级人大中拥有商标立法的共 2 个,占知识产权立法省份总数的 6.45%,如表 2 所示;商标立法数量共 2 部,占知识产权立法总数的 1.85%,如表 3 所示;设区的市级人大中商标立法数量共 1 个,占被调查市级人大知识产权立法总数的 2.08%,如表 4 所示。

由此可见,我国省市级人大有关商标的单独地方立法是有很大欠缺的,绝大多数省市级人大并不注重商标单独立法,缺乏对省市级范围内商标的最基本的规制和保护。

与截至 2017 年 9 月 30 日的数据相比较,● 拥有商标立法的省级人大数量减少了 6 个,拥有商标立法的设区的市级人大数量减少了 2 个,这主要是由于 2018 年 2 月全国人大常委会法工委正式向有关地方人大常委会发送督办函,督促有关地方废止地方著名商标条例。本次著名商标条例的废止主要涉及河北省、吉林省、浙江省、安徽省、湖北省、重庆市、四川省、甘肃省和长春市、吉林市、成都市等地。地方人大规定的著名商标制度在运行之初是为了鼓励企业增强品牌意识、提高产品质量、促进地方经济发展。这些地方立法大多规定地方著名商标采取"批量申报、批量审批、批量公布"的认定模式和"一案认定、全面保护;一次认定、多年有效"的保护模式。这些模式不符合现行商标法的立法本意和国际惯,这也正是此次这些著名商标条例被废止的原因。

由此可见,我国各省区市有关商标的地方性立法可以说是一片空白的,迫切需要出台科学、全面的商标地方性法规来弥补这一尴尬的现状。

● 在第一轮数据整理过程中,笔者发现截至 2017 年 9 月 30 日,我国各省级人大中拥有商标立法的共 8 个,占立法省份总数的 25.81%;立法数量共 8 部,占立法总数的 7.14%;设区的市级人大中商标立法数量共 4 个,占被调查市级人大立法总数的 7.69%。

（四）著作权地方立法分散缺位、内容陈旧

截至 2018 年 6 月 30 日，我国各省级人大中拥有著作权立法的共 15 个，占知识产权立法省份总数的 48.39%，如表 2 所示；著作权立法数量共 22 部，占知识产权立法总数的 20.37%，如表 3 所示；设区的市级人大中著作权立法数量共 2 个，占被调查市级人大立法知识产权总数的 4.17%，如表 4 所示。当前，我国各地方著作权立法特点主要表现为以下几点。

1. 著作权地方立法存在大量空白

在我国拥有地方立法权的 31 个省、自治区、直辖市中，只有不到一半的省区市有著作权方面的立法。并且，即使是有一定的著作权立法的省区市，著作权立法的规定也往往不是单独存在的，通常是与管理著作权市场秩序的条例等混杂在一起，确切来说只能称之为涉及著作权保护的相关立法。例如北京市关于著作权方面的内容规定在《北京市图书报刊音像市场管理条例》中，天津市关于著作权的内容规定在《天津市电子出版物管理条例》中。由此可见，在著作权立法方面，各地方都存在一定的空白和不足。

2. 立法中权利体系过于分散、关系复杂

由于我国地方行政管理体系较为分散，各部门常常存在各行其是或者权力冲突的情况，这样也导致许多地方关于著作权的立法往往存在于地方性法规中，甚至有的散乱地存在于政府的红头文件中。一旦出现著作权遭受侵犯的情况，由于相关救济措施难以落到实处，执法部门不作为或不知如何作为，因此权利受到侵害的著作权人自身权利难以得到保障。

3. 著作权立法过于陈旧、难以适应社会发展

著作权是与时代科技发展密切相关的一项权利。近十几年来，由于社会经济和科技的迅猛发展，出现了网络游戏著作权、人工智能著作权等一系列新的问题，而我国各地方的著作权立法时间较早，内容较为陈旧，对于新兴的著作权问题难以做到及时保障和排除妨害，亟须进行修订和完善。

（五）其他知识产权单独立法现状

除了专利权、商标权、著作权等大类的知识产权外，课题组将商业秘密权、植物新品种权、集成电路布图设计权、商号权、地理标志权、

反不正当竞争权等纳入其他知识产权范围。

截至 2018 年 6 月 30 日，我国各省级人大中拥有其他知识产权立法的共 26 个，占知识产权立法省份总数的 83.87%，如表 2 所示；其他知识产权立法数量共 54 部，占知识产权立法总数的 50.00%，如表 3 所示；设区的市级人大中其他知识产权立法数量共 24 个，占被调查市级人大知识产权立法总数的 50.00%，如表 4 所示。当前，我国各地方其他知识产权单独立法特点主要表现为以下几点。

1. 其他知识产权的范围需要清晰界定

一些被纳入知识产权领域的权利本身权利属性不明确，例如商业秘密权就有其是财产权、信息权、还是一种新型的权利的争议，但最通说的观点还是认为将其定义为一种新兴的知识产权是合适的。因此需要将这些其他知识产权明确化、具体化，而不是仅仅作为一个兜底条款存在。

2. 其他知识产权很多没有单行立法，将其纳入综合立法是否过于跳跃

商业秘密权、域名权等一系列无形权利确实在法理上已经得到了学者们的一些关注，但是在立法层面并没有得到确认。例如商业秘密权相关的单行立法并没有出台。关于域名权，2001 年 7 月颁布的《最高人民法院关于审理涉及计算机网络域名民事纠纷案件运用法律若干问题的解释》也仅仅标志着中国在网络领域中已设置了对域名司法保护和相关权利义务的司法调整机制，是对日后域名立法的有益探索与尝试，但是，真正的立法是没有的。对这些其他知识产权而言，不是一个综合立法整合的问题，而是一个从无到有的过程。当然也有部分是有现行的单行条例的，如《集成电路布图设计保护条例》《植物新品种保护条例》。

3. 其他知识产权以前是分立的状态，是否可以在相同项上进行合并

比如其他知识产权的复制权，是否可以统一归拢到复制权的项下，而不是分散在每一个其他知识产权的项下。对于精简立法而言，这么做是不是更为适宜呢？如果整合立法只是简单地将单行立法拼凑在一起，则立法内容很烦冗。若是整合，需要合并同类项，将相似的可以合并的合并到一起，但同时又出现一个问题：对于查阅法条内容的人而言，他需要很熟悉整部法律，而不是仅仅是其需要关注的内容。

四、知识产权地方综合立法的必要性讨论

首先，完善知识产权制度是落实依法治国基本方略，解决当前知识产

权领域突出问题，保障创新发展，完善知识产权领域国家和国际治理体系的必然要求。中国特色知识产权制度是中国特色社会主义法律体系的重要组成部分，是知识产权强国建设的制度支撑。《中共中央 国务院关于深化体制机制改革 加快实施创新驱动发展战略的若干意见》和《国家创新驱动发展战略纲要》等一系列文件对推进知识产权治理体系和治理能力现代化、加快建设知识产权强国提出了明确要求。2008 年《国家知识产权战略纲要》战略措施部分的"加快知识产权法制建设"中明确规定要"研究制定知识产权基础性法律的必要性和可行性"。2018 年是改革开放 40 周年，党中央在全面深化改革基础上提出了"改革开放再出发"，推动形成全面开放新格局，彰显了将改革进行到底的决心和信心。2018 年底召开的中央经济工作会议指出，要将外部不确定性带来的压力转化成中国经济高质量发展的动力，经济发展实现"稳中求进"。实现高质量发展就必须坚定不移地坚持"五大发展"理念。通过知识产权制度的不断完善，激励和释放创新活力，夯实创新发展的基础，护航现代化经济体系建设；通过严格的执法，部门间的协同配合，提高国家知识产权治理能力和治理体系现代化，塑造最优的营商环境，积累中国经验，推进国际知识产权治理体系的变革。

其次，知识产权综合立法是完善知识产权法律制度，增强系统性、协调性、适应性，深入推进国家知识产权战略实施的必要措施。知识产权领域法律实施过程中面临的共性问题，通过单独制定修改某一部单行法律法规是不能完全解决的，需要通盘考虑整个知识产权制度，统筹协调知识产权创造、运用、保护、管理和服务的各个环节，寻求系统性解决方案，避免重复、矛盾和冲突，提高制度运行的效率。这项任务只能也必须由统一的知识产权综合性法律来完成。通过制定知识产权综合性法律就知识产权制度中的共性问题作出集中规定，进一步提高知识产权法律规则的一致性、协调性。在立法过程中，对各单行法规定进行梳理，将相同或者类似的规定进行整合，解决知识产权单行法效力等级不统一、规定不一致、条文分散等问题，改变条块分割、各自为政的局面，对新兴知识产权保护客体确立基本的知识产权价值取向，为实施国家知识产权战略奠定更加坚实的制度基础。

最后，知识产权地方综合立法的探索为国家层面探索制定知识产权基础性法律的必要性和可行性提供实践基础。正在进行中的新一轮知识产权地方立法以综合立法为制度完善目标。其"综合性"体现在两个方面，一是立法模式的"综合性"。不同于目前绝大部分地方"分散型"的知识产权立法（地方专利保护条例、专利促进条例、商标保护条例等），综合立法体现在多类知识产权客体在一部地方性法律法规中的集合，包含有关专利、商标、反不正当竞争等多项知识产权规范。二是法律规定的"综合性"。现行地方知识产权立法偏重于执法和保护，对于管理、激励、促进、运用、服务等方面的措施涉及较少。综合立法涵盖对知识产权制度运行各个环节、全部流程的规范性要求，就法律的执行、体制机制的优化、程序的完善等作出符合地方特色及需求的规定，或者将推行成熟的政策措施上升为法律规范和职责要求。2010 年后，山东省、辽宁省，南京市、武汉市、昆明市和深圳市有综合立法，其中深圳市还是全国较早进行知识产权综合管理改革试点的城市之一。2018 年 12 月修订的《深圳经济特区知识产权保护条例》中，构建知识产权失信惩戒机制、侵权单位 5 年内不得承接政府投资项目、建立行政执法技术调查官、5 年内侵犯同一种知识产权可双倍处罚等切实加大惩戒力度、显著提高违法侵权成本的规定成为亮点。此外，也有更多的地方将推进综合立法作为机构改革后地方开展知识产权产权工作的重要保障。地方的这些改革探索和立法实践都将为国家层面制定知识产权基础性法律奠定实证基础。

五、基于 S 市 P 区企业调研的知识产权综合性立法需求分析

2018 年 5 月至 6 月，课题组会同 S 市 P 区的 41 家具有代表性的企业、科研院所、知识产权服务机构、科技园区的相关负责人召开了 6 次座谈会，听取各单位在地方知识产权立法方面的需求，从最基层的感受和最根本的问题出发，进行梳理和分析。在座谈中，企业对于综合立法的需求主要集中在以下几个方面。

1. 完善促进知识产权创造的奖励资助规则，构建促进知识产权转化运用的举措

（1）完善当前已有的对企业知识产权创造工作的奖励资助规则，降低资助申报的形式要求，实现现代化高效的自助申请流程，并针对不同企业类型提供相适宜的策略。

（2）针对现有的专利预审制度，其程序存在更大的发挥空间，可以通过扩大适用范围等措施，让企业真正通过这一手段获取效益。

（3）希望构建指导企业专利运营的平台，提高专利成果转化资助力度。企业对于知识产权申请工作已经有了一定基础，但是申请之后的管理与使用存在疑惑和困难，可以通过立法层面的指导与保障，让企业更好地发挥知识产权资产价值。

（4）针对目前存在的知识产权成果转化率较低的问题，可以在立法中明确对成果孵化平台所带来的专利成果加强保护。

2. 优化知识产权投诉举报要求及维权流程，构建知识产权纠纷多元解决机制

（1）综合立法中应对行政执法的具体操作细则和维权流程做详尽的明确和规定，同时针对企业维权难度大的困境，可以简化维权流程，优化侵权判定标准，合理分配举证责任，例如调整投诉举报的证据材料要求、处理时限等，以提高程序的规范性和高效性。针对事实清楚、证据充分的侵权案件，能快速给出明确决定，简化行政程序，提高行政调处效率。

（2）提高相关部门的鉴定分析能力，通过建立专家库资源等方式，加快维权过程中的调查取证节奏。

（3）综合立法必须要考虑各部门之间的利益平衡问题，针对涉及的法律主体的责任与义务加以明确，对知识产权工作的具体操作等作出明确规定。

（4）建立知识产权侵权举报制度，并适当给予举报人奖励，同时注意避免"钓鱼"问题。

（5）在立法中，针对纠纷多元解决机制作具体、细化的规定，以能解决实际问题为出发点，对相关流程进行完善，帮助企业选择最优的纠纷解决途径。

3. 完善知识产权保护多部门联勤联动机制

（1）通过综合立法充分体现相关部门的职能作用，建立知识产权保护全过程中的全方位知识产权联勤联动机制，厘清各主体之间存在的联系与问题，提升政府管理水平和能力。

（2）解答企业针对联勤联动机制所关心的问题。解决行政执法部门如何联动进行市场监督管理，以及联动之后的成果能否与司法环节进行有效衔接和信息共享的问题。

4. 强化企业知识产权意识培育，大力推动知识产权宣传工作

（1）当前企业知识产权意识普遍较弱，知识产权意识培育工作亟待加强。通过进行多样化的知识产权培训工作，提升企业知识产权专业程度，进而提高企业知识产权管理全方位的能力，培育企业和企业领导层、员工的知识产权意识，助力企业知识产权工作。

（2）政府应利用好现有的教育资源，与企业进行资源共享，为企业提供帮助，让企业知识产权培训制度能够更加清晰并落到实处，进一步提高企业从上到下的知识产权意识。

（3）加强知识产权宣传工作，营造良好的知识产权保护社会氛围。通过开展知识产权科普宣传教育活动、建立知识产权展示厅等方式营造良好的知识产权文化氛围，加强各相关单位以及普通民众对知识产权的重视。

5. 构建知识产权综合管理服务信息化平台

（1）建立一个健全的知识产权综合管理服务信息化平台，提高综合立法的效用。在平台中提供相关技术专家资源及专利数据库等，为创新企业提供服务，保障创新发展、纠纷维权与有效转化。

（2）通过平台实现相关行业内上下游企业信息的共享，联络科技园区内的科技企业，辅助行业、产业联盟的构建和完善，并通过平台联通企业与政府，让政府通过平台了解企业的实际需求。

（3）通过建立知识产权综合管理服务信息化平台，可以提高行政机关的管理水平和服务水平，提升工作效率，提高相关服务使用上的便捷性。

6. 建立知识产权人才培养机构，完善人才激励措施

（1）企业和政府应该合理高效利用现有资源，携起手来加大力度培养知识产权人才，建立知识产权人才培养机构，解决当前知识产权人才缺乏的现状。

（2）通过完善知识产权人才激励措施，提高对知识产权专业人才，特别是高端人才的吸引力。例如，以设立知识产权人才专项补助、有效解决相关专业人才落户问题、职务发明人奖励报酬办法细化等方式，形成一个有利于知识产权人才发展的环境。

7. 其他问题

（1）重点关注商业秘密、职务发明与竞业禁止对于企业发展所带来

的负面影响。

（2）建立服务机构备案及公示制度，强化合法机构的权威性。对合法代理机构能有适当的政策鼓励或业务宣传，从而加速非法代理机构的淘汰。同时，可以出台相关政策，引进更高水平、更有参考价值的国外代理机构或事务所，构建良性竞争的环境，形成区域吸引力和聚集性，扩大行业规模，从而提升整个行业的业务水平。

六、结论和建议

进入新时代，知识产权大有可为，也应大有作为。知识产权作为保障现代社会顺畅运行的基础性制度安排，对实施科教兴国战略、人才强国战略、创新驱动发展战略等国家战略的扎实有效推进，都发挥着基本保障作用。新时代赋予知识产权事业新使命，知识产权人当共同努力，迎接属于新时代的新光荣。

因此，在新时代、新要求下，在知识产权领域进行地方综合立法改革，既是顺应时代发展的需求，遵循国家政策的潮流，也是顺应各地立法发展从"重创造"到"重保护"，从"分散"到"综合"变化的趋势。党的十九大报告提出建设人民满意的服务型政府，具体到知识产权领域而言，开展知识产权综合管理改革是加快推进服务型政府建设的重要举措，知识产权综合立法更是刻不容缓。

推动知识产权地方综合立法工作，应不断完善便民利民的知识产权公共服务体系，横向上充分发挥专利、商标、著作权等知识产权的协同效应，纵向上打通知识产权创造、运用、保护、管理和服务全链条，有效提升市场主体综合运用知识产权促进创新驱动发展的能力，为我国全面建设知识产权强国提供强有力的支撑。

面对我国快速提升的科技水平和日益开放的市场环境，从企事业单位的需求角度出发，课题组对知识产权地方综合立法的主要内容提出如下建议。

1. 完善知识产权综合行政管理体制机制

建设一个集监管、服务为一体的知识产权综合行政管理机构对于完善知识产权的管理与行政执法极为关键，这有助于提高知识产权行政管理工作的专业性和整体性。在此基础之上，根据知识产权综合管理各环节要素进行构架，科学划分内设机构，可以有效打通知识产权创造、运用、保护、管理、服务全链条。梳理权力、责任清单，加强知识产权管理部门对发展战略、规划、政策、标准的制定和实施，以及宏观调控的职责和能力建设。

2. 大力促进知识产权创造和运用

首先，优化知识产权创造和运用的环境，激发企事业单位创新创造活力，发挥其在知识产权工作中的重要作用，将知识产权工作融入企事业单位发展的全环节；其次，创新知识产权转移转化形式，充分发挥知识产权在服务经济转型发展中的作用，大力推进产学研结合，推进知识产权价值高效实现；最后，打造适于区域发展的知识产权创造运用平台，通过技术指导和资金资助等方式，提高知识产权成果的转化效率，最大限度地发挥知识产权资产的价值。

3. 加强知识产权的全方位保护

在发挥知识产权司法保护主导作用的同时，进一步强化行政保护与司法保护的协作联动，提高知识产权综合行政执法效能，积极推动调解、仲裁等纠纷解决模式，着力完善知识产权保护快速反应机制和知识产权纠纷多元解决机制。积极组合各种社会维权力量，鼓励市场主体参与知识产权的社会监督工作，推动知识产权社会共治，构建知识产权全方位、立体化的保护体系和机制，切实提高知识产权保护水平。

4. 构建知识产权综合服务体系

构建知识产权网上综合服务平台，优化知识产权综合服务体系，提供一站式公共服务，着力实现服务的联动性和精准性。同时，通过搭建社会化服务体系，进一步整合服务资源，可以尝试开创新型知识产权服务种类，为企事业单位提供知识产权保护、交易、融资、评估、鉴定方面的综合性服务。

5. 培养全社会知识产权意识

有关部门、社会团体、新闻媒体、企业事业单位等，都应当采取多种形式加强知识产权法律、法规和相关知识的宣传教育，增强全社会的知识产权意识，培育尊重知识、崇尚创新、诚信守法的知识产权文化氛围，为知识产权的创造和运用营造良好社会环境。此外，还应通过企业和政府教育资源共享等形式，着重加强企业内部的知识产权意识培养，提升企业知识产权管理的全方位能力。

6. 强化知识产权人才培养与激励

完善知识产权人才激励措施和评价制度，通过创造良好的工作环境和条件，制定相关优惠政策，提高对知识产权人才的吸引力，不断壮大知识产权高端专业人才队伍。企业和政府也应采取措施，合理高效利用现有资源，建立适当的培养机制，加强知识产权人才的培养，解决知识产权人才缺乏问题。

民族医药传统知识
专利保护研究

程　诚[1]　江　炜[2]

摘　要

　　本文从民族医药传统知识的特点出发，比较现行各种保护形式存在的问题，提出专利是保护民族医药传统知识的有效途径。通过对民族医药专利保护现状进行分析，我们可以看到，在现有的专利制度框架下，民族医药传统知识可以得到保护，但是保护的数量、质量均有待提高。对此我们需要针对民族医药的独特性，在现有专利制度中深度挖掘，强化专利保护，进而更好地推动民族医药传统知识的创新和发展。

关键词

　　传统知识　民族医药　知识产权　专利

---

[1][2]　作者单位：国家知识产权局专利局医药生物审查部；等同第一作者。

　　我国是一个多民族国家，除汉族之外，其他 55 个民族也依据本民族所处地理位置、生活环境、宗教、风土人情、生活习俗等因素，积累了防病治病和卫生保健的丰富经验，逐步形成了各自特有的民族医药理论体系。民族医药是一个民族在其生存环境中长期与疾病做斗争的过程中逐渐形成和发展起来的医药理论、技术技能与物质经过世代积累的总和。❶ 而对于"传统知识"一词，世界知识产权组织（WIPO）在传统知识保护的条款中将其定义为"仅指传统背景下作为智力活动成果的知识的内容或实质，包括构成传统知识体系的诀窍、技能、创新、实践和学问，并包括体现在某些土著和本地社区的传统生活方式中的知识，或包含在编辑成典、世代相传的知识体系中的知识"。❷《中医药传统知识保护条例（草案）》将中医药传统知识定义为：是基于中华各民族长期实践积累、世代传承并持续发展、具有现实或潜在商业价值的医药卫生知识，同时包括了由该领域中智力活动所产生的革新和创造。❸ 参照以上概念，我们将民族医药传统知识定义为：基于我国各少数民族传统的、世代传承并持续发展而产生的防病治病、卫生保健、采药制药的做法、技能、创新等知识的总和。

　　近年来，随着经济全球化进程加快和科学技术的快速发展，作为激励技术创新、促进人类社会进步和发展的基本法律制度，知识产权制度日益受到重视，知识产权保护呈现不断强化、多元化的趋势。随着发展中国家知识产权保护意识的不断提高，拥有丰富传统知识资源的发展中国家，也迫切希望利用知识产权制度促进传统知识的传承和创新发展。但是民族医药传统知识具有其鲜明的独特性，在运用知识产权制度保护民族医药传统知识的实践中，特别是在利用专利制度保护民族医药传统知识创新的过程中，暴露出一些问题。本文试图以我国藏族、维吾尔族、蒙古族、傣族、苗族五个民族的民族医药为例，从这些民族医药的传统知识专利保护的现状入手，结合分析民族医药的特殊性和局限性，旨在探寻适合民族医药传统知识专利保护的思路和方法，以解决民族医药传统知识保护面临的难题。

---

❶　薛达元. 民族地区医药传统知识传承与惠益分享 [M]. 北京：中国环境科学出版社，2009：1.

❷　宋晓亭. 中医药传统知识的法律保护 [M]. 北京：知识产权出版社，2009：3.

❸　宋晓亭. 中医药传统知识的法律保护 [M]. 北京：知识产权出版社，2009：168.

一、民族医药传统知识现有保护形式和存在的问题

目前,对民族医药传统知识的保护方式主要包括知识产权制度、专门法律制度、习惯法、惠益分享机制、技术秘密、文献化等形式。这些保护形式都或多或少地存在一定的局限性或者一些问题。针对这些保护形式的利弊,具体分析如下。

(一) 知识产权制度

民族医药传统知识,涵盖了少数民族在防病治病、卫生保健、采药制药等方面的做法、技能、创新等知识的总和,具备技术属性。因此,在一定的条件下,民族医药传统知识的某些组成部分可以通过专利、植物新品种、商标、地理标志、商业秘密和著作权等知识产权形式加以保护。例如,医药组方,成方制剂,自药材中分离、合成得到的产品,以及相应的方法和用途,还有诊断或治疗所使用工具、药材的炮制、种植方法等都可以作为专利保护的客体。而新植物、植物的各类培育品种和变种都可以获得植物新品种的保护。商标和地理标志可以用于天然药材以及成药的特殊性质是源于其商户或地理因素的情况,可以提高产品的商业价值。著作权可以保护传统知识的持有者的知识作品未经许可不被复制和使用。

但是这些知识产权制度作为现代知识的保护机制,再将其应用到民族医药传统知识的保护上的时候必然需要面对一些问题和阻碍。例如,专利保护需要知识具有新颖性和创造性,公知公用的知识是不能被保护的。在现有情况下,商标或地理标志仅可以用来体现药材资源或其粗提取物以及成药的质量或信誉,不能保护背后涉及的知识和技术。而且知识产权保护途径对文化水平和专业性要求较高,需要使用现代科技先进方法进行验证和研究,再利用科技和法律的语言撰写。然而民族医药传统知识的掌握者,例如传统医生,当中大多数人尚不具备利用现代科技语言和手段的能力,同时,申请和维持知识产权,特别是专利权,需要支付一定的费用。

(二) 保护传统知识的专门制度

中医药是包括汉族和少数民族医药在内的我国各民族医药的统称。参照对中医药传统知识保护的专门制度,主要是《中医药法》,其中第 6

章"中医药传承与文化传播"第 43 条规定：中医药传统知识持有人对其持有的中医药传统知识享有传承使用的权利，对他人获取、利用其持有的中医药传统知识享有知情同意和利益分享等权利。另外，《中药品种保护条例》《野生药材资源保护管理条例》《非物质文化遗产法》等其他相关法律、法规提供补充。

现有的民族医药传统知识法律保护手段不够健全，不能提供直接保护。目前迫切需要专门为传统医药建立特殊的保护制度，特别是针对民族医药传统知识。业界对加快制定"中医药传统知识保护条例"的呼声越来越大。基于当前国内法现状，当前国内法保护具有一定的局限性，其保护力度以及执行力相比专门的知识产权保护仍有待提高。另外，各法律、法规之间需要衔接机制，与知识产权制度和其他保护措施互为补充，协调配合。

（三）习惯法

民族医药传统知识具有明显的地域性和传承性，传承范围局限在本民族、本社区或者某一家族成员内部。它的表现方式、理论体系和诊疗手段等均与特定地域的文化密切相关。在本民族范围内，习惯法对本民族或本社区成员具有很大的约束力。习惯法是群众从事生产生活所自愿、主动遵循的一套风俗、习惯以及约定俗成的社会规则，并且常常与民族的宗教信仰相结合。例如在传承人的选择方法上，具有明显的家族性，或者对继承人的品德也有一定的要求。习惯法深刻影响传承人的选择、传承的方式和内容。

一方面，正是因为对习惯法的恪守，民族医药传统知识得到了较好的保存和延续，特别是对于没有自己文字的民族。但是，另一方面，习惯法在一定程度上束缚了民族医药传统知识的传播和创新。传统医生只选择符合习惯法要求的合法继承人，只传授符合习惯法的知识，只按照约定俗成的方式传授知识。没有合适的传承人，知识就得不到传承，面临失传。语言文字、口传心授的限制，制约了相关知识发展的深度和传承的完整性。在民族医药传统知识面临现代医药文化冲击的时代背景下，这种依托习惯法的保护方式势必会限制相关知识发展的深度和传承的完整性，不利于后人钻研、应用和在此基础上的创新。

（四）惠益分享机制

通过订立惠益分享机制确保传统知识持有人的权利和利益。具体的实现形式主要是通过合同。合同法的精神是契约自由、资源平等、互利互惠。合同可以有效地实现传统知识开发利用的惠益分享，也是国际社会通行的主要模式。目前惠益分享的主要方式有两种：一种是一次性买断，另一种是以技术入股的形式参与新药研发。

但是合同方式也有其固有的缺陷。由于民族地区医药传统知识的持有者通常不熟悉法律，也难以承受较高的谈判交易和维权的成本，而外界的合作者往往具有法律和技术的双重优势，因此很难保证合同的公正性。即使有专门的法律调节传统医药知识的获取和惠益分享，也不能保证处于弱势的传统医生的权利不受处于强势地位的商人的侵害。在实际调查中发现，很多地方传统医生跟企业或者研究所签订了合同或者合作意向书，交出药方和标本之后，没有拿到惠益分享的利益，反而被告知制药没有成功，然后不了了之，但是过段时间之后市场上却出现了类似的产品。❶ 知识的持有者难以享受平等的信息知情权和法律的有效救助和保障。而且合同只能约束当事人双方，对第三方没有约束力，无法提供充分的保护。如果有第三方刻意剽窃相关知识，合同也无法阻止其行为。

传统医药知识开发理应惠及知识持有人和当地社区或本民族。但是，惠益分享制度尚不明确，确认权利主体非常困难。比如企业虽然有很多信息是从民间收集的，但企业却认为"有些药方并不是民间医生的，他们只是药方的使用者"，"药方是研究人员从群众的生活中观察和总结出来的，生产工艺是研究人员自己的发明，转让给药厂的药方和老百姓使用的药方已经不一样了"。❷ 无论什么人，只要翻开书找到里面记载的药方，稍加改动，就可以宣称是自己的创新，拒绝共享收益。这样不能清晰区分传统医药知识的权属，就不能承认不同群体或个人对其掌握及使用的传统医药知识的所有权，持有人的知识作为一种私有财产就难以得到法律上的尊重。

（五）技术秘密

传统医药知识的祖传化、秘传化，这种机制已经融入少数民族习惯法，因而群体内知识泄密较少发生，在成员内部传统知识得到了很好的

---

❶ 薛达元．民族地区医药传统知识传承与惠益分享［M］．北京：中国环境科学出版社，2009：98-102.

❷ 薛达元．民族地区医药传统知识传承与惠益分享［M］．北京：中国环境科学出版社，2009：75-76.

保护。而由于现行知识产权以及惠益分享制度在保护民族医药传统知识方面尚存在着诸多问题，因此知识产权得不到有效保护。这使得传统知识的持有者在谈商业开发时，必须慎之又慎，以至于不愿意将自己的医药知识投入市场。这迫使他们使用一系列的防止自身知识产权受到侵害的策略来保护自己的传统知识。例如在药材上，采取保密采摘时间、用药部位、炮制方法，隐瞒或者提供错误信息，将药材制成粉剂或者汤剂再给患者服用等方法；对于药方，通过修改药方来迷惑、误导别人，或者用方言或民族语言命名药材，而不用中药材正名，以达到防止传统医药知识外流的目的。另外，有一些民族传统医生表示自己学到的知识或实现的创新得来不易，也不愿意轻易授人。

民族医药传统知识在一些特殊领域，特别是对一些现代医学尚缺乏有效治疗手段的疑难杂症，有奇特功效，有自己特殊的知识贡献。但是治疗疑难杂症的药方通常是以秘方的形式在民间传承。这种封闭的方式不利于传统知识的传承，不能造福更多的患者，也没有办法在此基础上进行进一步创新和改良，束缚了技术的传播和发展，甚至还有可能因为传递错误的信息造成资源的浪费。

（六）文献化

由于受到民族语言文字的限制，民族医药传统知识存在存续危机。拥有自己本民族语言和文字的民族，可以使用文字记录和传承，例如藏族很多寺院中都流传有本民族医药著作的刻本，以及记载传承过程中前辈们的医学经验和用药经验的抄本。而没有本民族文字的民族，例如苗族，口传身授是最主要的传承方式。无论是哪种方式，都因为文字和语言的限制而只能存在于特定群体中，导致知识只在小范围内传播，影响知识传播的广度，限制了知识发展的深度和传承的完整性。因此新中国成立以来，国家为了保护民族医药传统知识资源，将民族医药著作收集并翻译成汉语出版，进行中医药传统知识项目调查立档（国家保护名录）❶，建立民族医药知识库，开展科学评奖活动，挖掘地方上着实有效的好药方、好方法。这些手段有效地保护了民族医药传统知识，减少了失传的可能，扩大了传播的范围，而且资料的收集为进一步研究开发提

❶ 国家中医药管理局．中医药传统知识保护基本知识读本［M］．北京：北京科学技术出版社，2016：23.

供了基础，并且也使得专利审查员能够方便地检索到它们，避免错误授予专利。

虽然文献或者数据库在一定程度上可以受到著作权的保护，但是文献化必然导致民族医药传统知识大规模进入公共领域，成为不受持有人控制的公共知识。公共知识处于任何人都可以随意利用的境地。名录收集和科学评奖过程，也是传统知识被泄露的过程。人们并不知道信息收集者会怎样使用这些有特殊意义的方子。当向项目组织者或者评委们提供重要资料之后，他们也就获得了这些知识，而他们有更多更丰富的技术手段和资源，谁能保证评委们不会利用和开发这些方子呢？

二、民族医药传统知识的专利保护的现状

郑成思先生在十几年前就曾说过："中国人在知识创新层面，并不比任何人差，我们其实可以不必去考虑如何要求降低国际上现有的知识产权制度高端的保护制度，我们应当做到的是：一方面利用知识产权制度业已形成的高端保护，推动国民在高新技术与文化产业领域搞创造与创作这个'流'；另一方面，我们要积极促成新的知识产权制度，来保护我们目前可能处于优势的传统知识及生物多样性这个'源'。这样采用有利于加快我们向知识经济发展的进程"。❶

突破现有的知识产权保护制度，或者在现有制度的基础上建立特殊的规则，其成本是昂贵的，效果也难以预料，而且不利于民族医药传统知识创新与现代科学技术接轨并进而进入国际市场之后融入世界通用规则。因此，笔者认为，与其花太多精力探讨民族医药传统知识的各种内涵，研究和呼吁对专门制度以及法律的构建和改革，不如积极探讨如何利用业已形成的知识产权制度，特别是专利制度来有效保护民族医药传统知识，推动技术创新。

专利制度在民族医药传统知识保护上的使用空间受到限制，有些学者认为"传统知识几乎不可能获得专利权"，"把专利法作为确认与保护

---

❶ 柳长华．医道贯珠［M］．北京：中医古籍出版社，2014：11-12．

传统知识的基本制度选项是不恰当的"。❶《专利审查指南 2010》规定：发明创造的技术主题可以是方法、产品、设备或材料，其中包括这些技术主题的使用或应用方式。应当以最宽泛的含义来理解这些技术主题的范围。纯天然的有机体或者没有经过分离或组合的物质不能获得专利权，属于这类的医药传统知识主题不能获得专利权。但是天然药物的制剂、提取物、组合以及它们的制备方法和用途等均可以纳入专利主题。民族医药传统知识获得专利的主要障碍在于新颖性和创造性。但是专利法意义上的现有技术是指申请日以前在国内外为公众所知的技术。换句话说，处于保密状态的技术内容以及在传统知识基础上的创新都不属于现有技术。因此，无论是防御性保护还是积极性保护，专利制度均是对民族医药传统知识中具有技术属性的知识最有力和最有保障的保护形式。自《专利法》颁布实施以来，尤其是 1992 年《专利法》修改新增对药品给予专利保护后，越来越多的申请人选择通过专利对民族医药传统知识进行保护。本文以藏族、维吾尔族、蒙古族、傣族和苗族的民族医药为例，对这些民族医药传统知识相关专利进行了数据检索和分析，试图从中总结目前民族医药传统知识的专利保护的现状。

（一）统计分析的数据基础

因为在专利文献分类体系中，尚未针对民族医药设立对应的分类号，而少数民族医药和中医药又有千丝万缕的联系，难以通过检索手段加以严格区分，因此，笔者通过在 CNTXT 数据库中利用关键词进行全文检索，并对结果进行筛选、去重、合并后获得专利申请量的数据基础。对于授权率和主要申请人，是结合 CNABS 数据库进行筛选和排序而获得。

（二）申请量

图 1 是藏族、维吾尔族、蒙古族、傣族、苗族的民族医药领域历年专利申请量图。这里所统计的申请量的数据基础仅涉及说明书中明确记载了所述技术方案是依据民族医学理论或者使用民族特色药材的发明专利和实用新型专利的申请，不包括外观设计专利申请。

---

❶ 吴汉东．中国知识产权制度评价与立法建议［M］．北京：知识产权出版社，2008：340.

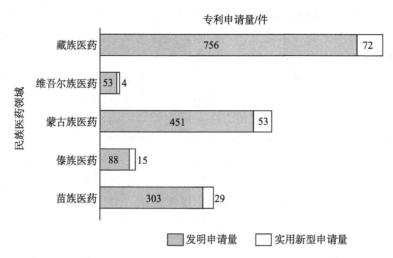

图 1　藏族、维吾尔族、蒙古族、傣族、苗族民族医药领域历年专利申请量

从图 1 中可以看出，民族医药领域专利申请量普遍较低，即使是其中申请量最高的藏族医药，其专利申请量也仅为 828 件。而维吾尔族医药相关专利申请量甚至尚未达到百件。而同时，对比整个大中医药领域，历年专利申请总量已达 20 余万件。通过检索发现，傣族医药和苗族医药的首件专利出现在 2000 年之后。由此可见，部分民族医药领域的民族医药传统知识的传承人和研究人员对专利保护的意识形成较晚，仍有较大提升空间。

（三）主要申请人

图 2 示出了藏族、维吾尔族、蒙古族、傣族、苗族的民族医药领域专利申请数量达 10 件以上的申请人。从图中可以看出，藏族医药领域专利申请数量达 10 件以上的申请人最多，达到 12 个。各民族医药领域的主要申请人中职务申请人比例较高，其中企业、高校和研究所占比明显高于个人，特别是在维吾尔族和苗族医药领域。仅傣族医药领域主要申请人多为个人。因为专利申请对技术的表达需要使用一套专业的法律语言，而民族医药传统知识的个人持有者因为有语言障碍、教育水平以及经济能力的限制，难以掌握这样的技能，这可能是大多数民族医药领域的个人申请人少于职务申请人的原因。

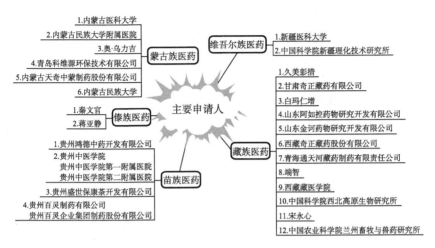

图2 藏族、维吾尔族、蒙古族、傣族、苗族民族医药领域主要申请人

（四）专利申请的主题

藏族、维吾尔族、蒙古族、傣族、苗族民族医药领域的专利申请涉及的主题，除了占大多数的组合物、活性成分提取物及其方法、制剂、检测方法、用途等之外，还涉及一些以民族医药的传统理论为指导的其他主题的申请。例如西藏藏医学院申请了一种藏医天文历算的演示方法和系统（CN201510199006.0、CN201510199048.4）以及一种藏医理论孤本古籍文献的抢救、整理与保护方法（CN201510140739.7）。内蒙古医科大学围绕蒙医特色放血疗法，申请了一种蒙医斧式固定放血器（CN201811637303.9）、一种蒙医舌脉放血夹（CN201810784584.4）等专利。贵阳中医学院通过申请多功用动物实验熏蒸仪（CN201320158978.1）、一种隔核桃壳眼镜灸药物熏蒸治疗装置（CN201710703256.2）等专利保护与苗族熏蒸疗法相关的知识。可见，各民族医药领域申请人还试图通过专利保护与民族医药传统知识相关的除常规药方、制剂之外的多种主题。

（五）专利申请的质量

授权率能从一定程度上反应专利申请的质量。图3统计了藏族、维吾尔族、蒙古族、傣族、苗族民族医药以及整个中医药领域历年专利申请的授权率。除了傣族医药领域的授权率略低于中医药领域授权率之外，其他民族医药领域的专利申请的授权率远高于中医药领域，表明民族医药领域的专利申请的整体质量较高。究其原因，笔者认为主要有以下几个因素：首先，目前民族医药领域的申请人以职务申请人为主，其掌握了现代医药知识、先进的实验设备和工具，具备在民族医药传统知识的基础上进行现代科技语言的表述和改进创新的能力；其次，民族医药领域涉及的药材通常具有本民族本地区的特色，在常规的数据库和书籍中鲜有记载，难以检索；最后，因为民族医药传统知识在本民族范围内遵循自己民族的道德标准，目前以非正常申请手段进行申请的现象较少。

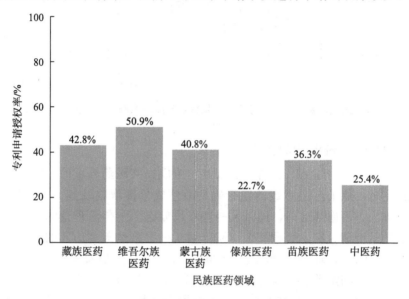

图3　各领域历年专利申请授权率

三、民族医药传统知识专利保护改进措施

通过上述对藏族、维吾尔族、蒙古族、傣族、苗族民族医药传统知识的专利保护现状的分析，我们可以看到，在现有的专利制度框架下，民族医药传统知识可以得到保护，但是保护的数量、质量均有待提高。民族医药传统知识的特性不同于现代科学新技术，因而在应用现行专利制度保护民族医药传统知识的实践中会存在很多难题。对此我们需要针对民族医药的独特性，在现有专利制度中深度挖掘，解决民族医药传统知识全面和有效保护的问题，进而更好地推动民族医药传统知识的创新

和发展。

（一）完善专门制度，构建保障网络

《中医药法》第 52 条规定："国家采取措施，加大对少数民族医药传承创新、应用发展和人才培养的扶持力度，加强少数民族医疗机构和医师队伍建设，促进和规范少数民族医药事业发展。"❶ 这说明国家将促进和规范少数民族医药发展上升到了法律层面。但是具体到利用专利进行保护的层面，申请难以授权，授权后难以维权，制度上的不完善、不健全造成了持有人的不安全感，使得传统知识持有人在开发民族医药传统知识时会产生顾虑，致使知识得不到发扬而不能为更多人服务。因而要在专利制度上为传统知识的保护提供保障，为创新营造良好的环境，维护各方的利益尤其是申请人的利益。除此之外，在专利制度和其他知识产权制度和法律、法规之间，需要建立有效链接，以便形成行之有效的保障网络。

（二）建立民族医药数据库，慎重知识公开

目前，专利审查部门已经建立了中国药物专利数据库、中医古籍方剂数据库、药品标准数据库等关于中医药数据的专门数据库，其中涉及和涵盖一些民族医药知识，但是目前尚缺乏专门的民族医药数据库。数据完整和标准化分类的数据库可以使传统知识在先技术化，使得审查员能够方便地检索到它们，避免误授专利权，同时也对医药的开发、利用和保存有重要意义。例如印度的"姜黄案"和"树案"从侧面反映出了发达国家的专利审查部门对传统药物较为陌生的情况。采取建立数据库的方式保护民族医药传统知识的时候要注意，对于那些还处于秘密状态，或者仅是在一些社区或民族部族小范围内公开的传统知识，不宜以文献形式对外公开。需要有关部门制定规章或操作办法，严格把握和控制文献记载的传播范围。例如《贵州省发展中医药条例》第 21 条规定："未经权利人许可，任何单位和个人不得公开出版研究整理的传统医药文献，不得披露、使用或者许可他人使用权利人的中医药秘方、验方、专有技术和未经公开的科研成果。"❷

---

❶ 黄薇. 中华人民共和国中医药法解读［M］. 北京：中国法制出版社，2017：158-159.

❷ 杜小卫. 贵州苗医药传统知识的专利保护［J］. 贵州师范大学学报（社会科学版），2009（6）：54.

（三）提高专利撰写质量，拓展专利布局

如前文数据所示，虽然民族医药领域专利申请的授权率高于中医药领域平均授权率，但是追踪个案会发现，很多申请保护范围过于狭窄，对其保护力度到底能有多大尚存质疑。而对于由于申请策略不当、未能获得授权的申请，其公开文本中可能已经将关键技术信息公开，其他企业或者个人可以方便地获得，可以利用技术优势对其进行二次开发，并申请新的专利。因此，提高专利撰写质量不仅可以扩大专利保护范围，还可以避免将关键技术信息白白送人。

对于效果显著的民族医药，在申请核心专利获得保护的基础上，为了获得更全面更稳定的保护，对外围专利的布局也是进一步需要拓展的方向。以"奇正消痛贴膏"为例，该药是在筛选藏药经典方剂的基础上创新而得的新型藏药，因为疗效显著，深受消费者好评，多年位列单品外用药销售量全国第一。企业在 2005 年首次申请了药物组合物及其制备方法的核心专利，此后多年，在此基础上进一步挖掘，陆续申请了其气雾剂等其他制剂专利，以及该组合物在制备治疗支气管哮喘、供血不足等的其他药物中的用途专利，除此之外，还布局了检测方法等相关专利。

（四）培育高质量专利，推动成果转化

我们所说的民族医药传统知识绝不仅仅是毫无变化的旧知识。我们认为传统知识是在传承的基础上持续发展的，它不是静止不动的，需要在临床实践中不断汲取经验和吸纳现代科学技术进行自身的创新和发展，渐进性和非替代性是它的创新和发展的特点。专利申请要高水平创造、高质量申请、高效率审查、高效益运用，才能充分利用和发挥专利制度的优势。知识的价值在于利用，把潜在价值转变为现实价值才能实现其利益最大化。民族医药经过长期的实践发展，形成了极具民族特色的一些治疗方法和制药方法，对于一些现代医学治疗效果不佳的疑难杂症有奇效。民族医药传统知识只有真正转化成市场流通的药品，才能真正造福人民。各级政府要制定切实有效的相关政策，例如有偿体系，加大对民族医药专利申请和转化的扶持力度，为推动高质量专利的高效益运用保驾护航。

（五）培养复合型人才，知识传承学院化

目前，我国有 9 个少数民族医药领域开设了高等和中职教育。[1] 在建立民族医药学院化的路线上，藏族医药和蒙古族医药是相对更为成功的，它们建有专门的民族医药院校：西藏藏医学院和内蒙古医科大学等。学院的建立使传承实现了正规化、系统化的现代教育模式。现有知识产权制度只保护知识的创造性，而学院化拓宽了民族医药传统知识创新的广度和深度，使用现代医药学的语言表达，从而利于采用现代知识产权制度进行保护。另外，民族医药传统知识的保护需要利用知识产权法、民商法等相关法律知识，为了在知识保护和转化过程中争取最大化的利益，还需要掌握一定的法律知识，因此需要培养熟悉民族医药和知识产权的复合型人才。建议在民族医药院校中开设知识产权法等基础法律课程。

（六）营造诚信环境，强化道德约束

民族医药传统医患关系建立在诚信的基础之上，救死扶伤、不图报酬是中国传统医学包括民族医学历来推崇和恪守的崇高医德；妙手回春、悬壶济世等尊称是民众给传统医者最高的敬意和对他们最好的回报。民族草医历代秉承着这样的医德。然而现代市场经济对这种传统所造成的冲击是巨大的。中国传统的道德观、伦理观也在金钱的冲击下摇摇欲坠。因为民族医药的独特效果和良好口碑，市场上不断出现虚假宣传或者使用假借批文的所谓民族药；在专利申请方面，也出现了一定数量以民族医药传统知识为基础的，明显抄袭、窃取或者恶意拼凑、编撰的申请。当道义的精神遭遇商业的气息时，要考验的是约束恶行的制度。然而目前的制度并不能缓和两者的冲突。"必要的道德要求"是 TRIPS 第 27 条第 2 款以及许多国家专利法用于排除专利授权的规定。[2] 我国《专利法》第 5 条也规定了对违反法律、社会公德或者妨害公共利益的发明创造，不授予专利权。但是在现行审查标准下，对于明显抄袭、窃取或者恶意拼凑、编撰的申请难以直接以道德要求拒绝授予专利权。急切需要完善可以适用的相关法律法规，强化授予专利权方面的道德约束在传统知识保护领域的运用，同时提高人民经济水平和道德修养。

---

[1] 黄薇. 中华人民共和国中医药法解读 [M]. 北京：中国法制出版社，2017：159.

[2] 丁丽瑛. 传统知识保护的权利设计与制度构建 [M]. 北京：法律出版社，2009：230.

四、结　语

民族医药是中华民族优秀传统文化的重要组成部分，为人类健康作出了不可磨灭的贡献。民族医药传统知识在传承和发展的过程中面临着危险和挑战，民族医药传统知识的使用和传承群体处于一个相对弱势的地位。为了避免民族医药传统知识的丧失和流失，保护这一文化瑰宝，必须对其加以保护和创新。而在各种保护手段当中，专利是对民族医药传统知识及其创新的有效保护手段。但是专利制度本质上是利用西方医学的研究方法和思路来评价和保护的，这就势必造成民族医药传统知识的专利保护任重道远，应该引起国家的重视，也应该引起少数民族成员本身的重视。自身保护意识的建立是基础，在尊重和认识的基础上，利用有效的保护手段是途径，最后还要体现文化内涵和精神方面的要求。民族医药传统知识具有明显的民族性和地域性，与民族传统文化密切相关，与当地的宗教信仰、公序良俗等均有关系，其形成发展、思维理念和医疗方式等都具有鲜明的文化属性。因此保护要在尊重，保持特有的文化氛围，确保传承、研究、发展依旧在其自身的理论轨道上运行的基础上进行。应通过前文所述的具体措施，提高专利保护的力度和水平，为民族医药传统知识的传承和发展创造一个良好的社会环境，进而满足医疗文化、道德文化和民族利益等方面的需求。

论传统知识与民间文艺的外观设计知识产权保护问题

周　佳[❶]

摘　要

　　近年来，传统知识和民间文艺的知识产权保护问题日益受到各国的重视。为了更好地实现对传统文化的保护，已有国家提出在外观设计知识产权立法中设立"来源披露"制度，对工业品外观设计中使用或包含传统文化表现形式、传统知识或生物/遗传资源的，公开其来源。"来源披露"制度是否适合我国的外观设计专利保护实践，以及我国的外观设计专利制度如何在尊重传统文化的同时鼓励对传统文化表现形式的运用和设计创新，是本文要探讨的内容。

关键词

　　传统知识　民间文艺　外观设计　来源披露

❶　作者单位：国家知识产权局专利局外观设计审查部。

遗传资源、传统知识和民间文艺的表现形式被视为"人类共同遗产"。我国的历史悠久、民族众多、文化多样且璀璨。在外观设计领域，传统知识与民间文艺被广为应用与创新。但是，对于以传统知识与民间文艺作为设计元素的产品在外观设计专利中如何申请和保护，并未有专门规定。传统知识和民间文艺是由一定地区的文化、技术、精神、人类活动等共同孕育和凝结的。我们要正视目前对传统文化保护不足的现实，在尊重传统文化的同时，将其进行传播、运用和再创新，将有利于对传统文化的发扬与传承，但需要处理好传统知识与现代专利制度之间的关系，做好制度的设计与衔接。

一、传统知识与民间文艺的定义与特点

1. 传统知识与民间文艺的定义

"遗传资源"（Genetic Resources）是具有实际或潜在价值的遗传材料，其主要来源于植物、动物、微生物等，因此在专利范畴内，与外观设计的关联性不大，而一般会涉及发明专利或实用新型专利中的保护问题。

世界知识产权组织（World Intellectual Property Organization，WIPO）关于"传统知识"（Traditional Knowledge）的定义为："基于传统之上的文学、艺术或者科学作品、表演、发明、科学发现、设计、商标、名称和符号、未被透露的信息以及所有其他在工业、科学、文学或者艺术领域，由智力活动基于传统而产生的创作和创新。"WIPO 下设的知识产权与遗传资源、传统知识和民间文学艺术政府间委员会（The WIPO Intergovernmental Committee on Intellectual Property and Genetic Resources，Traditional Knowledge and Folklore，IGC）的相关术语中对"传统知识"的定义为："'传统知识'作为对客体的泛泛描述，一般包括传统社区（包括土著和当地社区）的智力和非物质文化遗产、做法和知识体系（广义的传统知识）。"换言之，提到"传统知识"，通常包括广义和狭义之分。广义的"传统知识"，既包括了知识本身的内容，也包括了传统文化表现形式。对于传统文化表现形式，由于其多样性与特殊性，WIPO 将其作为一个与传统知识相提并论的概念，也可称为"民间文学艺术表现形式"。因此，狭义的"传统知识"，专指向因传统背景下的智力活动而产生的知识，其中包括诀窍、做法、技能和创新。

"传统文化表现形式"（Traditional Cultural Expressions，TCEs）和"民间文学艺术表现形式"（Expressions of Folklore）是在国际讨论中被交互使用的术语，在 WIPO 体系中可作为同义词使用，但 WIPO 成员国之间对这两个词语的有效性或恰当性尚未协商一致，亦不影响或限制国内法或区域法中使用其他词语。

由于对"传统文化表现形式/民间文学艺术表现形式"（以下简称"传统文化表现形式"）尚未形式统一的定义，WIPO 在其出版的《传统知识与传统文化表现形式/民间文学艺术》一书中，将其描述为："由具有传统艺术遗产特征要素构成的，并由某一社区或由反映该社区的传统艺术追求的个人所发展并维持的创作成果。"包括：语言表现形式（如民间故事、民间诗歌和谜语）、音乐表现形式（如民歌和器乐）、动作表现形式（如民间舞蹈、戏剧、典礼的艺术形式）和有形表现形式（如绘画、素描、雕刻、雕塑、陶土艺术、赤陶、镶嵌、土木、金属器皿、珠宝、筐篮编织、刺绣、纺织品、织毯、服饰以及乐器、建筑形式等）。可以看到，传统文化表现形式中与外观设计专利最为密切的，是其有形表现形式中所包括的各类客体。

2. 传统知识与民间文艺的特点

（1）传统性

基于特定民族传统的信仰、道德标准和传统技艺的实践活动，来源于世代承袭的文化传统，本身又构成该文化传统的组成部分。其被首次创造出来的时间和个体往往缺乏明确的记载。

（2）集体性

传统知识的产生与发展不是依靠单个社会成员的个人智慧和努力而完成的，而是由某个民族、部落或群体在长期的生产与生活实践中共同完成的，是世代连续努力共同开发创造和培育的产物。传统知识归该地区某个民族或群体集体拥有。

（3）民族性

传统知识是少数民族在长期的生产与生活实践中逐步形成的，具有鲜明的民族风格。一个地区所具有的独特传统知识和遗传资源，是由当

地的人文环境、自然环境、风俗习惯以及当地民族的审美意识所决定的。❶

（4）相对公开性

由于传统知识的产生是源于某个民族、部落或群体，为这个特定的地域内的群体所共有，因此在这个特定的地域范围内传统知识大多是公开的，但相对于其他人群而言则未必是公开的。

二、传统知识与民间文艺的可专利问题

1. 传统知识与民间文艺在外观设计专利中的可授权客体

外观设计在《专利法》中的定义是指，对产品的形状、图案或者其结合以及色彩与形状、图案的结合所作出的富有美感并适于工业应用的新设计。《专利法》中的外观设计应当以产品为载体，不能重复生产的手工艺品、农产品、自然物不能作为外观设计的载体。纯属美术、书法、摄影范畴的作品，不属于外观设计专利的保护客体。

在传统文化表现形式中的纯手工艺品，如根雕等，不能适用于工业应用，因此不能得到具有工业产权属性的外观设计专利的保护。而绘画作品、雕塑作品、书法作品等，属于著作权法保护的范畴。

如果是符合外观设计定义的传统文化表现形式，则属于外观设计专利的保护客体，它们往往具有实用艺术品的属性，兼具实际功能和审美意义。在外观设计专利申请中常见的对传统文化表现形式的应用有两种类型，一种是将传统文化表现形式中的造型直接运用于产品，比如首饰、摆设品、乐器、家具等；另一种则是将传统文化表现形式中的纹样、图案、造型等作为一种设计元素，与其他的设计载体进行结合，如服饰、扇子、挂毯、箱包、玩具等。随着设计水平的提升，现在也不乏在电子设备如电脑、音箱、家电等现代产品中引入传统文化设计元素的优秀设计。

2. 传统知识与民间文艺在专利制度中的"公有领域"问题

传统文化表现形式往往是传承了源远流长的社会和社区创造过程得

---

❶ 贾海岩，周佳，等.特殊领域外观设计保护问题研究 [R]. 北京：国家知识产权局，2016.

出的产品。"基于传统"是指代代相传的知识体系、创作、创新及文化表达被认为是隶属于特定的人群或地区,自发地演化而来,并不断根据环境变化而变化。由于历史的时间发展脉络过长,很多传统文化已逐渐流失,被传承下来的都是人类的瑰宝,但是创作主体往往已经无从考证。传统文化的保留与"幸存",得益于其被广为传播以及不断地运用,因此人们已经习惯于对传统文化的直接享用与再创作。然而当将传统文化表现形式应用于产品,并要寻求外观设计专利制度这种具有排他性的私有产权保护的时候,其正当性问题就值得深究。应当说,现在世界各国对于尊重传统文化,基本持不能简单运用现代产权中的规则来解决传统文化保护问题的观念。1972 年 11 月 16 日通过的《保护世界文化和自然遗产公约》中,已经明确肯定要"充分尊重文化和自然遗产的所在国的主权",之所以要强调是"人类共同遗产"或"世界遗产",是为了使"整个国际社会有责任合作予以保护",而并非"无偿利用"。❶

基于现代专利制度而产生的"公有领域"概念,主要是为了平衡智力成果创造者的个人利益与公众利益之间的关系,既能够使创造者从其发明创造中获得应有的收益,以激励其不断进行新的发明创造,又不会造成长久的利益垄断,阻碍社会技术的进步和发展。但传统知识中的创造者从未享有过专利制度中的私有垄断权利,因此,不能简单地把传统文化中由于年代久远而造成的"不可考"的智力成果简单认定为人类共有的状态。

但这是否就意味着对于传统知识和民间文艺的保护问题,完全不适用于专利制度?应该说,对于传统知识和传统文化,只有不断地使用与创新,才能使其继续传承与鲜活,才能使其迸发出更加长久的生命力。因此,当下的问题更多地应放在探讨其与现代产权制度的融合与衔接问题上,对于传统知识和民间文艺的权利归属和利益分享设立专门的机制,来破解传统文化面临的困境。

3. 传统知识与民间文艺在外观设计专利中的"新颖性"问题

我国专利法中给予保护的外观设计应当是"新"的设计,在《专利法》第 23 条中规定的授权标准主要是考量其相对于现有设计而言是否是新的,与现有设计或者现有设计特征的组合相比,是否具有明显区别。

---

❶ 李顺德. 非物质文化遗产的法律界定及知识产权保护 [J]. 江西社会科学,2006 (5).

这就意味着，对于传统文化表现形式的运用不能是直接复制与简单运用，而是充分汲取传统文化表现形式中的设计思想，提炼设计特征，并与产品的造型、功能进行结合后所作出的具有富有创新的再设计。例如 2008 年北京奥林匹克运动会火炬的设计创意中，火炬造型来源于中国传统的纸卷轴，而火炬上的纹样来源于中国传统的古代祥云图案，火炬上的色彩运用则来源于汉代的漆红色，设计师将这些设计元素巧妙地运用在了火炬的整体设计上，才使其成为一支具有主办国文化特色的优秀设计产品。因此，不是使用了传统文化表现形式的设计就一定不属于新设计，这正体现了专利制度对创新的促进作用。

三、外观设计专利中关于传统知识与民间文艺的来源披露

1. 来源披露问题提出的背景

WIPO 下设的商标、工业品外观设计和地理标志法律常设委员会（Standing Committee on the Law of Trademarks，Industrial Designs and Geographical Indications，SCT）在近几年的工作重点之一是在各成员国之间进行关于外观设计申请和审查程序方面的协调，致力于达成统一的外观设计法条约。2014 年，在 SCT 第 32 届会议上，非洲国家提出了在 SCT 关于外观设计法条约的条文草案中增加关于遗传资源、传统知识和民间文艺来源披露要求的条文。即在外观设计法条约草案的第 3 条（ix）中规定：

（ix）工业品外观设计申请中提出权利要求的客体包括利用或者直接基于遗传资源、其衍生物和相关传统知识、传统知识或者一个或多个传统文化表现形式的，每一方均应要求申请人：（1）公布遗传资源或其衍生物、传统知识或者一个或多个传统文化表现形式的来源国，如果来源国未知，公布来源；（2）按知识产权局所属国国内法的要求，提供关于符合获取和惠益分享要求，包括事先知情同意的相关信息；（3）如果来源和（或）来源国未知，就此作出声明。

这一提案遭到了美国、德国、日本、韩国、挪威、西班牙、瑞士、英国、捷克等发达国家的明确反对。这些国家认为该提议超出了外观设计法条约的范围和目标，并且或许无助于协议的达成以及外观设计手续

的简化。在随后的第 33 届至第 36 届会议上，主要发达国家与发展中国家在这一问题上始终存在巨大分歧，导致外观设计条约未能按计划于 2017 年达成。非洲国家的诉求从要求公布来源、惠益分享等改为仅在各国的国内法中保留披露规定即可 [（ix）对工业品外观设计中使用或包含的传统文化表现形式、传统知识或生物/遗传资源的产源或来源的公开]，但仍然未与发达国家达成一致。

对于该条款的争议，涉及较为复杂的各国之间的政治博弈。但其中一个主要原因在于，拥有着丰富传统文化资源的非洲国家意识到，在现代知识产权制度规则的设计中，新技术使得传统知识越来越容易被利用或滥用，发达国家在现行知识产权制度中获取了巨大利益，对传统文化和传统资源无偿使用并从中获利，而传统知识的权利主体却无法获得必要的补偿。

2. 来源披露制度的运用

非洲国家在 SCT 会议上提出的披露制度思想，源于 1992 年 6 月 5 日在巴西里约热内卢签署的《生物多样性公约》的规定，其主要是针对遗传资源提出的三项基本原则：（1）遗传资源的国家主权原则，承认各国对其自然资源拥有的主权权利，可否获取遗传资源的决定权属于国家政府，并依照国家法律行使；（2）获取遗传资源的事先知情同意原则，获取遗传资源须经提供该资源的缔约国事先知情同意，除非该缔约国另有规定；（3）利用遗传资源的惠益分享原则。每一缔约国应当酌情通过立法、行政或者政策性措施，以期与提供遗传资源的缔约国公平合理地分享研究和开发该资源的成果以及通过商业和其他方式利用该资源所获得的利益。

披露制度目前主要涉及遗传资源在发明专利中的披露。安第斯共同体、印度、非洲知识产权组织、中国、欧盟、瑞士等均在内部法律中有相关规定。印度专利法第 10 条规定如果申请专利的发明利用了生物材料，申请人应当在专利申请中披露该生物材料的来源及地理起源。对于未履行来源披露而导致的后果则有所不同，一些国家规定来源披露审查的结果会直接影响专利权的有效性，如安第斯共同体第 486 号决议第 75 条规定，未履行提供获取相关遗传资源合同副本、许可或授权文本等证明文件义务的，可宣告被授予的专利权无效。而另一部分国家和地区则将披露的作用定位于明示来源，不直接影响权利的有效性。如欧洲议会和欧盟理事会在 1998 年 7 月 6 日联合颁布的名称为"关于生物技术发明的法律保护"的 98/44 号指令规定，在适当和可知的情况下，对发明提出的专利申请应该披露其材料的地理来源信息，但是否披露来源信息不应对专利申请的处理及已授权专利的有效性带来损害。

我国《专利法》第三次修改中，在第 5 条新增："对违反法律、行政法规的规定获取或者利用遗传资源，并依赖该遗传资源完成的发明创造，不授予专利权。"该法条既属于驳回条款，也属于无效条款。另外，我国《专利法》第 26 条新增加第 5 款规定："依赖遗传资源完成的发明创造，申请人应当在专利申请文件中说明该遗传资源的直接来源和原始来源；申请人无法说明原始来源的，应当陈述理由。"因此，如果申请人应该在申请文件中对遗传资源的来源进行披露而未披露的，专利申请将被驳回，但其不属于无效条款。

目前将披露制度运用于外观设计的国家和地区非常少，我国《专利法》中并无相关规定。2010 年，在非洲地区知识产权组织关于保护传统知识和民间文学艺术表达的斯瓦科普蒙德议定书的第 10 部分指出：任何在传统范围之外使用传统知识的，需要告知传统知识所有者，并指明来源，可能的话，指明原始来源，并以尊重其文化价值的形式利用。南非于 2013 年对知识产权法律进行修订，将土著知识的表现形式作为一种知识产权予以保护。在外观设计部分（第 29～36 页）提到：没有当地权威机构或者当地社区的事先知情同意，没有公布土著知识及文化表现形式来源的，以及申请者没有与权威机构或者当地社区达成协议的，不能予以注册。

3. 在外观设计专利中引入来源披露制度的必要性

（1）传统文化表现形式是外观设计专利申请的重要设计资源

我国上下五千年的文化传承，积累了大量丰富璀璨的历史文化。而现代设计师往往会到传统文化宝库中寻找和汲取设计素材，设计和创造出兼有古典和现代设计特点的产品。国家知识产权局学术委员会 2016 年在"特殊领域外观设计保护客体的研究"课题中作了一项抽样调查，选取了最常运用传统文化元素的国际外观设计分类表中 10 个类别（涉及服装、扇子、平面纺织品、椅子/沙发、地毯/挂毯、工艺品、乐器、玩具、建筑、手持灯具等类别）共 72426 件专利申请，其中明显运用了传统文化表现形式作为设计元素的申请共 4490 件，占总申请量的约 6.2%，设计元素主要涉及宗教神话、传统纹样、文化符号、生肖图腾、曲艺图饰、书法文字、民族纹饰等。

对于这些运用了传统文化表现形式的外观设计专利申请，如何进行申请人主体资格的审查，《专利法》中并没有专门规定。而由于对传统文化的源头追溯困难这一现实问题，就有可能产生对使用了传统知识或民间文艺的申请不当授予专利权的问题。在我国《专利法》中已经引入了对涉及遗传资源的专利申请的审查的背景下，有必要在《专利法》框架下进一步研究传统知识和民间文艺在外观设计专利申请中的审查标准。

（2）有利于对中国传统文化的发扬和延续

文化的活力在于创造和交流，中华民族传统文化世代相传，形成了历史悠久、内涵博大的中华文化体系。但是，目前很多传统知识都面临着失传危机，主要原因在于：①大量传统知识存在于信息尚不发达的少数民族地区或边远地区，缺乏宣传和普及，传播度不够；②随着民间文学艺术的老一辈传承人相继离世，其传承后继乏人；③现代文明和西方强势文化对传统文化造成的冲击，使得很多传统的工艺、设计已逐步被新时代的生活方式和设计审美所取代，少有问津。

而来源披露制度在专利申请文件中注明所使用的传统文化表现形式的来源，一方面尊重传统知识持有人的权利，宣示了主体权利，另一方面也使得权利主体有机会获得合理的补偿。我国现有法律中对传统知识的保护方式多为认定、记录、建档、资金支持等，保护的目的以"保存"为主。但只有将传统文化与现代文化连接，将丰富的传统文化表现形式引入现代设计中，才能使其成为"活"的文化。专利制度能够在这一过程中保护权利主体的利益，通过市场经济的运作使传统文化在不断的创新中焕发新的活力。而在国际文化交往日益频繁的当下，披露制度也有利于对中国传统文化的宣扬。

（3）有利于保护权利主体的利益，避免对传统文化的不当使用

知识产权制度的设计在于尊重智力成果，明晰产权边界。当传统知识日益成为科技文化创新的要素时，传统知识族群的知识产权保护意识也在增长。但是，由于法律保护的不利，目前存在着传统知识所有权的公有状态、无人主张产权保护和所有权人无权主张保护的状态。近年来，关于遗传资源、传统知识和传统文化表现形式的议题成为热点。这种现象一方面体现了全球化背景下各国政府和公众基于人权的考虑对传统族

群问题的普遍关注，另一方面也反映了传统族群基于自决权要求发展和振兴的自我意识在不断增长。

我国的《专利法》虽然在第三次修改中对遗传资源设立了来源披露制度，但对外观设计申请中涉及传统知识和民间文艺的规定尚为空白。我国是有着丰富传统文化底蕴的国家。2015 年 12 月 18 日，《国务院关于新形势下加快知识产权强国建设的若干意见》（以下简称《意见》）印发。《意见》中指出，要"加强对非物质文化遗产、民间文艺、传统知识的开发利用，推进文化创意、设计服务与相关产业融合发展"。因此有必要对如何在外观设计中加强对传统知识和民间文艺的保护这一问题进行研究和立法。

4. 在外观设计专利中引入来源披露制度面临的问题

（1）来源披露中对权利主体信息确认的难度

传统文化随着时代、环境的发展在不断变化，各类文化之间也在相互借鉴、相互融合，文化的来源往往已经难以追溯，即使可以追溯，也往往已经发生了新的繁衍。这使得申请人在履行披露义务上就可能存在困难。即使披露信息可以不具体到某一权利主体，对于传统文化产生的地域也往往难以考证。而专利行政机关在披露信息准确性的审核上更存在着客观难度，如果无法解决将消耗大量的审查资源。

（2）来源披露的原则设定存在难度

由于产品设计变化的复杂性，对于传统文化表现形式运用到何种程度需要进行披露的认定标准存在难度。如果在一件产品中结合了多种传统文化表现形式，是否需要披露多个来源？如果一些传统的设计元素已经成为设计领域的常见设计题材，是否仍需披露？如果是以传统民间工艺技法作出的设计，是否需要进行披露？诸如此类问题。

（3）未履行来源披露义务的法律后果如何认定

在遗传资源的审查中，对于未履行遗传资源来源披露义务是否会影响专利权的有效性问题，各国做法不尽相同。如果在我国的外观设计专利中引入来源披露制度，也需要明确，来源披露究竟是专利申请中的形式要求还是实质性要求。如果是形式要求，由于存在来源信息认定困难的现实问题，错误的披露信息可能会对真正的权利主体带来不利影响。而如果是实质性要求，申请人在专利申请文件中的单方披露声明是否等同于已经取得了传统知识持有人的授权使用的意思表示？

（4）来源披露后的惠益分享机制如何设定

如果在专利申请文件中进行了来源披露，被披露方如何与申请人就专利的使用与收益进行利益分享？应该由什么机关来进行监管？这就需要国家设立必要的管理结构，通过相关法律法规来规定相关标准、程序、分享方式或比例等，这已经超出了《专利法》的范围，因此还需要其他配套法律或政策的支持。

四、在外观设计专利中对传统知识与民间 文艺进行知识产权保护的具体措施

1. 南非的相关规定

南非是目前世界上少数对传统知识形成了较为完整的知识产权保护框架的国家之一，其在 2013 年通过的南非知识产权法修正案中规定，"外观设计"是指美学设计、功能设计和传统设计，"传统设计"（Traditional Designs）包括"本土设计"（Indigenous Designs）和"衍生本土设计"（Derivative Indigenous Designs）。"本土设计"是指具有本土或传统起源和传统特征的美学或功能设计，包括由本土社区现有或原来，目前或历史上的成员创造的本土文化表达或知识，并且该设计被视为社区遗产的一部分。"衍生本土设计"是指任何形成本法主题的美学或功能设计，适用于本土社区认可的任何形式的本土设计，有本土或传统起源并且其大部分来自本土文化表达或知识，无论该衍生本土设计是在知识产权法修正案生效日之前或之后衍生的。

对于本土设计，本土社区按规定方式申请和缴费后，可以予以注册并获得永久保护期。对于衍生本土设计，如果是新颖的，衍生本土设计的作者已获得有关当局或本土社区的事先知情同意和签订利益共享协议，并已向委员会进行披露的，可以申请注册。其中，美学衍生本土设计从注册日或公开日起 15 年（以较早者为准）；功能衍生本土设计从注册日或公开日起 10 年（以较早者为准）。❶

南非专门设立了国家本土知识委员会，该委员会委托一定的机构来

---

❶ 贾海岩，周佳，等. 特殊领域外观设计保护问题研究 [R]. 北京：国家知识产权局，2016.

裁定应用知识产权法修正案所产生的任何纠纷。在知识产权法修正案生效日之后，任何人想要获得关于使用本土设计的权利必须获得有关当局或本土社区的事先知情同意和签订利益共享协议，并向委员会进行披露。上述利益共享协议所商定的版税、利益或版税、利益的数量、价值由传统设计的使用者和所有者之间的协议或由代表这些缔约方的一方或双方的一个或多个收费协会确定，没有协议的由委员会委托的机构或根据1965 年仲裁法裁定。达成的协议必须提交委员会，委员会应当审查协议使之遵守知识产权法，包括本法和社区协议，如果合同中的任何条款被视为并非为了本土社区或本土社区有关成员的利益，则要求重新谈判上述条款并且提供必要的意见。另外，衍生本土设计所有人应向该衍生本土设计衍生自的本土设计所有人支付版税、利益或版税和利益。❶

南非还建立了本土知识国家数据库，将其纳入知识产权数据库中，关于本土文化表达和知识有关的表现形式的信息都在该数据库中给予记录。专利局、版权局、商标局和外观设计局可以评估或维护该数据库，数据信息对社会公众公开。

同时，南非还成立了国家传统知识信托基金会来开展对本土知识的商业运作活动。传统知识代表人需要经国家传统知识保护委员会注册认证，如果该传统知识存在但已经无明确持有人或组织，则由国家信托基金代持。

2. 对我国在《专利法》中的保护措施建议

对于传统知识和民间文艺的保护，绝不是一部法律或一个机构就能解决的问题，而是需要在国家层面建立较为完备的法律保护体系，从立法机构、行政审批机构、知识产权运营与监管机构等开始建立全链条的保护。因此，应在立法层面建议对于遗传资源、传统知识和民间文艺出台专门的知识产权保护法律法规，在《专利法》《著作权法》《商标法》《非物质文化遗产法》《文物保护法》等法律中增加或明确对于遗传资源、传统知识和民间文艺的保护规定。同时，设立一个专门机构负责对遗传资源、传统知识和民间文艺的知识产权保护与监管、知识产权归属确认、知识产权备案、知识产权纠纷裁决、知识产权转让和运营等工作。鼓励

---

❶ 贾海岩，周佳，等 . 特殊领域外观设计保护问题研究［R］. 北京：国家知识产权局，2016.

传统知识民间组织形成民间的本土知识保护协会，推广和宣传传统知识。要建立传统知识数据库，收集、记录、整理、恢复、保存传统知识。形成国家层面的传统知识信托基金，资助传统知识持有者，鼓励其发展或创新。

具体对于《专利法》而言，引入对于使用传统文化表现形式作为设计元素的外观设计专利申请的来源披露制度。在传统文化数据库尚未建立的初期，披露制度采用自愿声明原则，不将其作为专利审批的驳回理由或无效理由。鼓励申请人对使用传统文化表现形式作为主要设计内容的专利申请进行来源披露，披露信息至少到传统知识持有者所在地区。

加强对于传统知识和民间文艺在外观设计专利中的保护，有利于保护中华民族的文化瑰宝，尊重知识产权的创造者，还传统文化创造者应有的"尊严"，从而促进全社会和人类的创新与发展。

信息化时代传统知识保护制度的理论与实践探讨

龙　文[❶]

摘　要

　　本文从知识产权法哲学入手辨析了公有领域和共有资源概念，阐明文化基因作为共有资源内化于文化共同体每一个体的传创活动中，生发为传统知识的丰富内容和表现形式，在原生境下形成"传习—创造—消费"的权利链条。传统知识保护的根本目的乃在于保持文化基因的活力，使其作为群体共有资源被正当接触（知情同意）和合理利用（惠益分享），不被滥用、盗用和歪曲使用，并经由每一个体心传智创的丰富内容和表现形式不断创生繁衍，真正成为创新的源泉。信息化时代传统知识保护制度设计必须解决信息接触途径和利用成本的问题，将代际间授受传承的特定人自发传创活动转化为整个文化共同体自觉传创、面向每一不特定成员的要约邀请和立约信守行为。

关键词

知识产权　传统知识　文化基因　传创

---

❶　作者单位：知识产权出版社有限责任公司。

一、公有领域之惑

知识产权所包含的全部内容，如著作权、专利、商标和秘诀等，这些受法律保护、为人类所创造、为人类所支配的知识财富，其本质不是别的，而是信息。知识产权也可以被称作信息财产。❶ 整个知识产权制度的构建也必须适应其客体——智力创造成果作为一种特定信息所具有的共享性，同一智力成果可以在多个时空、以多种方式被利用，但这只是行为方式上的多样性。就该智力成果上每一项具体的知识产权权利本身而言，其利益归属是单一的——只能归属于特定的权利主体而不能人人均沾，即"客体共享，权利专有"。❷ 于是，权利专有范围之外成为公有领域。依彼得·德霍斯所言，公有领域是因其含义和内容指的是不受知识产权法限制的信息和行为而得名。换句话说，公有领域是一个种类，有多少种类的知识产权就有多少相应的公有领域。❸

专利法保护的知识产权客体是发明、实用新型和外观设计。专利法上的公有领域由不具备可专利性的现有技术构成，这些现有技术又由那些丧失新颖性、创造性和实用性的发明和实用新型，以及与现有设计或者现有设计特征的组合相比，不具有明显区别的外观设计所不断补充。

著作权法保护的知识产权客体是作品，即文学、艺术和科学领域内具备独创性与可复制性的智力创作成果。著作权法上的公有领域由不符合法定保护条件的作品构成，并由那些超出法定保护期限的作品所不断汇聚。

商标法保护的知识产权客体是任何能够将自然人、法人或者其他组织的商品与他人的商品区别开的标志，包括文字、图形、字母、数字、三维标志、颜色组合和声音等，以及上述要素的组合。商标法上的公有领域由不符合法定保护条件的标志构成，并由那些丧失了显著性和可识别性的标志所逐渐积累。

---

❶ 周林．信息自由与版权保护［J］．电子知识产权，2007（8）：60-62.

❷ 具体理论分析参见：郑成思．知识产权：应用法学与基本理论［M］．北京：人民出版社，2005：80，96-104.

❸ 德霍斯．知识财产法哲学［M］．周林，译．北京：商务印书馆，2008：中文版序 1-7.

秘诀❶是反不正当竞争法保护的知识产权客体，指不为公众所知悉、具有商业价值并经权利人采取相应保密措施的技术信息和经营信息。反不正当竞争法上的公有领域由未采取相应保密措施的技术信息和经营信息构成，并由那些在合法条件下丧失了保密性或解密了的秘诀所渐次增补。

我们必须加以厘清的是，公有领域和共有资源并不是等同概念，在信息社会中认识到这一点尤为重要。例如，私人公司用著作权和专利等知识产权来保护它们公开发行的程序的电子版本，却不让公众获悉程序的源代码。自由软件运动也承认软件的著作权，但它接着通过一个授权允许软件的后续使用者对软件进行拷贝、修改和重新分配，条件是他们对于其他人的权利也会同样对待。公开源代码是强制性的，因为如果不能自由研究源代码，这些权利的实施将毫无意义。从本质上讲，这种许可是一种有条件的授权。如果你符合条件，你就有权使用；如果你不符合，你就是侵权。更进一步讲，授权就相当于社会针对积极共有所推出的一种认同机制。在这种机制下，所有共有者约定任何人不能阻止运算法则的传播，而且运算法则的升级版本必须在群内共有。共有者有权将程序出售，那是他们的劳动果实，但是无权封锁共有资源。这些共有资源将保持共有状态，而且就像我们已经提到的，将在适用于知识共有的不断丰富的规律下成长起来。❷

二、文化基因之守

正像开源软件以事先协议的方式确认共有资源范围，传统知识也是一个开源系统。《生物多样性公约》（Convention on Biological Diversity, CBD）第 8 条（j）款将传统知识描述为："土著和地方社区体现传统生活方式而与生物多样性的保护和持久使用相关的知识、创新和做法。"并对此作了如下说明：由经验发展而来的，经历数百年的时间适应地方文化和环境的，代代之间以口授相传的传统知识，倾向于集体共有，并且采取故事、歌曲、民间艺术、谚语、文化价值、信仰、宗教仪式、社区法、

---

❶ 即 Know-How，一般译为商业秘密或专有技术，笔者译为含义更宽泛一些的秘诀。

❷ 德霍斯. 知识产权法哲学［M］. 周林，译. 北京：商务印书馆，2017：中文版序 1-7.

方言和农业实践等形式，包括植物品种和动物血统的发展。❶ 而根据世界知识产权组织（World Intellectual Property Organization，WIPO）的观点，传统知识是指："基于传统的文学、艺术或科学作品；表演；发明；科学发现；设计；标志、名称和符号；未公开的信息；以及其他基于传统的，在工业、科学、文学或艺术领域内的智力活动的创新和创造。"❷

早在 16 年前也即 2003 年，郑成思先生就曾呼吁：在我们以现有的由发达国家决定框架的"知识产权"为基础，制定我国的知识产权战略时，切切不可忽视一大部分尚未列入国际知识产权保护框架内的信息财产。因为这些恰恰是我国的长项。发达国家一再把知识产权保护水平拔高，而发展中国家则提出了保护现代文化及高技术之源的问题。这两部分利益不同的国家实际上是站在了知识产权保护的两端上。一端是发达国家占优势的"流"上的智力成果的保护，比如发明专利、驰名商标等；另一端是发展中国家占优势的"源"上的智力成果的保护，像传统知识等。❸

根据知识产权工具论理论，各个国家应当自由选择知识产权所服务的目的或目标。顺理成章的是它们必须具有设计知识产权权利的主权，也即各个国家都享有以符合其自身社会、经济和文化环境的方式来确定知识产权的自由。今天的发达国家在它们当初的发展过程中享受了这种设计自由，而这种自由对它们的经济发展作出过积极贡献——这是一个不争的历史事实。由美国和欧洲主导的在知识产权方面的全球化和协调议程对发展中国家的制度设计主权设置了种种限制❹，也是不争的现实情况。

因此，对于传统知识与生物多样性必须给予一定的保护。郑成思先生特别指出，在这一点上，是需要"力争"的。"力争"的第一步，就是本国的立法与执法首先把它们保护起来。❺ 然而 16 年过去了，国内知识

❶ Convention on Biological Diversity. Article 8（j）and related provisions［EB/OL］.（2004-01-25）［2018-10-31］. https：//www.cbd.int/decision/cop/? id＝7158.

❷ WIPO. Intellectual Property Needs and Expectations of Traditional Knowledge Holders：WIPO Report on Fact-Finding Missions on Intellectual Property and Traditional Knowledge（1998—1999）［R/OL］. Geneva：WIPO，2001：25（2004-01-25）［2018-10-31］. http：//www.wipo.int/publications/en/details.jsp? id＝283&plang＝EN.

❸ 郑成思. 创新之"源"与"流"［N］. 中国知识产权报，2003-11-14.

❹ 德霍斯. 知识产权法哲学［M］. 周林，译. 北京：商务印书馆，2008：中文版序 1-7.

❺ 郑成思. 知识产权保护更要保护"源"［N］. 市场报，2006-03-06.

产权界对于如何保护甚至在理论上都尚未形成共识。由此可见，对于我们坚持制度自信，致力于探索符合中国国情，体现知识产权创造、运用和保护规律的传统知识保护制度设计而言，这种种限制最主要的还是在思想上，其中甚为关键的就是尚未顺着当年郑成思先生已经阐明的思考路径，突破以知识产权权利边界划定的公有领域概念所形成的理论桎梏。这也导致了相当多的人想当然地落入保护传统知识必然导致专利、著作权等知识产权创造者向公有领域付费的思维陷阱。然而传统知识和开源软件的知识共有与知识产权的公有领域并不是一个层面的概念。正如澳大利亚学者彼得·德霍斯所阐明的，利用共有资源取得专利的人应当征得对该资源享有排他共有权的人的许可并不需要这些许可。❶

　　显然，这里即便有公有领域，就开源软件来说它也是基于源代码信息的边界而反选划定的，就传统知识而言它同样也是与特定群体世代传承并体现该群体的文化和社会特征的信息即文化基因相对应而存在的。❷文化基因作为共有资源内化于文化共同体每一个体的传创活动中，生发为传统知识的丰富内容和表现形式，世代传承存续但又随时代发展流变，而当其最终失去了群体身份特征在社会中自由传播时，便落入了公有领域。文化基因如果在文化共同体每一个体的传创活动中濒临消失，这些

---

　　❶ 知识共有是一个更重要的概念，因为它直接地引导出道德和政治哲学问题，这些问题与知识管理所需要的各种协会和权利有关。积极共有是建立在任何个体都是资源共有人的一部分，而个体对资源的使用权依赖于全体共有人的一致同意这一观点的基础上的。关于公有领域和积极知识共有的不同之处，最好用实例来说明。假设我们得到这样的信息，说一种特定的植物对传染病的治疗非常有效。就专利法而言，不管是植物的有效性信息，还是自然界生长的植物本身，都是不能授予专利的。信息和植物都属于专利法上的公有领域。但是如果一个公司辨别出了该植物中的有效成分，它就得到了一些有可能获得专利的东西。再进一步假设，该植物已经过某个土著居民群体几个世纪的培育，而且他们的培育提高了该植物的医疗效力。此外，该土著群体还认为该植物有宗教和神秘意义。在他们的习惯中，该植物是一种共有的部落资源，换句话说，就是排他积极共有。如果要授予该植物的有效成分以专利的话，在他们看来，就要得到那些对该植物享有排他共有权的人的许可。而在专利法的公有领域规则下并不需要这些许可。在这种情况下，专利制度就纵容一种从公有领域获取利益的行为。而这一公有领域又正是由该专利制度自己设定的。该植物属于公有领域，但它拥有的有效成分却不是。如果换个角度，我们把植物及其基因信息看成是一种积极共有，那么对它的处分就必须得到全体共有者许可。通过承认共有者的许可权利，我们就赋予了他们更多的控制共有资源的能力。参见：德霍斯. 知识产权法哲学 [M]. 周林，译. 北京：商务印书馆，2008：中文版序 1-7.
　　❷ 有关文化基因的相关论证参见：龙文. 传统知识、知识产权与信息自由 [M] //周林，龙文，韩缨，等. 超越知识产权. 杭州：浙江大学出版社，2013：21.

传统知识内容和表现形式会成为该共同体文化遗产的一部分，抢救不及乃至失去活态完全湮灭则最后会成为博物馆中的文物。我们将传统知识纳入知识产权保护的根本目的，就在于保持文化基因的活力，使其作为群体共有资源被正当接触（知情同意）和合理利用（惠益分享），不被滥用、盗用和歪曲使用，并经由每一个体心传智创的丰富内容和表现形式不断创生繁衍，真正成为创新的源泉。

三、心传智创之秘

传统知识在原生境下一般会经由"师徒或长幼代际间传习授受—生活或生计上实践运用—特定或非特定对象体验消费"这一路径，形成一个封闭而又完整的权利链条。例如，不论是传统工艺、传统医药或传统艺术，志向者都需拜师并经历一个长期的学徒过程。师父在考查徒弟人品及能力认为合格后方得准其出师，授以衣钵确定从业身份，便可专职或兼职从事某营生或行当，或巧手匠心，或悬壶济世，或奏唱梨园，接受消费者和服务对象的检验，形成口碑。如是，徒弟从业后又成为师父，继而遵奉先师口训心诀，代代相传。

ⅰ由此可见，在没有专门立法的情况下，传统知识的核心信息也即文化基因，事实上只能选择以秘诀的方式进行知识产权保护。然而秘诀保护与文化基因所具有的繁衍、生发、传承和传播的天性是完全对立的，这也就造成传统知识原生境下"传习—创造—消费"的权利链条极其脆弱。一旦原生境被破坏，作为群体共有资源的文化基因连带着每一个体所创造的具体内容和表现形式一起，将很快灰飞烟灭！这样的悲剧在中国现代化以及第三世界国家全球化的进程中反复无数次上演，难道是出于偶然吗?!

心传智创的传统知识对信息社会具有天然的适应性，因为它是把文化共同体当中的每一个体作为平等的传创主体看待，师父受拜认徒乃传，徒弟学成出师则创。正如周林先生所阐明，在当今信息社会，法治应当秉持信息公开、信息自由和信息参与三原则。❶ 同样，我们在思考传统知识保护制度时也应当遵循这三个原则，致力于构建各方信息财产的有效

---

❶ 周林．"一带一路"建设离不开信息法治保障［EB/OL］．（2015-08-27）［2018-10-31］．http：//www.iolaw.org.cn/showArticle.aspx? id＝4452.

保护模式。对于传统知识权利链条而言，拥有足够数量的消费者是传统知识传创活力的市场保障，有限的市场消费力难免导致"教会徒弟，饿死师父"的状况发生。因此，传统知识传创信息应当面向全社会开放，培育和拓展市场空间，尽可能精准地满足消费者需求。中国特色社会主义进入新时代，我国社会主要矛盾已经转化为人民日益增长的美好生活需要和不平衡不充分的发展之间的矛盾。传统知识保护的制度设计毫无疑问会成为解决我国社会主要矛盾的积极力量。

传统知识的心传信息即文化基因，这一部分信息往往通过口头契约的方式在文化共同体成员中形成代际间传续。传教先师之道是传统知识各个领域都普遍存在的邀约，师父会考查求学者的品德与资质，决定是否收徒，徒弟则行拜师礼仪，告祭先师列祖，誓愿恪守师教门规。例如，就中医而言，在《黄帝内经》中岐伯就对黄帝谈及医道源流——"此上帝所秘，先师传之也"。道家以玄天为上帝，此上帝之秘其实就是中国人精神的最高追求——天人合一，转化为今天与国际接轨的话语，莫不就是我们常常脱口而出的生物多样性和文化多样性嘛！黄帝传医道予雷公，其传承仪式于《灵枢·禁服》有载。黄帝亲自向神圣的上帝祝愿，即以上天为见证者，让雷公发出重誓，行"割臂歃血"之盟，如有违背必受灾殃。[1] 我们都知道中医对人的道德心性要求很高，古人普遍敬神畏天，学医者先要立德修身，方可悬壶济世，但如果没有这种以天地为见证的契约精神所保障，中医传统知识中被称作"上帝之密"的这种顺天应人的先师之道恐怕难以一代一代传续下来，历经数千年而不绝。

信守承诺、存续先师传教之文化基因的契约精神是内含于传统知识丰富的内容和表现形式即智创成果当中的。例如，中药铺下料配方为保证药效，自古就有"炮制虽繁必不敢省人工，品味虽贵必不敢减物力"（同仁堂）的承诺，究其根本乃在信守"修合虽无人见，存心自有天知"（广誉远）的誓约；传统工艺方面，像酿造、木作、手工纸、染布等工艺

---

[1] "雷公再拜而起曰：请闻命于是也。乃斋宿三日而请曰：敢问今日正阳，细子愿受盟。黄帝乃与俱入斋室，割臂歃血。黄帝亲祝曰：今日正阳，歃血传方，有敢背此言者，反受其殃。雷公再拜曰：细子受之。黄帝乃握其手，右授之书曰：慎之慎之，吾为子言之，凡刺之理，经脉为始，营其所行，知其度量，内刺五脏，外刺六腑，审查卫气，为百病母，调其虚实，虚实乃止，泄其血络，血尽不殆矣。"参见：先秦佚名.黄帝内经（影印本）[M].北京：人民卫生出版社，2013：293.

也是各自有其遵奉的先师——诸如杜康、鲁班、蔡伦、梅福和葛洪等，这些知名或者不知名的祖师爷们都会传下 18 道、36 道、72 道等或多、或少的古法流程，让从事本行的徒子徒孙们代代恪守；阿昌族史诗《遮帕麻和遮咪麻》传承人（活袍）也有遵奉先师传统，并认为他们所唱的史诗从来都是先师（天公遮帕麻和地母遮米麻）借他们之口传布给族人，自己只是因为各种机缘被授受，绝非自己的独立创作，活袍甚至在祭祀仪式结束后将主人给予的报酬拿出一部分以供奉先师的名义返还。

四、信约存证之诺

传统知识保护在本质上是文化共同体成员对本群体特定文化基因的守护，这种守护的合法性来源于师徒间授受、代际间传承的履约行为，时间短的可能两三代人，长的至少历经千年。对此，我们对传统知识保护的财产制度设计并不需要像学术研究和艺术创作那样去采集和挖掘传统知识无限丰富的具体内容和表现形式，也不需要像公法那样用行政权力去给守护传统知识的每一具体个人戴上各种级别的"代表性"帽子，而是依照一定规则见证这一事实上达成的守护契约并对履约行为和解约行为❶加以存证和备案即可。我们对履约的具体内容实无必要去主动审查，耗费巨大人力物力不说，还可能与传统知识既有稳定性又有流变性的特点相冲突，不如交由其他法律规范去调整。因为传统知识既有稳定性又有流变性的特点为宪法所保障。❷

知识产权是一个历史概念，是社会科学文化发展到一定阶段才产生、特别是工业化阶段加以强化的民事权利。例如，就著作权而言，只有当科技的发展使作品能够不依赖于作者而被复制一定数量的复制品，并在社会上发行（进而获利），才能作为一种无形财产权受到保护。❸ 就专利

---

❶ 例如笔者在云南梁河县考察阿昌族史诗《遮帕麻和遮咪麻》时了解到，当地很有威望的活袍赵安贤去世后，其后人不愿意传承衣钵，因此举行祝告仪式将衣钵法器等焚毁，完成与先师的解约。

❷ 《宪法》第 4 条第 4 款规定：各民族都有使用和发展自己的语言文字的自由，都有保持或者改革自己的风俗习惯的自由。第 47 条规定：中华人民共和国公民有进行科学研究、文学艺术创作和其他文化活动的自由。

❸ 郑成思，何山．中华人民共和国著作权法新释［M］//郑成思．郑成思文选．北京：法律出版社，2003：23-25．

而言，获得专利的先决条件是发明人把自己的发明公布出来，使公众能看到、了解到、得到发明中的专门知识。而公众则承认发明人在一定时期内有制造、使用（或允许别人制造、使用）其发明成果的独占权，亦即专利法。❶ 就商标而言，商标是"生产者和用户借以区别不同企业生产的相同产品的标志"。❷ 专利审查制度和商标注册制度也是随着造纸和印刷技术工业化发展到可以公开出版《专利公报》和《商标公告》，以便最广泛社会公众可获知专利和商标信息的情况下才得以施行的。

知识产权是一种对世权，这种对世权随着信息技术的发展而扩张。西方以机械造纸和金属活字为先导的印刷革命为人类三百年工业化时代提供了智力创造和存储的技术支撑，以此为基石建立起适应于工业化时代的知识产权保护制度。但是，传统知识经由人类文化多样性数千年的积淀，其数量是无法估量的，如果还是采用工业化时代设计的行政审查、注册或强制登记制度来确权的话，毫无疑问会是令人望而生畏的任务。即便一定要通过行政审查、注册或强制登记制度来确权，也必将耗费大量的社会资源，因为申请人需要筹措资金支付一笔又一笔官费和代理费，行政机构需要吸纳才俊增设一个又一个并不创造新财富的岗位。况且，原生境下的传统知识传创者绝大多数并没有足够资金去支付确权成本。

要把传统知识从秘诀保护的大箩筐里拉出来成为独立的知识产权权利客体，必须解决信息接触途径和利用成本的问题，使得作为消费者的社会公众能够通过合法渠道获知和利用传统知识，将代际间授受传承的特定人自发传创活动转化为整个文化共同体自觉传创、面向每一不特定成员的要约邀请和立约信守行为，这只有在大数据分析、互联网技术和通信技术高度发展的信息社会才具备现实可能性。在进入信息化时代的今天，我们更需要有一个面向未来的知识产权保护制度，形成存证、确权、维权和司法救济的全链条，去见证、认证和保护那些前工业化时代创造、历经数千年存续下来，并仍然在原生境下心传智创、生生不息的人类文化多样性成果——传统知识。

---

❶ 郑成思. 试论我国建立专利制度的必要性［M］//郑成思. 郑成思文选. 北京：法律出版社，2003：228-233.

❷ 郑成思. 关于商标立法的几个问题［M］//郑成思. 郑成思文选. 北京：法律出版社，2003：223-227.

地理标志保护制度
概述与我国地理标志
保护模式的探讨

杨佳倩❶

摘　要

　　"地理标志"起源于欧洲，成为当今世界广泛接受的概念是因 TRIPS。"地理标志"代表着地理环境造就了产品独有或基本的特殊质量，因而具有产地和质量双重指示作用。我国拥有丰富的地理标志资源，但制度建立较晚，且曾长期处于"多头管理"的局面。随着 2018 年国务院机构改革方案颁布，地理标志管理职责划归国家知识产权局。在新形势下，我国地理标志保护之路该选择怎样的方向？笔者尝试从不同保护模式出发，进行初步探讨。

关键词

地理标志　保护制度　保护模式

---

　❶　作者单位：国家知识产权局专利局专利审查协作北京中心。

一、地理标志保护制度的起源

地理标志保护制度最早起源于法国的葡萄酒行业，其中最为著名的就是"香槟"。"香槟"原指法国的一个葡萄酒产区，其位于巴黎东北部，几乎是法国所有葡萄酒产区中纬度最高的，光照不如南方充足，因而生产的葡萄也不如南方产区的成熟度高、糖度高。相传"香槟"酒是一个叫佩里农的传教士突发奇想的结晶：佩里农在这种不够甜的葡萄酒中随意添加了一些糖；第二年春天他发现瓶中的酒液清澈透明，摇动酒瓶，酒液顿时冲破瓶塞，酒香四溢，品尝过的人都对这种新奇的酒赞不绝口；后来人们就把这种经过二次发酵、富含二氧化碳的起泡白葡萄酒称为"香槟"。

随着"香槟"等知名产区的葡萄酒的兴起，人们逐渐意识到，产地不同，意味着葡萄品种、生长环境不同，酿造工艺也不同，因而产地对于葡萄酒的品质有着重要的标示作用。在一段时间内，法国葡萄连年歉收，受消费者追捧的知名产区的葡萄酒奇货可居，在利益的驱使下，一些不法商贩将来自其他产区的葡萄酒也冠以"某某知名产区出品"的名号进而销售，这给葡萄酒行业管理带来了很大麻烦，尤其在国际贸易中，一时间造成了信誉危机。为了解决这一危机，在 19 世纪初期，法国政府成立了专门机构，为原产地名称的使用立法，首次在法律条款中定义了"原产地控制命名"（Appellation d'Origine Controllee，AOC）。AOC 保障了产品的质量、特性、产地和生产者的制作工艺。❶ AOC 主要由三个要素构成，即独特的自然地理条件，独特的加工制作方法，独特的法律制度安排。AOC 法律制度使法国葡萄酒享誉世界、经久不衰。迄今为止，法国葡萄酒产业都是全球范围内最为成功的地理标志保护范例。可以说，法国 AOC 制度是现代地理标志保护制度的雏形，为以后的国际多边条约和各国国内法规的制定提供了重要的依据和参考。

在国际条约中，地理标志保护制度经历了不同阶段的发展与演变。地理标志相关权利首次出现在 1883 年制定的《保护工业产权巴黎公约》（以下简称《巴黎公约》）中。《巴黎公约》第一次将地理标志相关权利纳

---

❶ 金发忠. 农产品地理标志概述 [M]. 北京：知识产权出版社，2011：46.

入工业产权的保护对象，并提出了与地理标志相关的概念"产地标记"，即产品最初的出身地点。❶ 由"产地标记"的定义可以看出，其还没有将产品的特定品质与产地相联系。1958 年，在《巴黎公约》及其子公约《制止产品来源虚假或欺骗性标记马德里协定》的基础上，产生了《保护原产地名称及其国际注册里斯本协定》（以下简称《里斯本协定》）。该协定首次界定了"原产地名称"的内涵，即原产地名称是指一个国家、地区或地方的地理名称，用于指示一项产品来源于该地，产品的质量和特征主要或完全取决于原产地名称所标示地域的地理环境因素中的自然因素和人文因素。《里斯本协定》还首次规定了"原产地名称"的国际注册制度。❷ 1994 年，为解决旧的国际协议对地理标志保护程度不够或接纳程度不够的问题，世界贸易组织成员共同签订了《与贸易有关的知识产权协定》，即 TRIPS。TRIPS 在"原产地名称"概念的基础上，提出了"地理标志"的概念。"地理标志"是指识别一货物来源于一成员领土或该领土内一地区或地方的标志，该货物的特定质量、声誉或其他特性主要归因于其地理来源地……来自地理来源地的包括自然的、人文的或是其他未知的因素在内的任何因素，均可以作为考虑其成为地理标志的因素。❸ TRIPS 中的"地理标志"定义是迄今为止国际上最具影响力的地理标志定义，TRIPS 也是目前世界范围内对地理标志进行保护的最新国际公约，也是当今世界对地理标志保护水平最高、保护范围最广的国际公约。

从"产地标记"到"原产地名称"，再到"地理标志"，随着国际环境的改变，国际条约中的地理标志相关概念无论在名称上还是内涵上均发生了显著的变化。虽然"产地标记""原产地名称"和"地理标志"三者都能指示产品同产品的出产地之间的关联性，但它们的不同在于，"产地标记"只具有产地指示的功能，而没有质量指示的功能；"原产地名称"和"地理标志"都具有产地指示和质量指示的双重功能，两者都指地理环境造就了商品独有或者其基本的特殊质量。但是在地理环境的表述上，TRIPS 中"地理标志"规定更灵活，其突破了"原产地名称"将

---

❶ 刘丽娟. 郑成思知识产权文集·国际公约与国外法卷（二）[M]. 北京：知识产权出版社，2017：688.

❷ 吕苏榆. 地理标志保护研究：基于农业区域品牌化发展视角的思考 [M]. 北京：知识产权出版社，2011：31.

❸ 高永富. 世界贸易组织教程 [M]. 上海：上海人民出版社，2004：337.

地理环境因素仅定义为"自然和人文因素"的限定，而是规定来自地理来源地的包括自然的、人文的或是其他未知的因素在内的任何因素，均可以作为考虑其成为地理标志的因素。同时，相对于"原产地名称"要求产品的质量与其他特征同时归因于产地，"地理标志"在"联系性"的规定上也同样更具灵活性，"地理标志"仅要求产品的特定质量、声誉或其他特征之一主要归因于地理来源地，其在联系内容上更加宽泛。可以认为 TRIPS 中的"地理标志"概念是"原产地名称"在新的国际贸易需求下的升级版，在现今的法律规定中，"地理标志"概念也都是对"原产地"概念的延续。

二、我国地理标志保护制度的建立与发展

随着 TRIPS 将"地理标志"与著作权、专利权、商标权等传统知识产权并列作为知识产权保护对象，国内外知识产权界逐渐掀起对"地理标志"关注和研究的热潮。我国的地理标志保护制度开始于 1999 年 8 月，原国家质量技术监督局首先制定了《原产地域产品保护规定》，后由原国家质量监督检验检疫总局又在原制度的基础上于 2005 年 5 月颁布了《地理标志产品保护规定》，这是我国第一部将"地理标志"作为保护对象的部门规章。在该规定中，"地理标志产品"是指产自特定地域，所具有的质量、声誉或其他特性，本质上取决于该产地的自然因素和人文因素，经审核批准以地理名称进行命名的产品。"地理标志产品"的保护对象包括：（1）来自本地区的种植、养殖产品；（2）原材料全部来自本地区或部分来自其他地区，并在本地区按照特定工艺生产和加工的产品。❶ 质监部门管理下的地理标志保护体系实施"双重申请程序"，即保护申请注册程序和使用申请注册程序，且不论是保护申请还是使用申请都实行两级审查，即先由地方质监部门对申请进行初审，然后再由国家质监主管部门进行审查。

在立法层面上，我国第一部涉及地理标志保护的法律是于 2001 年 10 月修订的《商标法》，其规定"地理标志"可作为集体商标或证明商标申请注册并获得保护。《商标法》中的"地理标志"是指标示某商品来源于

❶ 张玉敏．私法的理论反思与制度重构［M］．北京：中国检察出版社，2006：184.

某地区，该商品的特定质量、信誉或其他特征，主要由该地区的自然因素或者人文因素所决定的标志。❶ 这一概念与 TRIPS 中"地理标志"的概念是基本一致的。其保护的商品范围不受限制，既包括农产品也包括工业产品，既包括成品也包括原材料。其外在形式不仅指地名，也包括其他能够标示某商品来自相应地区的可视性标志，即非直接地理标志。《商标审查标准》规定，申请以"地理标志"作为集体商标、证明商标注册的团体、协会或其他组织必须满足两个条件：（1）具有监督使用该地理标志商品的特定品质的能力；（2）经管辖该地理标志所标示地区的人民政府或者行业主管部门批准。对于"地理标志"的使用，只要自然人、法人或者其他组织生产的商品符合使用地理标志的条件，即应该被允许使用该地理标志，即使该生产者并非获得集体商标注册的团体、协会或其他组织成员，也可以正当使用该地理标志，相关团体、协会或其他组织无权禁止。

随后，为了加强农产品地理标志保护力度，原农业部于 2007 年 12 月颁布了《农产品地理标志管理办法》，其中规定"农产品地理标志"标示农产品来源于特定地域，产品品质和相关特征主要取决于自然生态环境和历史人文因素，并以地域名称冠名的特有农产品标志。❷ 与《商标法》中规定的地理标志保护对象不同，《农产品地理标志管理办法》的保护对象仅限于"来源于农业的初级产品，即在农业活动中获得的植物、动物、微生物及其产品"，即初级农产品，而不包括经过工业加工的产品。在地理标志的登记申请程序中，须先经由地方政府机关初审后上报至国家农业主管部门，再经实质审查方可予以登记获得保护，这一申请程序与质监部门管理下的地理标志保护体系相同。但在使用申请程序中，则仅需由登记证书持有人作出许可即可。

由此，我国形成了质监部门、工商部门、农业部门"三足鼎立"的地理标志保护制度及管理体系。由于三种保护管理体系均建立了注册体系，相互独立，部分产品在不同的体系下重复注册，出现了双重甚至多重保护的现象，比如（2003）沪二中民五（知）初字第 239 号浙江省食品有限公司与上海市泰康食品有限公司等商标侵权纠纷案。1979 年，浙

---

❶ 李雅琴. 论地理标志的法律保护 [J]. 科技与法律，2008（2）：54-59.

❷ 刘锐. 农产品质量安全 [M]. 北京：中国农业大学出版社，2017：54.

江省浦江县食品公司向商标局申请并获准注册"金华火腿"商标，后该注册商标由浙江省食品公司受让取得。金华市正宗火腿生产厂家不愿向浙江省食品公司支付商标使用许可费而无权使用"金华火腿"商标。鉴于此，金华市依据《原产地域产品保护规定》向国家质监部门申报了原产地域产品保护，由此形成了"金华火腿"注册商标和原产地域产品两种权利并存的状况。2003 年，浙江省食品公司以金华的火腿生产企业在产品标识上印有"金华"两字对其商标构成侵权为由向法院提起商标侵权之诉。此案中，上海市第二中级人民法院按照依法等同保护、尊重历史、诚实信用依法行使权利等三个原则处理了商标和原产地域产品之间的关系。最终法院裁决，"金华火腿"经国家质监部门批准实施原产地域产品保护，被告获准使用"金华火腿"原产地域专用标识，属于正当使用，因此驳回了原告的诉讼请求。❶

三者并行的管理局面难以避免地造成了权利的冲突和纠纷。为解决这一问题，我国多次在制度和机构建设方面推出新的举措。例如，2001年修订的《商标法》中规定"商标中有商品的地理标志，而该商品并非来源于该标志所标示的地区，误导公众的，不予注册并禁止使用""县级以上行政区划的地名或者公众知晓的外国地名，不得作为商标"，这些规定可在一定程度上缓和地理标志与商标之间的冲突，防止具有公共属性的地理标志被单一生产者予以私有产权化。2017 年颁布的新《民法总则》明确规定民事主体依法享有知识产权，并将地理标志明确列为权利人依法享有专有权利的保护客体。2018 年，国务院机构改革方案颁布并实施，将原产地地理标志的注册登记和行政裁决划归为国家知识产权局主要职责。机构重组之后，将国家知识产权局的职责、原国家工商行政管理总局的商标管理职责、原国家质量监督检验检疫总局的原产地地理标志管理职责整合，重新组建国家知识产权局，由国家市场监督管理总局管理。2018 年 3 月发布的《深化党和国家机构改革方案》中指出，国家知识产权局的主要职责是负责保护知识产权工作，推动知识产权保护体系建设，负责商标、专利、原产地地理标志的注册登记和行政裁决，指导商标、专利执法工作等。此次重组不仅完善了机构管理体制，也是突破我国地理标志保护工作多头管理困境的一个巨大契机。自 2018 年 6 月 8 日零时

---

❶ 李永明. 知识产权法案例研究 [M]. 杭州：浙江大学出版社，2002：461-470.

起，国家知识产权局启用新印章，在原产地地理标志的受理、批准及核准公告上加盖"国家知识产权局"印章。2018 年 6 月 12 日，国家知识产权局发布公告，依法受理首批 10 个地理标志产品保护申请并公示了有关信息。2018 年 7 月 31 日，国家知识产权局发布公告，首次批准 21 个产品为地理标志保护产品，核准 88 家企业使用地理标志产品专用标志，获得地理标志产品保护。2018 年 8 月 31 日，国家知识产权局发布公告，根据中欧地理标志合作与保护协定谈判框架项下的有关安排，经欧盟委员会推荐，受理了捷克布杰约维采啤酒、仁内华等 2 个欧盟产品的地理标志产品保护申请。在国家知识产权局领导下，地理标志保护相关工作正在稳步开展。

三、我国地理标志保护模式的探讨

长期以来，我国地理标志保护处于"三足鼎立"的局面，这也是我国地理标志保护模式选择过程中亟待解决的问题。在机构重组的新形势下，我国的地理标志保护之路该选择怎样的方向？这是值得研究和探讨的问题。本部分尝试对未来我国地理标志保护模式的道路选择进行初步的探讨。

在"地理标志"的国际舞台上，是用"商标法"还是"专门法"，这样的保护模式之争从未停歇。其中，"商标法"保护模式以美国为代表；"专门法"保护模式以法国为代表。在我国，工商部门对地理标志的保护是以"商标法"保护模式进行的，质监部门、农业部门则是采用"专门法"的保护模式。"商标法"和"专门法"有其各自的特点。

"商标法"属于狭义上的"法律"，效力层级比部门规章等文件要高；"商标法"也是有关商业性标记立法中最基础、最具有全局性和代表性的立法，具有最大的包容力（在我国，几乎所有处理地理标志和商标关系的规定都是由《商标法》完成的）；在"商标法"模式中，集体商标和证明商标的特殊结构，比如使用权的开放性、使用人与注册人相分离、注册人授权他人使用商标并对使用人进行监督等，使之很适合用来作为地理标志的保护形式；"商标法"模式无需另设主管部门，节约了立法成本和法律运行成本，但其保护力度弱，保护水平有限，维权困难；"商标法"往往将地理标志的三要素（产地、品质及关联性）列为必须审查的对象，但缺乏规范化和具体化的操作规定，因而对商品质量缺乏硬性要求，监管不严；"商标法"模式的权利救济途径主要是通过司法程序，因此需要维权人承担举证责任并花费相当的时间和财力，同时还要承担败诉的风险。

在"专门法"保护模式中，行政权力的引入势必为地理标志保护带来浓重的公权监督色彩。"专门法"保护一般更有精力对地理标志产品进行质量监管和控制（在我国，"专门法"下地理标志的注册申请要层层提出，审查程序中有专家审查委员会的技术审查环节，明确规定不符合有关质量等标准而使用地理标志的，有关部门将依法进行查处），由此决定了"专门法"模式的保护水平高，这是"商标法"体系所无法做到的。

"商标法"与"专门法"的各自特点决定了它们各自施用的舞台。对于地理标志保护传统不深厚、地理标志资源比较缺乏、保护观念不强、保护水平需求不高的国家，利用"商标法"足以对其地理标志提供保护。如果采取"专门法"，其过高过严的保护水平反而对地理标志资源丰富的外国有利且损害本国在国际贸易中的利益。可以说，各国"地理标志"资源的多寡、保护水平的强弱、其在国际贸易中的需求等实际国情，是关乎该国地理标志保护模式道路选择的关键因素。

无论哪种保护模式，地理标志制度本质上都是一种产权制度，即特定地区内的主体可以排除他人对该资源的竞争性使用。地理标志制度所保护的实质上是地理标志产品的特定质量、声誉等与该地区自然因素、人文因素之间的固有联系，防止该地区外的生产者"搭便车"或削弱、歪曲这种固有联系，以确保该地区内的生产者能够基于此种固有联系获得相应的溢价收益，进而为其保证特定地理标志产品的质量提供正向激励，并由此形成良性循环。地理标志制度所保护的实质内容和保护制度建立的初衷在不同的保护模式下应当是一致的。地理标志制度构建的难点在于地理标志本身的公共属性以及权利主体的分散性。由于特定地区内的生产者为数众多，通常难以由单一生产者排他性地独占某一地理标志。但若完全不对地理标志进行某种程度的私有产权化，譬如允许该地区内所有生产者可无条件地使用相应地理标志，而不对其所生产产品的质量、品质等附带一定的要求或进行相应的管理，则该地理标志无疑将在该地区的生产者中成为"公共物品"，某一生产者提供劣质的地理标志产品将损害这一地理标志的核心价值，并给同一地区内的所有生产者造成损害。此种情况下，地区内利益最大化的生产者并无动力付出额外的成本来维护地理标志产品的特定品质，从而造成"公地悲剧"。

对于我国地理标志保护模式的选择，无论是借鉴法国的"专门法"保护模式，还是借鉴美国的"商标法"保护模式，抑或探索一条更适合我国地理标志保护国情的创新性道路，都需要平衡各方面的利益，兼顾"地理标志"的私权本质和"公共属性"，需要结合我国实际国情作出选择。相较于西方国家，我国知识产权制度建立时间尚短，创新主体对于知识产权的保护意识、对于各类知识产权形态的认知还不够深刻，特别是对于知识产权的保护力度还有待加强，因而迄今为止我国还无法称得上知识产权强国。但是，作为新型的知识产权类别，最早起源于欧洲的"地理标志"确为我国带来了巨大的发展机遇。"地理标志"对于自然禀赋有着强烈的依赖，再加上对传统技艺的强调，使得我国悠久的历史文化和丰富的自然资源带来了大量的地理标志产品，更有一些名优特产品历经数百上千年的历史沉淀和文化滋养，已然称得上是高水平、高质量的地理标志产品。这些具有浓郁地域特点的产品以其特殊的品质已经自然地形成了品牌效益，成为几乎没有开发成本的地理标志资源。如何让这些宝贵的资源为产品带来更高更大的附加值，如何摆脱原有家庭式、小作坊式生产经营模式的局限，促进规模化生产经营，如何让我们高水平、高质量的地理标志产品形成具有国际影响力的品牌，这是我国"地理标志"保护工作需要探索和努力的方向。

笔者认为，丰富的地理标志资源和尚且薄弱的保护力度都要求现阶段我国应当实施保护门槛高、质量监管严、保护力度强的地理标志保护制度，这恰是"专门法"保护模式的特点。国家知识产权局局长申长雨在2018年举办的"一带一路"知识产权高级别会议上就曾指出："中国立足于绿色发展，壮大地方特色经济和实施精准扶贫，不断加大地理标志产品培育和保护力度，取得了显著的经济和社会效益。"可见，现阶段我国地理标志保护工作需要以高门槛、严监管、大力度的制度保驾护航。"高门槛"意味着产品获得地理标志保护的门槛高，不是任意产品均具有与其地域内的自然因素、人文因素或其他因素相关联的特定品质，如果不对地理标志产品的申请和企业使用资格进行严格的审查，势必将损害地理标志的品牌价值，使相关产品丧失市场竞争力。"严监管"意味着主管部门要对地理标志使用者的生产、销售、宣传等环节进行监管，特别是对产品质量进行监管，对于不符合有关质量标准而使用地理标志的，应当动用行政权力，依法进行查处，进而保证带有地理标志标识的产品真正具备地理标志的本质属性。"大力度"意味着对于获得地理标志保护的产品加大保护力度，使地区内生产者成为受益者，使他们乐于付出额外的成本来维护地理标志产品的特定品质，从而形成良性循环。而保护门槛高、质量监管严、保护力度强，正是"专门法"模式的特点，也是在"商标法"模式中难以实现的。因此，在现阶段而言，笔者认为"专门法"保护模式是更符合我国实际国情的道路选择。

传统知识的地理
标志保护探析[*]

赵小平[❶]　石小丽[❷]

摘　要

地理标志作为 TRIPS 保护的一项独立的知识产权，在主体、客体、保护期限和地域性方面与传统知识高度契合，具有保护传统知识的优越性。地理标志保护的发源地欧盟，借助地理标志制度在国际社会保护了相关的传统知识。欧盟地理标志"Margaux"在我国的成功司法保护启示我们：我国宜借鉴欧盟立法经验，构建符合我国国情并与国际接轨的地理标志保护制度来保护传统知识。

关键词

地理标志　传统知识　欧盟　中国

---

* 本文是中国法学会重点委托项目"我国地理标志成案研究"〔CLS（2018）ZDWT20〕、国家社科基金项目"地理标志国际保护的发展趋势及中国的因应研究"（16BFX170）的阶段性成果。

❶❷ 作者单位：山西大学法学院。

传统知识是人类生存发展的重要根基，更是国家振兴的精神动力。遗憾的是，大量优秀的传统知识在传承发展进程中面临着流失甚至消亡的困境。基于此，越来越多拥有传统知识的国家特别是发展中国家开始意识到保护传统知识的重要性和迫切性，在积极推动建立完善本国立法保护的同时，呼吁对传统知识的国际保护。就当前学界研究看，知识产权制度在传统知识的保护中受到广泛重视。❶ 然而，以著作权、专利权、商业秘密为代表的传统知识产权与传统知识在理论基础和制度构建上还存在着诸多差异性，使得传统知识难以寻求全面保护。对于传统知识可否寻求地理标志的保护，我国学界一直存有争议。笔者认为，作为TRIPS 保护的一项独立的新型知识产权，地理标志❷在诸多方面与传统知识相契合，在"现有的知识产权范畴中，唯一可直接用以保护传统知识的可能就是地理标志"。❸

一、地理标志保护传统知识的优越性

根据联合国《生物多样性公约》的规定，传统知识不仅包括土著和地方社区体现传统生活方式的知识、创新与实践，也包括本土技术和传统技术。当各种形式的传统知识持续作用于该地区时，就会赋予该地区产品以特定的质量、特征乃至声誉，从而有别于其他地方的类似产品。因此，相较于著作权、专利权和商标权等其他传统类型的知识产权，地理标志在权利主体的群体性、权利客体的非转让性、权利期限的永久性及权利关联的地域性等方面，与传统知识相契合，具有保护传统知识的优越性。

（一）主体群体性的契合优势

就地理标志而言，作为一项特殊的知识产权，其形成过程较为复杂，并非某特定个人的成果，通常为某特定地域内劳动者数十年乃至百年集体辛勤劳作所得的智慧产物，是当地先人留给后代的珍贵财产。有关于该财产上的一切申请、使用、收益等相关权益，既不应为个人所独占，

---

❶ 周方. 传统知识法律保护研究［M］. 北京：知识产权出版社，2010：165.

❷ 我国 2017 年《民法总则》第 123 条实际上也明确了地理标志的独立知识产权地位。

❸ ESCUDERO S. International Protection of Geographical Indications and Developing Countries, p34.

也不应为国家所有，而是理应归当地所有生产者所共享之。❶ 传统知识是特定社区、部落或群体长期在生产实践的基础上逐渐形成的，不同于一般知识产权所要求的依靠个体独立灵感所完成，其多为群体成员共同的智慧结晶，是群体创作的产物，具有群体性。从这个角度来看，地理标志是一种集体财产，权利主体具有群体性，此种特性使之相较于其他知识产权能够很好地契合传统知识的集体属性，具有比较优势。❷

（二）客体非转让性的契合优势

地理标志权的非转让性主要是指依照当前我国法律规定对与地理标志所有权相关的处分权予以特殊限制，即权利持有人、管理人及所有使用该地理标志的商品生产者不得将地理标志权同商标权、专利权等客体一样进行自由转让。立法者之所以采取此种态度，主要有两方面原因。其一，地理标志作为区域的特色产品，离不开当地自然人文环境的综合作用，一旦将其随意转让给区域以外的他人，该产品上基于原产地而生的独特质量将消失殆尽，同时该地理标志也会因混淆原产地而失去其标示产地及质量的专属价值。其二，前述地理标志主体的群体性是限制转让权的又一大障碍。权利主体的不确定性、众多性使得地理标志难以成为某类私有财产而进行转让，也加大了权利处分的程序难题，如处分时同意比例的确定、登记手续的确定等。同样，传统知识经过历史的洗礼与发展，离不开当地自然人文因素的熏陶，也是群体为适应当地环境而自我形成发展的经验认知，为特定地域内所有居民知晓并共有，故同地理标志一样是作为集体财产存在，都无法自行转让，此为两者客体上的契合性，是其他传统知识产权制度不可比拟的。❸

（三）期限永久性的契合优势

不同于商标权、专利权，地理标志权被授予的一个重要前提是特定产品的品质与特定地域的自然人文因素相关联，即只要某地理标志产品的质量、声誉可归因于某地的自然人文环境，如土地、气候、水体等，且该标志未变成通用名称，那么该地理标志将会随着时间推移世世代代

---

❶ 张玉敏．地理标志的性质和保护模式选择 [J]．法学杂志，2007 (6)：7.

❷ 郑辉，李诚．传统知识的地理标志保护研究 [J]．西北大学学报 (哲学社会科学版)，2017 (1)：48.

❸ 陈杨．传统知识的地理标志法律保护 [J]．上海财经大学学报，2015 (1)：109.

存在而成为一种永久性权利，保护期限不受任何限制。❶ 这一特性本质上符合传统知识的保护宗旨，有利于文化的延绵。众所周知，传统知识大多经过长时间的传承发展，体现着当地的人文内涵，许多当地社区居民也将其传统知识视作一种文化遗产，认为对其传统知识的保护应当伴随着当地文化的存续而永久有效，除非当地文化出现断裂。地理标志保护的无时限性打破了其他知识产权保护的期限性瓶颈，促进了传统知识保护的新发展。

（四）关联地域性的契合优势

地理标志的形成具有长期性和渐进性，受其保护的产品的质量、声誉等特征无不与该地理来源的风土人情密切相关。也正是该独一无二的地理环境，才造就了地理标志产品独特的品质，培育了众多忠实的消费者，彰显了巨大的经济价值。这表明，地理标志本质上为自然因素与人文因素相结合的产物，具有明显的地域关联性。传统知识作为地方文化知识体系的一部分，其形成与发展离不开地域地理环境与生活方式，同地理标志一样，也具有明显的地域性。❷ 传统知识与地理标志在地域性上的契合性更多地体现为地域特定的"人文因素"，即传统知识作为某地居民长期探索而形成的技艺、文化表达、生活方式等内容的集合体，某种程度上可能构成地理标志保护要求中的人文因素。反言之，一些地理标志中的人文因素也可能是传统知识的重要组成部分。如金华火腿地理标志的制作工艺和技术，从一定意义上说，就是一种传统知识。但我们并不能因此排除当地特定的地理环境条件在部分传统知识的形成与发展中所发挥的作用。如与印度 Basmati 水稻有关的选种育苗、作物种植、水利灌溉等传统农业知识即是民众为适应当地独特的自然因素如水土的产物而探索积累的。以此地域性契合为基础，传统知识能够在地理标志制度下寻求较好的保护。

正是由于上述特征与传统知识的高度契合性，地理标志能够有效弥补其他传统知识产权在权利主体、保护期限等具体规则方面的保护不足，对传统知识的保护发挥重要作用。正如李祖明先生所言："地理标志的表

---

❶ 吾守尔. 传统文化知识保护的地理标志路径评析 [J]. 宁夏社会科学，2015（1）：156-157.

❷ 张耕. 契合—冲突：民间文学艺术与地理标志保护 [J]. 西南民族大学学报（人文社科版），2007（2）：119-121.

象是商业标志，核心实质是传统知识。"❶ 作为"特产文化"的代名词，地理标志来源于地区传统知识，又影响后世传统知识的传承发展。表面看来，地理标志产品以其独具特色的品质而闻名全国乃至世界，实则更深层次的原因在于其背后所凝聚的品质源头：特定的自然环境及源远流长的人文因素。在保护传统知识呼声日益高涨的今天，各方都在寻求一个可行的途径，地理标志显然符合其目标。❷ 这也是为什么地理标志受到国际社会重视的原因所在。

二、国外传统知识的地理标志保护实践

虽然当前各国就地理标志对传统知识保护的直接立法规范很少，但在实践中，一些国家和地区通过地理标志保护制度，间接保护了传统知识。

（一）欧盟葡萄酒地理标志制度及其对传统术语的保护

从 20 世纪 70 年代起，欧盟通过地理标志制度来保护欧盟境内的烈酒、葡萄酒的传统酿制工艺和传统术语，保护境内农产品和食品的传统制作工艺以及传统知识表达。篇幅所限，本文仅以欧盟葡萄酒地理标志制度为例来分析地理标志对传统技艺和传统术语的保护。

自 20 世纪 70 年代以来，欧盟优质葡萄酒的保护模式类似于金字塔结构，从塔基向塔尖，条件越来越严格。❸ 处在塔基的是未分化的餐桌酒（如意大利的 Vino da Tavola、西班牙的 Vin de Mesa 或法国的 Vin de Table），它们与其原产地无关，因此立法对其放松管制，只是定义了葡萄酒的含义与营销。金字塔中的另一层是典型地理标志，这些葡萄酒的生产规则包含如下基本规定：生产区域和葡萄来源，可使用的葡萄种类，每公顷葡萄产量，以及化学物理和感官特征（如颜色和味道）。在金字塔的再上层，是限制生产区域的产区葡萄酒，相关的原产地规则起着至关重要的作用；生产区域的界限代表了质量领域与外部生产无政府状态的无

❶ 李祖明.传统知识视野下的地理标志保护研究［J］.知识产权，2009（1）：14.

❷ 王笑冰.论地理标志的法律保护［M］.北京：中国人民大学出版社，2006：192.

❸ CORSINOVI P, GAETA D. The European Wine Policies: Regulations and Strategies [EB/OL] //UGAGLIA A A, CARDEBAT J, CORSI A. The Palgrave Handbook of Wine Industry Economics. [2018-10-03]. https://doi.org/10.1007/978-3-319-98633-3_13.

差别世界之间的真实壁垒。因此，地名用于识别葡萄酒及其特征，葡萄酒及其特征又由划界的地理区域和特定的生产标准，即所谓的生产规则来定义。再进一步向上，是受控制和保证的葡萄酒名称。受控制和保证的葡萄酒名称要求已经认可原产地名称的葡萄酒至少五年，并被认为具有特殊价值。受控制和保证的葡萄酒名称通常与较小的生产区域和更严格的规则相关联。在金字塔的塔尖是子区域，这些子区域是产区内更受限制的区域，具有更严格的独立生产规则和参数。与更广泛的区域不同，这些子区域在标签上提及产品质量与土壤密切相关，因为特定的土壤具有一定的物理同质性，这意味着土壤的性质可以传递给其葡萄酒产品特定的特征。具体地说，它通常用于表示特定名称或法定葡萄园以及在该地域生长的葡萄藤。与原产地的联系越紧密，在立法规范和生产限制方面的制度就越丰富。生产者组织（或联盟）在生产协议中施加了许多限制，例如里奥哈（西班牙 Rioja）、基安蒂经典（意大利 Chianti Classico）等葡萄酒规定，禁止在地理生产区域外进行葡萄酒装瓶；许多葡萄酒不能散装出口。从 2008 年开始，欧盟优质葡萄酒法则包括两种类型：（1）受保护的原产地名称（PDO），关于在特定地区生产的优质葡萄酒；（2）受保护的地理标志（PGI），关于具有地理标志的优质葡萄酒。受保护的原产地名称和受保护的地理标志是指与生产地区相对应的地理名称和符号，用于指定法规中提到的葡萄酒，其特征取决于与葡萄栽培特征相关的自然条件。

尽管传统技艺和传统术语没有同受保护的地理标志或受保护的原产地名称一样，成为知识产权保护的对象，但是，传统术语包括了在产品标签上显示的生产、加工和年份细节、质量特征、颜色、原产地等与地理标志或原产地名称相关联的信息。例如，欧盟第 607/2009 号条例中保护的传统术语主要是涉及著名葡萄酒的国家（如法国、意大利、西班牙和葡萄牙等）、地方或特别表达。这些传统术语囊括了诸如原产地、生产方法和老化方法、质量特征、历史葡萄酒类型和颜色等。例如，在法国，传统的术语"城堡"（Chateau）是指与一个区域和一种葡萄酒相关的历史表达；用来储存庄园酿造的葡萄酒，被"Chateau"这个词所称的不动产——庄园是确实存在的。"Cru artisan"和"Bourgeois"是与葡萄酒的质量、历史以及某种区域相关的表达方式，这些表达唤起人们对特定庄园（"Haut-Médoc""Margaux""Moulis""Listrac""Saint-Julien"

"Pauillac""Saint-Estèphe")的葡萄酒与身份等级优越性的联系。像Premier 和 Grand Cru 等传统术语是与葡萄酒质量相关的表达，但也是历史术语，存在于受葡萄酒地理标志条例保护的原产地名称的葡萄酒中；这种表达存在于原产地名称中，供集体使用。

应葡萄酒生产国的要求，欧盟一直主张，第三国使用传统术语的条件是防止可能发生的滥用。当美国贸易代表在其 2013 年技术性贸易壁垒报告的欧盟部分强烈批评其对产品标签上使用某些传统术语的限制时，情况变得更加困难。美国贸易代表表示，欧盟关于使用 Riserva、Rubino、Chateau 和 Tawny 等术语的规定，限制了非欧盟葡萄酒生产商在欧洲销售其葡萄酒时使用这些术语的能力。美国贸易代表认为这些术语是常见的描述性术语，并且具有商业价值。

具体到这些与葡萄酒地理标志有关的传统术语在中国的保护，以"Margaux"为例，法国国家原产地名称局、波尔多葡萄酒行业联合委员会曾就我国深圳某公司的"DemoiselleMargo"商标❶、福建某公司的"圣玛歌"商标❷与"聖瑪歌"商标❸、四川某公司的"玛歌玛丽莱MAGEMLIAIMANOR"商标❹、合肥某公司的"萨伽玛歌庄"商标❺、烟台某公司的"玛歌·鹰贵"商标❻、北京某公司的"玛歌王后酒庄"商标❼多次向原国家工商行政管理总局商标评审委员会提起异议和无效宣告请求，多次向有关法院提起行政诉讼，并在诉讼期间向人民法院出示原国家质量监督检验检疫总局《关于批准对波尔多（Bordeaux）45 个附属产区实施地理标志保护的公告》，佐证"Margaux"这一法国葡萄酒庄园的地理标志保护。最终，法国葡萄酒地理标志保护了传统地方术语"Margaux"在中国的保护，不仅保护具体庄园名称"Margaux"的法文表达，还保护了其中文表达"玛歌"。

---

❶ （2016）京行终 2531 号行政判决。

❷ （2017）京行终第 4481 号行政判决、（2017）京行终第 4490 号行政判决。

❸ （2015）京知行初第 6001 号行政判决书。

❹ （2017）京 73 行初第 977 号行政判决。

❺ （2017）京 73 行初第 969 号行政判决。

❻ （2017）京行终第 2902 号行政判决。

❼ （2016）京 73 行初第 241 号行政判决。

（二）"新世界国家"❶ 传统知识的地理标志保护实践

澳大利亚和加拿大是典型的"新世界国家"，根据其法律实践和法律传统，主要通过商标法保护传统知识。但这两个国家在与欧盟缔结自由贸易协定后，都规定了特定产品的地理标志保护，进而保护与地理标志相关的传统知识。

1. 澳大利亚

在欧盟澳大利亚贸易协定的基础上，澳大利亚采取两种独立的注册体系将葡萄酒地理标志与其他产品作出区分：2013 年澳大利亚葡萄酒法案对葡萄酒地理标志进行注册；1995 年澳大利亚商标法案规定葡萄酒以外的其他产品注册为证明商标，并规定当事人也可选择将葡萄酒地理标志申请注册为证明商标获得保护。例如，澳大利亚国家土著艺术倡导协会（Australian National Indigenous Art Advocacy Association，NIAAA）注册了一个统一的土著认证标志（Label of Authenticity）供土著创作者申请在其作品上作为证明商标或集体商标使用，用来帮助消费者识别土著居民的各种产品，包括传统艺术和手工艺品以及体现其他本土创意的艺术演出等服务，进而保护土著人民的权利、文化、礼节及价值观。如澳大利亚的土著人（Aboriginal）和托雷斯海峡岛上居民（TorreStrait Islander）已在其制造的艺术品与提供的服务上使用该土著认证标志。❷ NIAAA 同时还为该认证标志制定了许可使用条件，任何符合该使用规则的澳大利亚土著人均可申请在其作品上使用该标志从中获益。❸

2. 加拿大

受传统法律实践体系影响，加拿大主要通过商标法对地理标志提供保护。在加拿大商标法中对葡萄酒和烈酒提供了专门的地理标志保护体系，而对于葡萄酒和烈酒以外的其他产品和服务地理标志则通过证明商

---

❶ 在乌拉圭回合谈判时期，地理标志谈判的两大阵营，不同于专利、商标和版权等传统知识产权的南北对抗（发达国家与发展中国家的对抗），而是"旧世界"（以欧盟为代表）与"新世界"（以美国、澳大利亚、加拿大等移民国家为代表）的对抗。

❷ 澳大利亚国家土著艺术倡导协会 [EB/OL]. [2018-10-03]. https：//www. culture. com. au/exhibition/niaaa/about. htm.

❸ 邓尧. 传统守望：非物质文化遗产知识产权问题调查与研究 [M]. 广州：广东人民出版社，2018：67-68.

标来提供保护。❶ 但为履行欧盟加拿大自贸协定的承诺，修订后的加拿大商标法将地理标志保护的范围由葡萄酒和烈酒扩展到部分农产品与食品，并就农产品和食品的地理标志异议制度进行了修改。❷ 这种修改为欧盟奶酪等农产品和食品地理标志及其有关的传统术语表达在加拿大的保护提供了条件。

实践中，加拿大一些原住民社群为保护其传统知识（如礼仪的象征符号、设计及文字等）免于商业性使用，选择将其申请注册为"官方标志"以进行保护。如加拿大英属哥伦比亚省的奥索尤斯印第安原住民部落议会（Osoyoos Indian Band Council）已就文字"INKAMEEP"提出申请作为一项官方标记提供保护。此外，传统的标记或名称还被原住居民用来识别其作品、服装、旅游服务等。如 1996 年在加拿大成功注册的"COWICHAN"（考伊琴）❸ 证明商标，"用来证明海岸赛利希部落成员按照传统部落工艺手编而成的织品，其原材料是使用传统部落方法制备的未经处理、未经染色的手纺原羊毛。"❹

三、国内传统知识的地理标志保护实践

目前，我国主要通过《非物质文化遗产法》保护一部分传统知识。传统技艺是非物质文化遗产与传统知识保护的主要对象，而地理标志产品主要是经由传统加工技艺生产的；可以说，地理标志与非物质文化遗产保护的对象密不可分，即地理标志保护的是产品，非物质文化遗产保护的是技艺，产品依赖于制造技艺，制造技艺体现在产品上。❺ 通过对中国国家地理标志产品保护网中有关国内产品的分类统计，我们发现当前

---

❶ 赵小平. 地理标志的法律保护研究 [M]. 北京：法律出版社，2007：208.

❷ 赵小平. 欧盟与加拿大综合经济贸易协定中的地理标志条款研究 [J]. 天津师范大学学报（社会科学版），2018（3）：73-80.

❸ 考伊琴部落位于不列颠哥伦比亚省温哥华岛考伊琴山谷地区，由七个传统部落组成，习惯于露天居住，为应对气候而编织衣服和毛毯，这其中包括著名的考伊琴毛衣。1995 年，不列颠哥伦比亚考伊琴部落理事会（Cowichan Band Council of British Columbia）向加拿大知识产权局提交了"COWICHAN"（考伊琴）商标申请，用于当地生产的毛衣、背心、连指手套、围巾、袜子等。

❹ 世界知识产权组织. 保护并弘扬您的文化：土著人民和当地社区知识产权实用指南 [EB/OL]. [2018-09-05]. https://www.wipo.int/edocs/pubdocs/zh/wipo_pub_1048.pdf.

❺ 杨永. 地理标志的文化价值研究 [M]. 北京：法律出版社，2018：239.

我国地理标志覆盖的范围多集中于农副产品、手工艺品等有形产品，❶ 如东阿阿胶、景德镇瓷器、顺德香云纱等产品承载着密切相关的阿胶加工炮制技艺、手工制瓷技艺、染整技艺等传统技艺，被收录为国家非物质文化遗产。❷ 将产品注册为地理标志进行保护，实际上是有助于传统加工技艺这一非物质文化遗产的保护与传承。❸

（一）承载有传统知识的受保护地理标志

为更直观分析实践中地理标志对非物质文化遗产的保护，我们将中国国家地理标志保护网的地理标志与国家级非物质文化遗产名录进行了对比，发现有 160 个地理标志与 160 项非物质文化遗产具有对应关系，❹ 主要集中于传统技艺、传统美术、传统医药、传统戏剧四种类别。其中，承载有传统技艺的受保护地理标志共有 115 个；❺ 承载有传统美术的受保

---

❶ 中国国家地理标志产品保护网 [EB/OL]. [2018-10-03]. http://www.cgi.gov.cn/Home/Default/.

❷ 张西昌. 传统手工艺的知识产权保护研究 [M]. 北京：文物出版社，2018：175.

❸ 李一丁. 论非物质文化遗产与传统知识直接法律保护的融合与差异：以获取和惠益分享为视角 [J]. 甘肃理论学刊，2013（3）：48-49.

❹ 就地理标志与非物质文化遗产共同覆盖的产品范围进行比较，仅是出于研究的目的，不代表两者之间必然存在某种联系。此外，由于存在很多受地理标志保护的传统知识尚未申报或正在申报非物质文化遗产的情况，故此数据仅供参考学习，不代表实践中地理标志对传统知识提供的保护仅限于文章罗列的内容。

❺ 这些传统技艺包括：山西省的清徐老陈醋酿制技艺、平遥推光漆器髹饰技艺、杏花村汾酒酿制技艺、冠云平遥牛肉传统加工技艺、陶瓷烧制技艺、美和居老陈醋酿制技艺；河北省的磁州窑烧制技艺、山庄老酒传统酿造技艺、板城烧锅酒传统五甑酿造技艺；辽宁省的老龙口白酒传统酿造技艺、松花石砚制作技艺；吉林省的大泉源酒传统酿造技艺；江苏省的宜兴紫砂陶制作技艺、南京云锦木机妆花手工织造技艺、南通蓝印花布印染技艺、扬州漆器髹饰技艺、镇江恒顺香醋酿制技艺；浙江省的龙泉青瓷烧制技艺、绍兴黄酒酿制技艺、西湖龙井制作技艺、湖笔制作技艺、金华火腿腌制技艺、越窑青瓷烧制技艺、五芳斋粽子制作技艺、碧螺春制作技艺、紫笋茶制作技艺、安吉白茶制作技艺、义乌红糖制作技艺；安徽省的黄山毛峰绿茶制作技艺、太平猴魁制作技艺、六安瓜片制作技艺、界首彩陶烧制技艺、万安罗盘制作技艺、宣纸制作技艺、徽墨制作技艺、歙砚制作技艺、宣笔制作技艺、桑皮纸制作技艺、豆腐传统制作技艺；福建省的德化瓷烧制技艺、武夷岩茶大红袍制作技艺、铁观音制作技艺、福州脱胎漆器髹饰技艺、竹纸制作技艺、建窑建盏烧制技艺、福鼎白茶制作技艺、福州茉莉花茶窨制工艺；江西省的景德镇手工制瓷技艺、铅山连四纸制作技艺、婺源绿茶制作技艺；山东省的周村烧饼制作技艺、东阿阿胶制作技艺、淄博陶瓷烧制技艺、德州黑陶烧制技艺、龙口粉丝传统制作技艺、琉璃烧制技艺；河南省的宝丰酒传统酿造技艺、钧瓷烧制技艺、唐三彩烧制技艺、汝瓷烧制技艺、当阳峪绞胎瓷烧制技

护地理标志共有 41 个;❶承载有传统医药的受保护地理标志共有 2 个,分别是吉林省的人参炮制技艺和福建省的永定万应茶;承载有传统戏剧的受保护地理标志共有 2 个,分别是陕西省的华县皮影戏和甘肃省的环县道情皮影戏。

(二)地理标志山西老陈醋与清徐老陈醋酿制技艺的保护

山西老陈醋是"中欧地理标志 100+100 互认项目"的中方地理标志产品之一,清徐则是山西老陈醋的主要产区。"自古酿醋在山西,老醋来自梗阳邑"❷是对清徐老陈醋历史底蕴与产品质量的高度赞扬与肯定。清徐老陈醋以其独具的"甜绵香酸"特征而闻名全国乃至世界,受到广大消费者的欢迎。清徐老陈醋的酿制最早可追溯到春秋战国时期,当时主要采取液态发酵的方式来酿醋;到北魏时期,酿醋技艺逐渐转型为固态

艺、棠溪宝剑锻制技艺、信阳毛尖茶制作技艺;湖北省的恩施玉露制作技艺、赵李桥砖茶制作技艺;湖南省的浏阳花炮制作技艺、醴陵釉下五彩瓷烧制技艺、千两茶制作技艺、长沙窑铜官陶瓷烧制技艺;广东省的端砚制作技艺、香云纱染整技艺、莞香制作技艺、枫溪手拉朱泥壶制作技艺;广西壮族自治区的钦州坭兴陶烧制技艺、六堡茶制作技艺;天津市的桂发祥十八街麻花制作技艺;重庆市的涪陵榨菜传统制作技艺;四川省的南路边茶制作技艺、五粮液酒传统酿造技艺、水井坊酒传统酿造技艺、剑南春酒传统酿造技艺、荥经砂器烧制技艺、沱牌曲酒传统酿造技艺、油纸伞制作技艺、夏布织造技艺、永川豆豉酿制技艺、蜀锦织造技艺、竹纸制作技艺、泸州老窖酒酿制技艺、郫县豆瓣传统制作技艺、先市酱油酿造技艺;贵州省的牙舟陶器烧制技艺、都匀毛尖制作技艺、蜡染技艺、玉屏箫笛制作技艺、茅台酒酿制技艺、彝族漆器髹饰技艺;云南省的建水紫陶烧制技艺、普洱茶制作技艺、蒙自过桥米线制作技艺、下关沱茶制作技艺、宣威火腿制作技艺、滇红茶制作技艺;西藏自治区的藏族邦典织造技艺、藏刀锻制技艺、藏香制作技艺、扎念琴制作技艺;陕西省的蒲城杆火技艺、耀州窑陶瓷烧制技艺、澄城尧头陶瓷烧制技艺;青海省的加牙藏族织毯技艺;宁夏回族自治区的贺兰砚制作技艺;新疆维吾尔自治区的维吾尔族地毯织造技艺;北京市的北京二锅头酒传统酿造技艺、全聚德挂炉烤鸭技艺。

❶ 这些传统美术包括:山西省的上党堆锦、闻喜花馍;河北省的曲阳石雕;辽宁省的岫岩玉雕、阜新玛瑙雕、琥珀雕刻;上海市的嘉定竹刻;江苏省的苏绣、惠山泥人;浙江省的青田石雕、东阳木雕;安徽省的望江挑花、舒席竹编、霍邱柳编、黄岗柳编;福建省的寿山石雕、惠安石雕、永春纸织画;山东省的嘉祥石雕、掖县滑石雕刻、莱州草辫、曲阜楷木雕刻;河南省的汴绣、镇平玉雕;湖北省的黄梅挑花;湖南省的湘绣、菊花石雕;重庆市的梁平竹帘竹编、梁平木版年画、蜀绣;四川省的青神竹编、沐川草龙、羌族刺绣、道明竹编、麻柳刺绣;贵州省的水族马尾绣;云南省的剑川木雕;西藏自治区的藏族唐卡;甘肃省的庆阳剪纸、庆阳香包绣制、夜光杯雕。

❷ "梗阳"系现在清徐县的古称。

发酵，这也为现在的清徐老陈醋酿制技艺奠定了基础。明末清初，当地一家名为"益源庆"的作坊因选料精良、工艺复杂而逐渐闻名，其独特的制作工艺也为当地所沿用，后逐渐发展为现在的清徐老陈醋酿制技艺。清徐老陈醋对酿制技艺要求严格，从原料到成品中间须经过蒸、酵、熏、淋、晒等五个主要步骤，十多道工序。2006年清徐老陈醋酿制技艺入选首批国家级非物质文化遗产名录。因配套保护措施的缺乏，一些作坊为追求自身经济利益最大化，在对清徐老陈醋的传统酿制技艺进行肢解后生产出很多次品，严重损害了清徐老陈醋的市场声誉与酿制技艺的完整性。为保护该酿制技艺免受更多侵害，当地企业在山西老陈醋获得国家地理标志保护产品基础上，又进一步将清徐老陈醋注册为地理标志证明商标。就地理标志对清徐老陈醋传统酿制技艺的保护，我们认为是一种间接保护。如若清徐老陈醋得不到地理标志的保护，将导致其他地方类似产品的滥用、冒用，损害其市场优势与商誉。长此以往，势必会损害有关从业人员传承、发扬产品传统酿制作技艺的积极性，甚至可能会导致该制作技艺的消亡，这也与传统知识的保护目标相去甚远。从这点来看，清徐老陈醋是地理标志保护传统知识的成功案例。此外，地理标志对传统知识的保护还体现为对相关技艺标准化的促进。根据《地理标志产品保护规定》第17条和第21条，受保护的地理标志产品应综合多种因素制定相应的标准或管理规范，并受有关部门的监督管理。这样一来，相关技艺的操作流程就受到严密监督，既保证了产品的品质，也保护了传统技艺传承的完整性。

四、我国传统知识地理标志保护的制度构建

虽然一些国家就地理标志对传统知识提供保护作出了尝试，❶ 然而在具体制度构建方面未能取得突破进展。我们认为，我国的相关制度构建应主要涉及以下几方面。

（一）尽早制定高位阶的地理标志保护法

当下我国对地理标志的保护主要为商标法和专门法两种制度并行的混合模式。在2018年国务院机构改革前，地理标志的商标法和专门法保

---

❶ 严永和. 论传统知识的地理标志保护 [J]. 科技与法律，2005 (2)：107-108.

护分别是由原国家工商行政管理总局和原国家质量监督检验检疫总局、原农业部管理和实施。这种模式引发了不少纠纷和诉讼。机构改革后，由国家知识产权局统一负责与商标、专利、地理标志有关的注册事宜，一定程度上缓解了地理标志分头管理、重复授权、执法冲突等弊端，完善了知识产权管理体系。❶

地理标志的国际保护模式主要有商标法模式、专门法模式、混合模式也即双轨制模式。采用商标法保护地理标志的国家以"新世界国家"美国为代表，忽视了地理标志是一种独立的知识产权，而将地理标志归入到商标的子集中，将地理标志注册为集体商标或证明商标进行保护。专门立法作为对地理标志保护力度最强的立法模式，是将地理标志单独立法，主要被以法国为代表的"旧世界国家"所采纳。采用专门立法的国家大多历史悠久，拥有种类繁多的地理标志，覆盖从葡萄酒、奶制品到首饰等名优产品，其大多寻求借助专门立法模式的强保护力度来实现自身在地理标志上的经济利益。任何一部法律的出台都是立法者对政治、经济、文化价值等因素综合考量的结果。作为世界文明古国，我国在传统知识型地理标志方面拥有巨大的资源优势，与欧盟国家在地理标志方面的国情十分相似。中欧双方都希望借助地理标志带动自身农业农村的发展。我国是典型的农业大国，得天独厚的自然、人文因素孕育了大量的地理标志，作为"三农"权益显著的知识产权，与之有关的保护、利用与发展也就成了农业增效、农村发展的一个重要渠道。可见，我国地理标志的存在及利用情况与欧盟更为贴近，有必要尽早制定颁行高位阶地理标志保护法。

况且，商标和地理标志二者不是等同的概念。地理标志有独立于商标的特征，对二者的混淆根源于二者之间的相似性，但是地理标志本身就不同于商标。尽管两者都作为商业识别标志使用，但不同的是商标以区分产品的制造商为目的，商品与制造商之间的联系本质上是人为主观努力的结果；而地理标志以标示产品的产地为目的，产品与产地间的联系是客观存在而不能转移的。另一重要区别在于地理标志是社区权利，而商标是个人权利。两者在具体使用上也存在差别，如商标可依法转让，而地理标志不

---

❶ 关于国务院机构改革方案的说明 [EB/OL]. [2018-09-05]. http://www.gov.cn/guowuyuan/2018-03/14/content_5273856.htm.

能自由转让。那些主张将地理标志视为商标的一个子集，将其纳入商标法中可以提供有效保护的观点不适宜具有悠久历史的中国，毕竟 TRIPS 明确将地理标志作为与商标权、著作权及工业品外观设计并列保护的知识产权。我国《民法总则》也明确了地理标志的独立知识产权地位。因此，我国制定高位阶的地理标志保护法也具有一定的可行性。

（二）鼓励服务类地理标志的申请与注册

实践中，我国地理标志产品的覆盖范围则以手工艺品、农产品等有形商品为主，对借由该载体所呈现的传统知识提供的保护较多，而就其他较难以物化的戏曲、舞蹈、皮影戏等服务类的传统知识提供的保护很少。这一现象产生的主要原因在于国际社会有关地理标志的保护是否及于服务的争论。我们认为，服务可以并应当受到地理标志的保护，❶ 这在 TRIPS 第 24 条有明确规定。实际上，地理标志非常适合对此类型传统知识提供保护。实践中，澳大利亚与加拿大等国家也主要是借用地理标志来帮助他人识别本国的艺术演出与服务。因此建议各地加大对服务类传统知识的地理标志申请，将富有显著地域特性的民间舞蹈、传统戏剧、曲艺、杂技与竞技等类型的传统知识纳为保护对象，使更多的传统知识能够获得地理标志的主动性保护。

（三）提高地理标志的保护水平

作为目前给予地理标志最为完善和最有影响力保护的多边协定，❷ TRIPS 有关地理标志的规定集中于第 22 条到第 24 条。其中第 22 条规定了地理标志的一般保护，第 23 条建立了对葡萄酒和烈酒地理标志的额外高水平保护。依据第 23 条，成员必须规定法律措施来制止对葡萄酒和烈酒地理标志的使用，不论是否误导公众。即使产品真正的来源被标示或者地理标志是以翻译或伴有如"型""种""类""式"等字样进行表述也在禁止之列。TRIPS 第 23 条建立的高水平保护和第 24 条的例外是美国与欧盟为实现各自既有利益而达成的妥协，WTO 多哈谈判中各国及地区就给予葡萄酒和烈酒地理标志的额外保护是否应延伸于其他产品展开了激烈讨论。欧盟、印度、巴基斯坦、古巴、毛里求斯和斯里兰卡等拥有

---

❶ 郭玉军，唐海清.论非物质文化遗产知识产权保护制度的新突破：以地理标志为视角 [J].海南大学学报（人文社会科学版），2010（3）：52-53.

❷ 赵小平.地理标识的延伸保护探析 [J].法学家，2005（6）：100.

悠久历史底蕴的国家及地区，拥有丰富且极具地方特色的产品，为保护地方优质传统产品并充分发挥其资源优势，要求将地理标志额外保护延伸到所有产品，统一采取 TRIPS 第 3 条的高保护水平，以阻止其他地区生产者的"搭便车"行为来更好地维护合法生产者权益。而以美国为代表的阿根廷、澳大利亚、危地马拉、新西兰等建国历史普遍较短的国家，地理标志资源匮乏，主要依靠工业集约化来谋取经济利益而非地理标志来获取资源优势，因此反对地理标志的延伸保护，认为额外保护的延伸会导致所有 WTO 成员的额外财政和行政负担。笔者建议将地理标志的额外保护的延伸范围限于我国具有比较优势的产品，如农产品、传统手工艺品等，以进一步扩大它们的国际市场份额，在为我国带来经济利益的同时也能更好地向国际宣传推广有关的传统知识。❶ 我国传统知识型地理标志优势明显，依照我国国情合理规定地理标志的特殊保护标准并积极推动国际保护标准的确定，有利于最大限度实现我国在相关领域的利益，并能在一定程度上扭转国际社会强国主导所致的利益不均衡，惠益众多发展中国家。

（四）合理规定保护例外

保护例外是对部分传统知识使用行为的接纳及对某些传统知识保护种类的排除。TRIPS 第 24 条第 4 款至第 8 款规定了地理标志保护的例外条款，包括在先善意使用的例外、在先商标权的例外和通用名称的例外。对此，传统知识的地理标志保护应予以借鉴。

首先，地理标志在保护传统知识时应当允许在先权利的行使。传统知识本身具有鲜明的地域性，大多存在于特定区域，随着我国文化事业的发展，一些原先仅在小范围流行的传统知识逐渐开始向全国扩展。对于那些早已掌握并使用该知识体系的社区群众，应当保障其对该传统知识在受到地理标志保护前基于习惯或实践的正常使用行为，即应尊重社区的在先权利。❷

其次，对于一些有利于传统知识传承、发展的善意使用，我们应予以鼓励。对传统知识进行保护的最终目的是使其更好地传承下去，保持文化的多样性，当权利持有人以外的他人基于学习、研究、欣赏等善意

---

❶ 杨永 . 地理标志的文化价值研究 ［M］. 北京：法律出版社，2018：135-137.

❷ 肖海 . 非物质文化遗产的地理标志保护模式 ［J］. 求索，2008（2）：55.

目的而使用该传统知识时，既无须征得权利人同意，也无须向其支付任何费用。可以作此理解，所禁止的只是传统知识地理标志权利人以外的他人基于商业目的且不支付费用的使用行为。

最后，对那些在我国构成通用名称的传统术语和表达，应排除在地理标志的保护范围外。所谓通用名称，指日常语言中用以指代某一类或某一种产品的惯常名称。对于通用名称的判定，TRIPS 并未作出规定，而是将此职能赋予各国相关职能机关。鉴于商标❶与地理标志的差异性，建议我国适当借鉴欧盟在著名的 FETA 案中的判定方法，即若某名称的使用能唤起该产品与某地理来源相联系的声誉就不得将其作为通用名称使用。❷ 地理标志产品的持续发展是以特定产品质量与地理区域间联系的存在为前提的，故在判定其是否淡化为某产品的通用名称时应以客观联系为根本基石，从而更好地通过地理标志来保护传统知识。

五、结　语

本文研究地理标志对传统知识的保护，并非完全抹杀其他知识产权在保护传统知识方面的作用。传统知识的复杂性决定了地理标志保护难以涵盖所有传统知识，需要同时采取其他法律、技术手段，但我们不可就此否认地理标志保护传统知识的巨大效用。法国国家原产地名称局和波尔多葡萄酒行业联合委员会利用地理标志制度在我国成功保护其"Margaux"地理标志的案例启示我们，为了保护与发展我国优秀传统知识，当务之急是借鉴欧盟的先进经验，完善我国地理标志的专门法保护制度，在实践中切实通过保护好相关地理标志产品，进而保护好其蕴含的传统技艺、传统美术、传统医药和传统戏剧等，将我国优秀的传统知识发扬光大。

---

❶　就当前有关商标通用名称判定的理论研究与司法实践来看，主要以消费者认知为判定标准。

❷　Joined Cases C-289/96，C-293/96&C-299/96，Kingdom of Denmark，Fed. Republic of Germany and French Republic v. Commission，1999 E. C. R. I. 1557 (1998).

我国标准必要专利的禁令救济问题[*]

顾　昕[❶]

摘　要

我国的立法和司法实践早期重点关注了专利纳入标准未履行披露义务时禁令救济应该受到限制的类型，但司法实践中没有出现相应的纠纷，反而是立法重点关注以外的"反向劫持"问题在我国表现得更为突出。我国法院在考虑是否支持标准必要专利权人的停止侵害请求时，重点考察了双方在谈判过程中是否履行了诚实交涉的义务，并在两起诉讼案件中因实施人在谈判中存在"明显过错"而支持了专利权人的禁令请求。

关键词

标准必要专利　禁令救济　披露义务　反向劫持　诚实交涉

---

* 本文的研究得益于日本知识产权研究所组织的日中联合研究团队的指导和帮助，在此表示感谢。研究团队报告全文刊载的网站地址为 https：//www.jpo.go.jp/resources/report/takoku/nicchu_houkoku/h30.html。

❶ 作者单位：国家知识产权局知识产权发展研究中心。

一、问题所在

近年来，我国国内逐渐建立起相对完善的移动通信产业链，全球70%以上的手机在中国生产❶，手机生产商作为标准必要专利的实施人（同时也可能是其他专利的权利人），围绕着标准必要专利的许可费率、禁令救济以及反垄断等问题和标准必要专利权利人之间展开了激烈的争论，并引发了多起诉讼。

其中最为著名的是广东省高级人民法院 2013 年二审审结的华为诉 IDC 案件❷，该案系全球范围内首件由法院判定标准必要专利许可费率的案件，引起了广泛的关注。和日本三星诉苹果案件❸中所采用的计算贡献比率的"自上而下"方法不同，华为诉 IDC 案件中的法院采用了参照市场上可供比较的许可协议的方法。以该案为代表的我国标准必要专利许可费率计算问题，拟另撰文论述。本文将重点放在标准必要专利的禁令救济上。

鉴于专利纳入标准之后存在一定程度上的公共属性，在涉及标准必要专利的案件中，对于权利人提出的停止侵害请求（亦指"禁令请求"，以下相同），世界上大部分国家和地区的法院（如美国、日本）均持非常谨慎的态度，原则上不予支持。❹ 我国在认同上述原则的基础上，在立法和司法实践中出现了两类涉及标准必要专利的禁令判断规则：第一种是当专利纳入标准时，专利权人没有履行披露义务的话将不能获得禁令，这种是更加严格地限制权利人行使禁令的类型；第二种是考察标准必要专利的权利人和实施人在许可费协商过程中是否履行了诚实交涉的义务，

---

❶ 谢毅. 全球 70% 手机在中国生产，行业洗牌继续 [EB/OL]. (2017-12-20)［2018-12-06］. http://www.sohu.com/a/211644033_128075.

❷ 深圳市中级人民法院 (2011) 深中法知民初字第 857 号民事判决书；广东省高级人民法院 (2013) 粤高法民三终字第 305 号民事判决书。

❸ 知财高决平成 26・5・16 判时 2224 号 89 頁、知财高判平成 26・5・16 判时 2224 号 146 頁。

❹ 李扬. FRAND 劫持及其法律对策 [J]. 武汉大学学报（哲学社会科学版），2018 (1)：120.

如果实施人存在明显过错的话，权利人有可能获得禁令❶，这种是允许行使禁令的例外情况。

由于上述两种类型在某种程度上"有异"于国际上的通行规则，可谓我国行政管理机关和司法机关基于我国市场和产业结构作出的有益尝试。考虑到上述两种类型的判断规则散见于行政机关出台的规定、最高人民法院（以下简称"最高院"）颁布的司法解释、省区市高级人民法院颁布的指南及工作指引以及全国各地法院作出的判决之中，这种情况也造成了标准必要专利禁令判断规则的模糊性，导致相关产业的实务界人士难以提前预判规则。本文旨在梳理不同行政机关和司法机关出台的诸多规范性文件之间的关系，明确我国在标准必要专利禁令救济方面相对独特的两种类型的具体判断规则。

二、专利纳入标准时专利权人未履行披露义务

虽然世界范围内多数标准化组织都针对标准必要专利披露问题制定了原则性规定，但既没有进一步细化的适用规则，也没有规定不履行披露义务时的保障措施。❷

而我国从 2008 年最高院的复函开始，一直到 2013 年国家标准化管理委员会和国家知识产权局联合制定的《国家标准涉及专利的管理规定（暂行）》（以下简称《管理规定》），以及 2015 年《专利法修订草案（送审稿）》中，都重点关注了专利纳入标准时未履行披露义务的问题，并对违反该义务的法律后果作出规定，可谓我国标准必要专利领域早期（2016 年之前）"重点关注"的问题。

（一）2008 年最高院复函

2008 年，最高院在回复辽宁省高级人民法院的个案请示中提出：

"鉴于目前我国标准制定机关尚未建立有关标准中专利信息的公开披露及使用制度的实际情况，专利权人参与了标准的制定或者经其同意，

---

❶ 我国和欧洲（如 Huawei v. ZTE 案件）在判断是否颁发标准必要专利的禁令时，都考虑了专利权人和实施人是否履行了诚实协商的义务，我国更是建立起一套相对完整的判断规则，并在两起司法裁判中肯定了专利权人的禁令请求。

❷ 朱雪忠，李闯豪. 论默示许可原则对标准必要专利的规制［J］. 科技进步与对策，2016（12）：98-104.

将专利纳入国家、行业或者地方标准的，视为专利权人许可他人在实施标准的同时实施该专利，他人的有关实施行为不属于《专利法》第 11 条所规定的侵害专利权的行为。专利权人可以要求实施人支付一定的使用费，但支付的数额应明显低于正常的许可使用费；专利权人承诺放弃专利使用费的，依其承诺处理。"❶

在早期的司法实践中，该 2008 年最高院复函对于各地法院审理标准必要专利案件具有非常重要的作用，有法官甚至认为其内容在很长的一段时间"就是在处理标准必要专利时唯一的一根救命稻草"。❷

由于复函中提出在专利权人参与了标准制定或同意将专利纳入标准的情况下，视为专利权人已经"默示许可"他人在实施标准的时候同时实施该专利。部分专家认为该复函实际上是规定了标准必要专利的"默示许可"制度。❸

但值得注意的是，该复函中只提到标准必要专利权人"默示许可"他人实施专利，没有附加任何条件，并没有提及专利权人是否履行了披露义务的问题，按字义直接理解的话，存在不论权利人是否履行了披露义务，均不能行使停止侵权请求权的可能。

复函中规定的"默示许可"他人实施专利的范围是否包括了已经履行披露义务的专利呢？与复函时间相隔仅一年的最高院 2009 年关于审理侵犯专利权司法解释的征求意见稿的第 20 条❹规定：只有纳入标准却未披露的专利，才视为权利人"默示许可"他人实施。尽管该征求意见稿中的这条规定在之后公布的正式司法解释文本❺中未被采纳，但考虑到

---

❶ 《最高人民法院关于朝阳兴诺公司按照建设部颁发的行业标准〈复合载体夯扩桩设计规程〉设计、施工而实施标准中专利的行为是否构成侵犯专利权问题的函》〔2008〕民三他字第 4 号）。

❷ 邱永清（广东省高级人民法院知识产权庭副庭长）在 2017 年强国知识产权论坛上的发言《标准必要专利法律实务问题探讨》。

❸ 张伟君．默示许可抑或法定许可：论《专利法》修订草案有关标准必要专利披露制度的完善［J］．同济大学学报（社会科学版），2016，27（3）：108．

❹ 2009 年《最高人民法院关于审理侵犯专利权纠纷案件应用法律若干问题的解释（征求意见稿）》第 20 条："经专利权人同意，专利被纳入国家、行业或者地方标准制定组织公布的标准中，且标准未披露该专利的，人民法院可以认定专利权人许可他人在实施该标准的同时实施其专利，但专利依法必须以标准的形式才能实施的除外。"

❺ 《最高人民法院关于审理侵犯专利权纠纷案件应用法律若干问题的解释》（法释〔2009〕21 号）。

2008 年最高院复函（2008 年 7 月 8 日）和前述 2009 年最高院司法解释征求意见稿（2009 年 6 月 18 日）相隔时间不远，也许可以在一定程度上体现最高院当时对待标准必要专利"默示许可"范围的态度，即只限制未履行披露义务的专利权人的停止侵害请求权。

（二）最高院 2012 年提审案件

最高院 2012 年同意相关专利权人的再审请求，提审一涉及专利纳入地方标准的案件，并于 2014 年初作出判决，❶ 案件情况如下。

1. 案件事实和法院判旨

作为原告的专利权人 2006 年 1 月申请发明专利，于 2008 年 9 月获得专利授权。河北省住房和城乡建设厅批准的《CL 结构构造图集》为河北省工程建设标准设计，该图集中包括了权利人的涉案专利技术。原告权利人认为被告（专利实施人）承建居民住宅的过程中在未经授权的情况下采用的材料和施工方法侵害了涉案专利权，遂向河北省石家庄市中级人民法院提起诉讼，请求法院判令被告停止侵权行为并赔偿经济损失。

一审法院经审理认为，河北省住房和城乡建设厅公开发布的《CL 结构设计规程》和《CL 结构构造图集》系地方标准，该标准"属于公开有偿使用的技术，任何单位和个人未经权利人允许不得使用，被告承建的住宅楼未经专利权人允许，采用了涉案专利技术，构成侵权行为"。❷ 一审法院支持了原告提出的停止侵权和损害赔偿请求，被告不服一审判决，向河北省高级人民法院提起上诉。

二审法院在引用前述 2008 年最高院复函的基础上，依据该复函的原则作出判断："涉案专利被纳入河北省地方标准，原告专利权人参与了该标准的制定，故应视为专利权人许可他人在实施标准的同时实施该专利，被告公司的有关实施行为不属于《专利法》第 11 条所规定的侵害专利权的行为。一审法院认定被告公司按照已纳入专利权人参与制定的河北省地方标准的涉案专利进行施工，构成对专利权人的侵害，并判决被告公司赔偿损失，适用法律不当，应予纠正。根据最高人民法院上述答复精

---

❶　张晶廷与衡水子牙河建筑工程有限公司侵害发明专利权纠纷案，参见最高人民法院（2012）民提字第 125 号民事判决书。案例评释参见：许清. 专利纳入标准后停止侵害请求权的限制：张晶廷与衡水子牙河建筑工程有限公司侵害发明专利权纠纷案 [J]. 中国发明与专利，2018（11）：108-111.

❷　河北省石家庄市中级人民法院（2009）石民五初字第 163 号民事判决书。

神，在本案中，被告公司依法应支付专利权人一定数额的专利使用费。"❶
二审法院推翻了一审法院的判断，认为依据 2008 年最高院复函的精神，
专利纳入标准之后即意味着许可他人实施该专利，专利权人不能行使停
止侵害请求权，但可以获得专利许可费用。专利权人不服二审判决，向
最高院申请再审。最高院 2012 年 6 月作出裁定，决定提审该案。

再审法院（最高院）经审理后认为二审法院适用法律存在错误：
（1）2008年最高院复函是对个案的答复，二审法院"不应作为裁判案件
的直接依据予以援引"；（2）涉案专利纳入的标准为"推荐性标准，被告
作为建筑施工领域的经营者，有不选择的权利"；（3）原告专利权人履行
了专利披露义务，在被诉侵权施工方法所依据的规程前言部分，"明确记
载有识别的专利技术和专利权人的联系方式"，"本案不存在专利权人隐
瞒专利的行为导致标准的实施者产生该技术为无需付费的公知技术的信
赖"；（4）记载河北省地方标准的规程中"不包含专利技术或者专利权人
向公众开放了免费的专利使用许可的意图。实施该标准，应当取得专利
权人的许可，根据公平合理无歧视的原则，支付许可费。在未经专利权
人许可使用，拒绝支付许可费的情况下，原则上，专利侵权救济不应当
受到限制"。基于以上理由，判决结果再一次反转，最高院又推翻了二审
的判决，判定原告专利权人的再审申请理由成立，支持原告提出的停止
侵害和损害赔偿请求。

至于被告专利实施人如何承担停止侵权的民事责任，最高院认为
"一审审理期间，被诉侵权的工程尚未完工，被告公司的被诉施工行为处
于侵权状态，一审判决被告公司立即停止侵害涉案专利权的行为，并无
不当"，但到了再审判决阶段，"被诉侵权的工程现已完工并交付使用，
本院判决被告公司停止侵害涉案专利权的施工行为已无必要，故对原告
提出被告公司应承担停止侵权的民事责任，作出相应调整"。

2. 先例意义和局限性

该案是最高院首次针对标准必要专利领域的案件作出裁判，具有重
要的先例意义：（1）最高院明确了当专利实施人明知存在纳入地方标准
的方法专利，在未经授权许可的情况下仍使用该专利且拒绝支付许可费
的情况下，专利权人可以行使停止侵害请求权；（2）同时，法院提及专

---

❶ 河北省高级人民法院（2011）冀民三终字第 15 号民事判决书。

利权人已经履行了披露义务，"不存在专利权人隐瞒专利的行为导致标准的实施者产生该技术为无需付费的公知技术的信赖"，在此情况下二审法院不能"简单适用"2008年最高院复函。既然"本案中专利权人已经履行了披露义务"是不适用2008年最高院复函规定的原因之一，意味着从另一个侧面印证了2008年最高院复函限制标准必要专利权人行使禁令的规定中也蕴含着对"专利权人未履行披露义务"的要求。

该案中法院肯定了专利权人在标准必要案件中可以行使停止侵害请求权，是否意味着推翻了2008年最高院复函确定的原则呢？答案是否定。原因在于该案的适用范围非常有限，其局限性体现在：（1）该案所涉标准为地方推荐性标准，非强制性国家标准；（2）专利权人并没有作出公平、合理、无歧视（Fair，Resonable，and Non-discriminatory Terms，FRAND）承诺；（3）专利权人履行了披露义务。鉴于以上几点，该案的判决结论并不能推及适用今后典型的标准必要专利侵权案件，甚至参考意义不大，自然也不能视为是对2008年最高院复函所确立的原则的背弃。

（三）2013年《管理规定》

2013年12月国家标准化管理委员会和国家知识产权局联合公布的《管理规定》❶是我国首部关于标准和专利的部门规范性文件，从全球来看，也是国际上首个由标准化管理部门与专利管理部门联合发布的标准与专利政策。❷《管理规定》中的第三章规定了标准必要专利权人作出FRAND声明的义务，确立了专利权人必须作出该性质声明的国内法义务。

同时《管理规定》的第5条规定了专利信息披露义务："在国家标准制修订的任何阶段，参与标准制修订的组织或者个人应当尽早向相关全国专业标准化技术委员会或者归口单位披露其拥有和知悉的必要专利，同时提供有关专利信息及相应证明材料，并对所提供证明材料的真实性负责。"在未履行前述披露义务的情况下，第5条后半段也规定了相应的

---

❶ 国家标准化管理委员会办公室. 国家标准涉及专利的管理规定（暂行）[EB/OL]. （2014-02-14）[2018-12-06]. http://www.sac.gov.cn/sbgs/flfg/gfxwj/zjbzw/201505/t20150504_187572.htm.

❷ 王益谊. 我国的标准和专利政策：对《国家标准涉及专利的管理规定（暂行）》解读[G] //国家知识产权局条法司. 专利法研究2013. 北京：知识产权出版社，2015：249.

法律后果，即"参与标准制定的组织或者个人未按要求披露其拥有的专利，违反诚实信用原则的，应当承担相应的法律责任。"

但专利权人未履行披露义务时，第 5 条后半段所规定的"承担相应的法律责任"，究竟是何种责任？考虑到《管理规定》是一个联合的行政管理规定，两个行政部门并没有规定具体的侵权法律责任。以 2013 年《管理规定》出台时能够相对应的"法律责任"规定来看，只有 2008 年最高院复函中规定的法律责任符合条件，即专利纳入标准时没有履行披露义务的，视为权利人许可他人实施该专利，意味着丧失了获得禁令救济的权利。

（四）2015 年《专利法修订草案（送审稿）》

2015 年 12 月，国务院法制办公室公布了国家知识产权局报请国务院审议的《专利法修订草案（送审稿）》，❶ 向社会各界征求意见，其中新增加的第 85 条规定："参与国家标准制定的专利权人在标准制定过程中不披露其拥有的标准必要专利的，视为其许可该标准的实施者使用其专利技术。"该项规定意味着在国家标准制定过程中，专利权人未履行披露义务的话，将视为许可他人实施该技术，承受不能请求禁令的不利后果。

鉴于国际标准制定过程中，专利权人并不承担绝对的专利信息披露义务，标准组织的知识产权政策中一般只是要求专利权人"尽合理的努力"及时地披露"必要专利"。❷ 而我国欲通过国内法的方式明文规定"未履行披露义务标准必要专利权人将丧失禁令救济权"，对于这种立法动议，国内存在较为鲜明的正反两派观点。

持肯定的观点如某学者认为："作为成文法国家，我国在《专利法》第四次修改中开创性地规定了标准必要专利权人违反披露义务的默示许可责任。这一规定可破解我国司法实践在有关纠纷解决中存在的困境，为相关当事方提供明确的行为指引，因而具有积极意义。"当然，该学者同时也认为第 85 条在适用范围和法律效果等问题上还有待进一步完善。❸

---

❶ 国务院法制办公室. 国务院法制办就专利法修订草案（送审稿）征求意见 [EB/OL]. (2015-12-03) [2018-12-06]. http://www.gov.cn/xinwen/2015-12/03/content_5019664.htm.

❷ 张伟君. 默示许可抑或法定许可：论《专利法》修订草案有关标准必要专利披露制度的完善 [J]. 同济大学学报（社会科学版），2016，27（3）：103.

❸ 朱雪忠，李闯豪. 论默示许可原则对标准必要专利的规制 [J]. 科技进步与对策，2016（12）：99，103.

持反对意见的如某企业认为：鉴于我国实践中通过"采标"的方式直接采用国际标准的情形也比较普遍，如果国内的专利权人受制于 2015 年《专利法修订草案（送审稿）》中新增的绝对披露义务，而国外的专利权人通过"采标"的方式进入我国反而不用遵守该义务，最终新增条文的"约束对象只是我国企业，相当于只缴了我国企业的枪"。❶

由于理论界和实务界对此问题存在较大争议，全国人民代表大会在向社会公开征求意见的《专利法修正案（草案）》中，删除了 2015 年《专利法修订草案（送审稿）》中规定的第 85 条。

（五）目前的状况

随着最新《专利法修正案（草案）》中删除了原第 85 条，围绕专利纳入标准却未履行披露义务的默示许可责任的争论似乎可以暂告一个段落。但需要注意的是，即便《专利法》中没有明文规定，但 2013 年《管理规定》中规定的"纳入标准时专利权人未履行披露义务应当承担相应的法律责任"条款依然有效❷，只不过由于司法实践中尚没有出现相关问题的案例，该条款规定的"法律责任"究竟指何种责任的问题并没有"浮上水面"。

《管理规定》中没有明确规定的"法律责任"究竟是指什么责任，目前能"回应"该责任内容的只有 2008 年最高院复函中的内容了，即"视为权利人默示许可他人实施该专利"。也就是说，虽然《专利法》中没有明文规定，但司法实践中一旦出现专利纳入标准时专利权人未履行披露义务的情况，依据《管理规定》和 2008 年最高院复函所确立的规则，专利权人仍有可能承担不能行使停止侵害请求权的不利后果。

该项规则的法律效果也有待进一步的明确。正如《专利法修订草案（送审稿）》公开征求意见时有学者所提到的，当专利权人未履行披露义务时所承担的默示许可责任，究竟是绝对丧失停止侵害请求权，还是仅

---

❶ 宋柳平．专利法修改草案 82 条：不要缴了中国企业的枪［EB/OL］．（2015-12-03）［2018-12-06］．http：//www.chinaipmagazine.com/news-show.asp？id＝18483.

❷ 尽管 2016 年《最高人民法院关于审理侵犯专利权纠纷案件应用法律若干问题的解释（二）》第 24 条第 1 款规定"推荐性国家、行业或者地方标准明示所涉必要专利的信息，被诉侵权人以实施该标准无需专利权人许可为由抗辩不侵犯该专利权的，人民法院一般不予支持"，但该条仅限于"推荐性国家、行业或者地方标准"，其效力不及于强制性标准。

仅作为一个侵权抗辩事由、允许法院在个案中权衡后作出决定❶，这也有待于今后《专利法实施细则》修改或法院判例予以进一步明确。

三、协商谈判中专利实施人未履行诚实交涉义务

如前所述，尽管相关修法草案、行政规定和司法解释在早期（2016年之前）更关注专利纳入标准时未履行披露义务的法律责任，但现实中这一问题并未出现引人关注的案例，反而是标准必要专利许可费率谈判时的"反向劫持"问题在实践中引发了不少纠纷。

所谓"反向劫持"（Holdout），是指标准实施者策略性地利用FRAND的不确定性和模糊性，意图达到尽量少支付甚至不支付标准必要专利（SEP）使用费，反向劫持标准必要专利权利人的现象。❷ 相较于西方国家所担心的标准必要专利"劫持"（Hold up）问题，在我国是"反向劫持"问题得到了更加充分的展现。

（一）2016 年最高院审理侵犯专利权纠纷司法解释

出于应对这一形势的需求，最高院在 2016 年 3 月公布了《最高人民法院关于审理侵犯专利权纠纷案件应用法律若干问题的解释（二）》❸［以下简称《法律解释（二）》］，其中第 24 条第 2 款规定："推荐性国家、行业或者地方标准明示所涉必要专利的信息，专利权人、被诉侵权人协商该专利的实施许可条件时，专利权人故意违反其在标准制定中承诺的公平、合理、无歧视的许可义务，导致无法达成专利实施许可合同，且被诉侵权人在协商中无明显过错的，对于权利人请求停止标准实施行为的主张，人民法院一般不予支持。"

应如何理解最高院在上述《法律解释（二）》中确立的规则？西电捷

---

❶ 张伟君. 默示许可抑或法定许可：论《专利法》修订草案有关标准必要专利披露制度的完善［J］. 同济大学学报（社会科学版），2016（3）：110-115.

❷ 李扬. FRAND 劫持及其法律对策［J］. 武汉大学学报（哲学社会科学版），2018（1）：118.

❸ 《最高人民法院关于审理侵犯专利权纠纷案件应用法律若干问题的解释（二）》（法释〔2016〕1 号）。

通诉索尼案件❶二审的主审法官认为其中规定了对标准必要专利权利人不予颁发禁令的条件，需同时满足两点：（1）在专利实施许可条件谈判中专利权人存在明显过错；（2）标准实施人（被控侵权人）无明显过错。两个条件缺一不可。但该法官同时认为："由于司法解释规范的内容有限，实践中还有一些问题仍然没有解决。比如，第二十四条未涉及强制性标准的问题，也未解决未被'采标'进入我国的国际性或区域性国际组织制定的通信标准必要专利问题"。❷

（二）地方高级人民法院出台细化判断规则的指南和工作指引

《法律解释（二）》中虽然规定了对 SEP 权利人不予颁发禁令的条件，但尚存在两点局限性：（1）适用范围较窄，未涉及强制性标准，也没有规定未通过"采标"程序直接进入我国的国际性或区域性国际组织制定的通信标准必要专利问题；（2）"明显过错"要件有待进一步细化。为此，受理标准必要专利案件较多的北京市高级人民法院和广东省高级人民法院均出台了进一步细化判断标准的侵权判定指南和工作指引。

2017 年北京市高级人民法院公布了《专利侵权判定指南（2017）》❸（以下简称《指南》），其中第 149～153 条涉及标准必要专利问题。《指南》进一步完善和细化了《法律解释（二）》中确定的判断规则，较为重要的细化之处如下：

（1）扩大了《法律解释（二）》的适用范围，将"虽非推荐性国家、行业或者地方标准，但属于国际标准组织或其他标准制定组织制定的标准，且专利权人按照该标准组织章程明示且做出了公平、合理、无歧视的许可义务承诺的标准必要专利，亦做同样处理"。

（2）细化了《法律解释（二）》中规定的标准实施人（被诉侵权人）在标准必要专利许可协商过程中存在"明显过错"的具体表现；同时也细化了专利权人违反 FRAND 承诺的具体表现。

---

❶　索尼移动通信产品（中国）有限公司与西安西电捷通无线网络通信股份有限公司侵害发明专利权纠纷二审，参见北京市高级人民法院（2017）京民终 454 号民事判决书。

❷　姜旭【高层论坛】标准必要专利：护航智能终端行业发展［EB/OL］.（2017-04-26）［2018-12-06］. http://www.sipo.gov.cn/mtsd/1071955.htm.

❸　北京市高级人民法院. 北京市高级人民法院《专利侵权判定指南（2017）》［EB/OL］.（2017-04-20）［2018-12-06］. http://bjgy.chinacourt.org/article/detail/2017/04/id/2820737.shtml.

（3）增设了双方均无过错时实施人可以通过提供担保避免禁令的规定，以及双方均存在过错时可以根据过错程度判断是否颁发禁令。

（4）规定了专利权人需要承担的举证责任。"在标准制定中承诺的公平、合理、无歧视许可义务的具体内容"，由专利权人承担举证责任。

广东省高级人民法院在 2018 年 4 月公布了《广东省高级人民法院关于审理标准必要专利纠纷案件的工作指引（试行）》❶（以下简称《工作指引》），专门针对通信领域标准必要专利纠纷案件，相较于《法律解释（二）》和《指南》中的规定，更加细化了一整套关于过错的判断规则。具体内容也存在不同，如《工作指引》的适用范围没有区分推荐性标准或者国际标准等，而是定位于"审理通信领域标准必要专利纠纷案件"。

（三）西电捷通诉索尼案件

2013 年在华为公司诉 IDC 标准必要专利许可费纠纷案❷中，一审深圳市中级人民法院和二审广东省高级人民法院在判决中确定了标准必要专利许可使用费率，产生了广泛的影响力。❸ 但在该案中原告华为公司是标准专利实施人，因此没有涉及能否颁布禁令的问题。随后的司法实践中，北京（西电捷通诉索尼）和深圳（华为公司诉三星）出现了两起在涉及标准必要专利的案件中法院肯定了权利人禁令请求的判决。尽管全球范围内各国相关机构和法院有讨论颁发禁令的条件，但在司法裁判中很少出现肯定权利人禁令请求的案例，可谓我国标准必要专利案件审理的"特色"之一。前述《指南》和《工作指引》所确立的具体规则也明显和两个案件的判决结果互相产生了影响。

在北京裁判的西电捷通诉索尼案件❹中，原告西电捷通 2002 年 11 月申请的名称为"一种无线局域网移动设备安全接入及数据保密通信的方

---

❶ 广东省高级人民法院关于审理标准必要专利纠纷案件的工作指引（试行）［J］. 竞争政策研究，2018（3）：100-113.

❷ 华为技术有限公司与上诉人交互数字通信有限公司、交互数字技术公司、交互数字专利控股公司、IPR 许可公司（四上诉人统称"IDC 公司"）标准必要专利使用费纠纷案，参见深圳市中级人民法院（2011）深中法知初字第 857 号民事判决书、广东省高级人民法院（2013）粤高法民三终字第 305 号民事判决书。

❸ 案例评释参见：李明德. 标准必要专利使用费的认定：华为公司与 IDC 公司标准必要专利使用费纠纷上诉案［J］. 中国发明与专利，2018（6）：107-109.

❹ 西安西电捷通无线网络通信股份有限公司与索尼移动通信产品（中国）有限公司侵害发明专利权纠纷案，参见北京知识产权法院（2015）京知民初字第 1194 号民事判决书。

法"的专利（以下简称"涉案专利"）于 2005 年 3 月获得授权。原告认为被告索尼在手机的研发、生产和销售中使用了涉案专利，遂于 2015 年起诉至北京知识产权法院请求停止侵害和损害赔偿。

一审北京知识产权法院提出了基于"过错"来判断是否颁发禁令的裁判标准，其认为：在许可费率谈判中"双方协商未果的情形下，被告实施涉案专利能否绝对排除原告寻求停止侵害救济的权利，仍需要考虑双方在专利许可协商过程中的过错"。具体而言：（1）"在双方均无过错，或者专利权人有过错，实施人无过错的情况下，对于专利权人有关停止侵权的诉讼请求不应支持，否则可能造成专利权人滥用其标准必要专利权，不利于标准必要专利的推广实施"；（2）"在专利权人无过错，实施人有过错的情况下，对于专利权人有关停止侵权的诉讼请求应予支持，否则可能造成实施人对专利权人的'反向劫持'，不利于标准必要专利权的保护"；（3）"在双方均有过错的情况下，则应基于专利权人和实施人的过错大小平衡双方的利益，决定是否支持专利权人有关停止侵权的诉讼请求"。

一审法院在判定被告行为构成专利侵权的基础上，认为该案的具体案情符合上述标准中第（2）种情况，应该支持原告专利权人的停止侵害请求。其理由在于：案件双方当事人之所以迟迟未能进入正式的专利许可谈判程序，最重要原因是因为僵持在了"专利权人是否应该在没有签署保密协议的前提下提供权利要求对照表（实务中的侵权对比表）给实施人"这一问题。对于这一问题的协商情况，法院认定作为原告的专利权人没有过错，而被告实施人存在过错，所以在该案中肯定了原告提出的停止侵害请求权。在该案中，"是否提供权利要求对照表"成为判断是否存在过错从而颁发禁令的胜负手。一方面，法院认为在专利实施人基于已有的条件能够作出侵权评估的情形下，提供权利要求对照表不是对权利人的必须要求。被告即便在不借助原告提供权利要求对照表的情况下，"理应能够判断出其涉案手机中运行的 WAPI 功能软件是否落入涉案专利的权利要求保护范围"，却在协商过程中反复强调无法作出判断，属于"明显具有拖延谈判的故意"，"被告要求原告提交权利要求对照表并非合理"。而另一方面，原告在同意提供权利要求对比表的基础上要求签署保密协议是合理的。因此，法院判定双方迟迟无法进入正式谈判的过错在于被告实施人一方，从而肯定了原告提出的停止侵权请求。

被告不服一审判决，向北京市高级人民法院提起上诉。二审法院❶经审理后，同样通过考察双方在谈判过程中是否存在"过错"来判断是否应该颁发禁令，肯定了一审得出的双方当事人迟迟未能进入正式的专利许可谈判程序的过错在于原审被告的结论，最终在是否颁发禁令的问题上维持了原审法院的判决内容。值得注意的是，二审法院判断被告实施人在谈判过程中是否存在"过错"时，明显参考了《指南》中关于通过提供担保避免禁令的规定，认为被告实施人即使在诉讼阶段"也没有提出明确的许可条件，也未及时向人民法院提交其所主张的许可费或提供不低于该金额的担保，并没有表示出对许可谈判的诚意"，而这也是法院判断是否具有过错的考量要素之一。

（四）华为诉三星案件

另一起在标准必要专利案件中颁发禁令的司法案件是广东深圳的华为诉三星案。❷原告华为认为在和被告三星进行的标准必要专利交叉许可谈判中，被告存在违反 FRAND 原则、恶意拖延谈判的情形，请求法院责令被告停止专利侵权行为。在该案中原告仅提出了停止侵害请求，并没有请求损害赔偿。法院同样通过许可谈判中的"过错"来判断是否颁发禁令❸，认定在该案中被告存在明显过错，违反了 FRAND 原则，而原告没有明显过错，没有违反 FRAND 原则，从而支持了原告的禁令请求。

具体而言，法院分别从许可谈判的程序和实体两方面分析了原告和被告是否存在明显过错。一方面，在程序方面，法院首先考察被告是否存在过错，认为被告如下行为已构成恶意拖延谈判的"明显过错"：（1）坚持将标准必要专利和非标准必要打包捆绑谈判、拒绝单独就标准必要专利进行交叉许可谈判；（2）始终未对原告提交的权利要求对照表（Comparison of Claims，CC）进行积极回应；（3）报价消极懈怠，不积极报价

---

❶ 索尼移动通信产品（中国）有限公司与西安西电捷通无线网络通信股份有限公司侵害发明专利权纠纷二审，参见北京市高级人民法院（2017）京民终 454 号民事判决书。

❷ 华为技术有限公司与三星（中国）投资有限公司、惠州三星电子有限公司、天津三星通信技术有限公司、深圳市南方韵和科技有限公司侵害发明专利权纠纷案，参见广东省深圳市中级人民法院（2016）粤 03 民初 816 号民事判决书；华为技术有限公司与被告三星投资有限公司、惠州三星电子有限公司、深圳市南方韵和科技有限公司侵害发明专利权纠纷案，参见广东省深圳市中级人民法院（2016）粤 03 民初 840 号民事判决书。

❸ 祝建军. 标准必要专利适用禁令救济时过错的认定 [J]. 知识产权，2018（3）：46-52.

和反报价；（4）无正当理由拒绝依据惯例通过第三方仲裁方式解决；（5）在法院组织的谈判中没有提出实质性解决方案。而另一方面，法院认为原告虽然存在一定过错，但"事后向被告澄清了从第三方公司收购专利族数的事实，该过错并没有给双方谈判的整体进程带来重大影响，该行为不属于标准必要专利交叉许可谈判中的明显过错，没有违反FRAND原则"。

法院还从实体方面分析了双方是否存在明显过错，认为"原告根据自己所拥有的标准必要专利的实力，向被告给出的报价符合 FRAND 原则，而被告根据双方所拥有的标准必要专利的实力，向原告给出的报价不符合 FRAND 原则"，鉴于"被告的报价明显背离原告和被告所拥有的标准必要专利的实力"，不符合 FRAND 原则，从而认定被告在主观上存在恶意。

该案和前述北京的西电捷通诉索尼案都是在标准必要专利案件中遵循了《法律解释（二）》确立的"明显过错"判断标准，肯定了专利权人的禁令请求。但相较于北京的西电捷通诉索尼案件，该案至少存在以下几点不同之处：

（1）对于双方谈判中难以达成一致的权利要求对照表问题，在西电捷通诉索尼案中，法院认为标准实施人在能够判断是否侵权的情况下仍反复索要权利要求对照表以此拖延谈判进程的行为是导致过错的原因；而在该案中，法院认为标准实施人接受权利要求对照表后没有积极回应的行为也会导致"过错"。两个案件比对来看的话，恰好提示了实施人因不当对待权利要求对照表可能导致"过错"的两种不同类型。

（2）西电捷通诉索尼案通过分析对待权利要求对照表的态度来判断双方是否存在过错，按照该案法官提出的判断标准，属于通过考察"程序"事项来判断双方过错；而该案法院将双方的交叉许可费率报价是否合理也作为判断是否有过错而颁发禁令的依据，在一定程度上"介入了"许可费率高低的问题。

（3）该案法院在支持原告禁令请求的同时，又赋予了原告"暂缓"执行禁令的权利。这意味着法院判决生效后，如果双方达成许可协议或者经原告同意，可以不执行禁令。法院的这一做法，旨在鼓励双方继续进行标准必要专利交叉许可谈判。

四、结　语

在涉及标准必要专利的案件中，专利权人的停止侵害请求权是否应该受到限制？对于这一问题，本文梳理了我国行政机关和司法机关在处理相关问题时产生的两种相对而言具有"中国特色"的实践经验。

第一种类型是专利纳入标准时专利权人未履行披露义务可能导致无法行使停止侵害请求权。2008 年最高院复函中提出：一旦专利被纳入标准（包括国家、行业或者地方标准），视为专利权人许可他人实施该专利，其停止侵害请求权受到限制。

尽管 2012 年最高院在提审案件中判决专利权人仍然可以对已经纳入地方标准的方法专利行使停止侵害请求权，似乎和 2008 年最高院复函的原则相反，但由于该案专利纳入的是地方推荐性标准，并非强制性标准，且专利权人已经履行了披露义务，并不能当然适用 2008 年最高院复函提出的原则，因此该案的判决和 2008 年最高院复函并不冲突，2008 年最高院复函提出的原则依然有效。

2013 年国家标准化管理委员会和国家知识产权局两家行政机关联合制定了《管理规定》，其中规定了参与国家标准制定的专利权人未披露专利的要承担相应法律责任，从而将专利纳入标准时的披露义务首次正式规定在了政府公布的规范性法律文件中。

由于国际标准组织在制定标准的过程中，并没有课以专利权人强制披露义务，因此国内法严于国际通行规则的做法，在理论和实务界一直存在争议。将争议推向顶点的事件是 2015 年《专利法修订草案（送审稿）》中意图将专利权人的披露义务纳入其中，并规定了违反义务可能导致的默示许可责任。鉴于理论界和实务界正反两派观点存在较大分歧，难以达成统一意见，最新公布的《专利法修正案（草案）》中删除了相关条款，相关争论也告一段落。但是，《管理规定》和 2008 年最高院复函所确立的判断原则依然有效，专利纳入标准时专利权人未履行披露义务的法律后果仍有待进一步明确。

第二种类型是标准必要专利许可费率谈判过程中，专利实施人的主观过错影响法院是否支持专利权人的停止侵害请求权。由于全球半数以上的手机在我国生产和组装，作为移动通信专利实施人"集中扎堆"的国家，标准必要专利许可费率谈判过程中的"反向劫持"问题在我国表现得更为突出。

为了应对这一形势，最高院在《法律解释（二）》中提出了在标准必要专利案件中是否颁发禁令，需要考察在许可费率谈判过程中专利权人是否违反 FRAND 声明以及专利实施人是否存在"明显过错"。依据这一原则，标准必要专利案件较多的北京市高级人民法院和广东省高级人民法院分别制定了相应的《指南》和《工作指引》，制定了一套以许可费率谈判中的"过错"为标准来判断是否颁布禁令的规则。

司法实践中也出现了两件法院支持标准必要专利权人停止侵害请求的案件。在北京审理的西电捷通诉索尼案中，法院认为标准实施人基于已有条件可以判断是否落入权利保护范围的情况下仍反复索要权利要求对照表的行为，导致谈判双方迟迟无法进入正式的许可费率谈判，存在"明显过错"，因此在专利权人没有明显过错的情况下支持了其提出的禁令请求。而在广东审理的华为诉三星案中，除了认为实施人收到权利要求对照表后没有积极应对等"程序性"事由之外，在当事人仅主张禁令并未要求裁判许可费率的情况下，法院将双方许可费率是否合理也作为判断实施人是否有过错而颁发禁令的依据，支持了专利权人的禁令请求。

由于标准必要专利上存在的"公共属性"，因此一方面限制专利权人行使禁止权，另一方面也保留专利权人通过许可协议收取费用的权利——这应该是标准必要专利制度设计的初衷所在。当许可费率谈判由于实施方的"明显过错"无法顺利进行时，法院通过重新"返还"专利权人禁令的方式促使双方重新坐在谈判桌前认真谈判，这是我国法院基于本国产业结构和市场情况作出的有益尝试。但是，如何避免重新启动的谈判不流于形式，并促成双方达成合理的许可费率，仍是未来制度设计需要进一步探索的重要课题。

跨境知识产权侵权纠纷的管辖和法律适用问题研究

邱福恩❶

摘　要

　　互联网的兴起对国际私法中传统的管辖权等理念提出了新的挑战。尤其是在知识产权领域，当知识产权的无形性和地域性交织上互联网的"遍在性"，便使得跨国侵权管辖等国际私法规则成了国内外颇具争议的一个问题。在缺乏国际规则协调的情况下，欧美等国家和地区均在不同程度上、以不同方式扩张了跨境知识产权侵权纠纷的司法或立法管辖权。我国则在立法和实践中均尚未形成明确具体的管辖规则。知识产权领域管辖权的域外扩张，增加了互联网相关行为法律后果的不确定性，对互联网相关经营行为造成了极大干扰。为促进全球互联网经济的发展，需要以知识产权地域性原则为基础，对网络跨境侵权的管辖设立更加符合互联网规律和需求的规则。

关键词

跨境侵权　知识产权　管辖　国际私法

---

　　❶　作者单位：武汉大学国际法研究所。

一、问题的提出

国际私法是随着不同国家的人交往和跨国贸易发展而产生的法律学科，其目的在于解决包含涉外因素的民商事纠纷。国际私法所要解决的问题主要包括以下三个方面：一是涉外纠纷案件的管辖，二是法律适用，三是外国判决的承认与执行。这三个问题紧密关联、相互影响。例如，当内国法院根据当事人请求，审理是否应予承认与执行外国法院判决时，作出判决的外国法院对相关案件是否享有管辖权以及选择适用的法律是否正确，是其中需要审理的重要问题。

国际私法并不是新生的法律学科，所要解决的问题由来已久，相关规则也已相对成熟。但随着互联网的兴起，人们的生产生活和交易方式发生了前所未有的变革，对国际私法中传统的管辖权等理念提出了新的挑战。尤其是在知识产权领域，当知识产权的无形性和地域性交织上互联网的无边界性和遍在性，便使得跨国侵权管辖等国际私法规则成了颇具争议的一个话题。

以商标为例，由于商标专用权的地域性，往往会存在同一商标在不同国家由不同权利人所有的情形，例如 X 国权利人为甲，而 Y 国权利人为乙。在传统商业环境下，甲、乙分别在 X 国和 Y 国使用该商标的行为之间不会产生冲突，可以做到"相安无事"。然而，在互联网环境下，如果权利人在互联网上使用其注册商标，则情况将变得更为复杂。由于互联网传播不存在边界，无论甲还是乙在互联网上使用了该商标的有关内容，都可在全球任何地点被访问。为此，乙可能会认为甲使用商标的行为侵犯了其在 Y 国的注册商标专用权，而甲也同样可能会认为乙的行为侵犯了其在 X 国的权利。此外，对于 Z 国（X 和 Y 均未在该国注册商标）第三人在网络使用该商标的行为，甲和乙也均可能主张侵犯其注册商标权。

如何适应互联网环境，制定符合知识产权特点的国际私法规则，是解决涉外知识产权纠纷问题的一个重要课题，也是在相关国际条约谈判制定以及国内立法中不可回避的问题。

二、知识产权地域性原则及其
对国际私法规则的影响

地域性是知识产权区别于其他财产性权利的重要特征，也是使知识产权跨境侵权的管辖、法律适用等国际私法规则相比于其他民商事领域具有特殊性的主要原因。地域性原则首先意味着，除非签订有相关双多边条约，那么知识产权只能依据各国国内法产生，权利的取得条件、范围、效力、保护期限等均由国内法规定。尽管自《保护工业产权巴黎公约》和《保护文学和艺术作品伯尔尼公约》以来，国际社会制定了大量的知识产权国际条约，世界贸易组织（WTO）《与贸易有关的知识产权协定》（TRIPS）更是全面地规定了知识产权类型和"最低保护标准"，但这些国际条约本质上仍然是对各方域内立法的协调，没有改变知识产权由国内法规定、因国内法而产生的本质。其次，地域性意味着同一个客体在不同国家获得的知识产权是相互独立的不同权利。例如，发明人可就其发明在不同国家申请并获得专利保护，但这些专利权之间相互独立，互不影响。最后，地域性意味着根据一国法律产生的知识产权仅在该国境内有效，而不具有域外效力。例如，如果一项发明在某国获得专利权，则该专利权的效力仅及于该国境内，在其他国家制造、使用、销售该产品的行为不会侵犯该国授予的专利权。

地域性原则本质上是国家主权的体现，反映了知识产权制度背后的公共政策考量。从权利人角度来看，知识产权是一种私权，知识产权制度是保护其私权的制度工具；而从国家层面来看，知识产权制度还是实现其政治、经济、文化政策目标和参与国际竞争的制度手段。在全球各国科技创新竞争日益激烈的今天，这决定了知识产权地域性原则在可预见的将来不仅不会弱化，甚至还有可能会进一步强化。

从纠纷类型来看，知识产权领域纠纷主要包括合同纠纷、权利有效性（包括存续期间）纠纷以及侵权纠纷。这几种纠纷均有可能具有涉外因素，从而需要国际私法规则予以调整。这些纠纷的管辖和法律适用等规则都不同程度受到知识产权地域性的影响。对于知识产权合同纠纷，仅从合同本身而言，无论是许可合同还是转让合同，其本质上均是双方当事人对知识产权财产权的合意处分，在管辖和法律适用等规则方面与其他合同纠纷不存在实质差异。对于权利有效性纠纷，由于权利有效性直接体现了地域性原则，主要国家和地区对于此类纠纷大多数采取专属管辖，即由权利保护地法院行使管辖权。但是对于知识产权侵权纠纷，有关管辖和法律适用规则无论是在各国立法还是司法实践中均存在较大差异，也是在国际规则谈判和实务中争议最大的问题。

三、相关国际条约情况

目前直接涉及知识产权国际私法问题的国际公约主要是 2005 年达成的《选择法院协议公约》。海牙国际私法会议第 22 届外交大会通过的《承认与执行外国民商事判决公约》虽然在谈判草案文本中规定了知识产权相关规则，但由于各方无法达成一致，在最终通过的文本中将知识产权纠纷整体排除出了公约适用范围。

1. 2005 年《选择法院协议公约》

《选择法院协议公约》适用于纠纷双方当事人达成排他性选择法院协议的民商事纠纷。在当事人达成排他性选择法院协议的情况下，被选择的法院享有管辖权并且不得以该争议应当由另一国法院审理为由拒绝行使管辖权；被选择法院作出的判决，其他缔约国法院应当予以承认和执行。

该条约适用于各类知识产权的合同纠纷。但对于知识产权侵权纠纷而言，能够适用《选择法院协议公约》的情形很少。首先，公约仅在纠纷当事人达成排他性选择法院协议的情况下才适用❶，但侵权发生后当事人之间能够达成协议的情形并不多见；其次，即便当事人达成了排他性选择法院协议，公约也仅适用于著作权及邻接权侵权纠纷以及与合同纠纷存在竞合关系的其他知识产权侵权纠纷❷。此外，该公约也没有对知识产权侵权纠纷的法律适用问题作出规定。

---

❶ 《选择法院协议公约》第 1 条第 1 款："本公约适用于国际民商事案件中签订的排他性选择法院协议。"

❷ 《选择法院协议公约》第 2 条第 1 款："本公约不适用于下列排他性选择法院协议：……（十五）除著作权和邻接权之外的知识产权侵权，但不包括因违反当事人间与此种权利有关的合同而提起的侵权诉讼或者可能会因违反该合同提起的侵权诉讼。"

2. 《承认与执行外国民商事判决公约》

海牙国际私法会议第 22 届外交大会通过了《承认与执行外国民商事判决公约》，对民商事判决跨国承认与执行规则作出了较为全面的规定。遗憾的是，虽然在公约谈判过程中试图对知识产权相关判决的跨国/地区承认与执行进行详细规定，但由于各方不能达成一致，最终文本中将知识产权整体排除出了公约适用范围。这也就是意味着，知识产权相关的权利有效性、侵权、合同纠纷，均不适用该公约。

实际上，在谈判过程中，知识产权就是分歧比较大的问题之一。谈判方对知识产权议题存在分歧的主要原因在于如何解决知识产权地域性问题。反对将知识产权纳入公约调整范围的美国等国家和地区认为，地域性使得知识产权纠纷与其他民商事纠纷在管辖、法律适用等问题上存在巨大差异，相关判决的跨国/地区承认与执行本身就与知识产权地域性原则相冲突，这一冲突无法通过具体规则的调整来解决；而支持将知识产权纳入公约的欧盟等国家和地区则认为，知识产权相关纠纷总体上与其他民商事纠纷不存在本质区别，知识产权地域性所产生的问题可以通过设置一定的特殊规则得到妥善解决。由于谈判各方对于是否纳入知识产权问题未形成共识，在 2017 年 11 月第三次特委会上分别形成了纳入知识产权和排除知识产权的两个方案。

对于知识产权侵权纠纷的跨国/地区承认与执行，支持纳入知识产权相关纠纷的国家和地区提出了以下方案：权利注册/授权地（针对专利、商标等需登记注册的知识产权）或权利请求保护地（针对著作权等无需登记注册的知识产权）法院作出的判决，应当依据公约得到外国/地区的承认与执行。这一方案以间接管辖权的方式确立了权利注册/授权地或权利保护地法院对侵权纠纷的"准专属管辖权"。之所以说是"准专属管辖权"，是因为对于缔约方以其他连接点（例如被告住所地等）确立管辖权作出的判决，虽然不能根据本公约得到其他缔约方的承认与执行，但并不排除以其他依据（例如双边条约等）得到外国/地区的承认与执行。

然而，支持纳入知识产权相关纠纷的国家和地区之间，对于权利注册、授权地或权利请求保护地法院确立管辖权的标准也存在较大分歧。最大的分歧在于网络跨境侵权的管辖问题。欧盟希望在公约中建立"指向"（Target）标准，即权利注册、授权地或权利请求保护地法院认为相关行为指向其境内消费者的，就可以行使管辖权。具体判断标准包括网页语言、商品标注价格所使用的货币、联系电话是否包括国际长途区号等。但欧盟提案遭到了中国等国家和地区的反对。

此外，为使公约相关规则与知识产权的地域性特点相适应，中国等国家和地区还提出，权利注册、授权地或权利请求保护地法院在确定侵犯本国/地区知识产权的损害赔偿额时，仅能计算权利人在权利注册、授权地或权利请求保护地境内的损失，对于超过境内损失的部分，其他国家和地区可以不予承认和执行。

四、国外立法和实践情况

1. 欧盟国家

在欧盟国家，知识产权侵权纠纷的管辖基础较为广泛。无论是针对在本国受到保护的知识产权，还是受其他国家保护的知识产权，法院都可能行使管辖权。也就是说，欧盟国家没有确立知识产权侵权纠纷的专属管辖规则。

对于在本国受到保护的知识产权，欧盟成员国行使管辖权的标准是"存在权利受到侵害的可能"，即只要权利可能受到损害，法院就能行使管辖权。由于欧盟法院（Court of Justice of the European Union，CJEU）在相关案例中对互联网环境下存在损害可能性的解释非常宽泛，因此欧盟及其成员国能够较为容易地确立管辖权。在 Pinckney 案❶中，法国居民 Pinckney 创作的音乐作品被一家奥地利公司制作成 CD，并被两家英国公司在互联网上销售。消费者可在法国访问该网站并下单购买 CD。Pinckney 在法国起诉奥地利公司侵犯其著作权，但未起诉销售 CD 的两家英国公司。奥地利公司认为法国不具有管辖权。根据法国请求，CJEU 对该案件的管辖权问题作出判决，指出尽管制作 CD 的公司、制作行为以及网上销售 CD 的公司均在法国境外，但由于涉诉著作权受到法国法律保护且销售 CD 的网址能从法国访问，因此法国有权行使管辖权。对于商标侵权纠纷，CJEU 也持相似立场。在 L'Oréal 案❷中，CJEU 在判决中指出，商标权利人有权禁止他人未经许可在网络上针对权利保护地的消费者进

---

❶ Case C-170/12，Pinckney.

❷ Case C-324/09，L' Oréal and others.

行许诺销售或做广告，即便销售者、服务器以及产品均不在该保护地国也如此。

对于因侵犯其他国家知识产权而提起的诉讼，欧盟国家也有可能依据被告住所地、行为发生地和管辖协议行使管辖权。通过这种管辖规则，不仅能够实现对外国知识产权侵权纠纷的管辖，还能够实现对多个相关联侵权纠纷的"合并诉讼"。在 Converse Inc. 诉 Conley Ltd. 案❶中，原告向英国法院起诉被告（一家英国公司）侵犯其商标权。被告抗辩指出，被诉侵权货物的目的地是南非，英国仅是其转运地，因为"失误"才进入英国市场。原告因此请求增加诉讼请求，即起诉被告还侵犯其在南非注册的商标权。被告则辩称英国法院无权管辖关于南非商标权的侵权纠纷。最终英格兰和威尔士高等法院允许原告增加诉讼请求，从而在同一个诉讼中就被告侵犯其英国和南非商标权的纠纷一并审理。法院指出，如果要求权利人分别在英国和南非法院就被告的同一行为提起诉讼，将导致不必要的复杂局面和成本浪费。

无论是以上述哪种基础行使管辖权，欧盟国家在法律适用上采取相同的原则，即适用知识产权请求保护地法律。具体而言，如果法院审理的是在本国受到保护的知识产权，则适用本国法律；如果侵权纠纷涉及在外国受到保护的知识产权，则适用该外国法律。例如，在前述 Converse Inc. 诉 Conley Ltd. 案中，尽管原告针对两个侵权纠纷进行合并诉讼，但审理法院针对不同的知识产权适用不同的法律：针对英国商标侵权纠纷，适用的是英国法律，而针对侵犯南非商标权纠纷，则适用南非法律。

对于涉及立法管辖权的侵权损害赔偿范围，欧盟在很长一段时间未形成统一规则，实践中部分成员国法院在审理侵犯本国知识产权的案件时，所计算的赔偿额往往超过了权利人在其权利保护国所遭受的损失。例如，在 Pirate Bay 案❷中，瑞典法院认为，由于被侵权作品上传在位于瑞典的服务器上从而使境外可下载，因此瑞典境外下载作品的行为也在瑞典著作权法地域管辖范围之内，境外下载作品所造成的损失也应当计算在侵权瑞典著作权的损害赔偿之内。然而，在前述 Pinckney 案❸中，

---

❶ Converse Inc. v. Conley Ltd. , England and Wales High Court，[2012] EWPCC 24.

❷ Pirate Bay, case nr B 4041-09, Nov 26, 2010, Stockholm Court of Appeals (Sweden).

❸ Case C-170/12，Pinckney.

CJEU 明确指出，法国法院的管辖权范围应当严格限制在权利人在法国境内的损失，而不应扩张至侵权行为所产生的所有损失。

2. 美国

与欧盟国家相比，美国对知识产权侵权纠纷行使管辖权的门槛相对较高。

对于侵犯外国知识产权的纠纷，美国法院往往以不方便管辖为由拒绝行使管辖权。例如，在 Mars 案❶中，原告向美国法院起诉被告侵犯其在美国和日本授权的专利权。美国联邦巡回上诉法院指出，侵犯日本专利权与侵犯美国专利权这两个纠纷涉及的专利权不同，被控侵权产品不同，侵权行为不同，适用的法律也不相同，如果法院对侵犯日本专利权的纠纷也行使管辖权，将不得不审理两个独立的案件。为此，美国联邦巡回上诉法院认为美国法院对侵犯日本专利权的纠纷没有管辖权。

对于网络知识产权侵权，美国联邦法院将"有意利用"（Purposeful Availment）或"有意指向"（Purposeful Direction）作为行使管辖权的最低联系标准。同时，美国联邦法院指出，仅仅是网页可从美国访问且被控侵犯美国知识产权，不足以建立行使管辖权的最低联系。例如，在 Toys R Us 案❷中，美国联邦第三巡回上诉法院在判决中指出，被告经营的网站位于西班牙，使用西班牙语，价格以比塞塔或欧元显示，其商品仅能运送至西班牙境内，尤为重要的是其网页相关部分的设计与美国境内地址写法不相适应，因此不满足"有意利用"测试要求。但是，如果网页相关内容明确指向美国，则能够满足美国法院行使管辖权的最低联系要求。在 Graduate Management Admission Council 案❸中，美国法院认为被告网站虽然在美国境外，但其通过网站使用原告商标销售原告受著作权保护商品的行为明显指向美国，因为被告网站为美国消费者提供了专门的订购信息、在网页中明确标示"可在 3～5 个工作日到达全球（包括美国）大多数地区"、价格以美元列出、包含来自于美国消费者的推荐以及针对美国消费者的促销文案，并且还售卖给了 2 名美国消费者。

尽管美国相对欧盟国家而言行使管辖权的门槛较高，但一旦相关纠纷与美国有足够连接点而使美国建立管辖权，则美国法院有可能将其国

---

❶ Mars Inc. v. Kabushiki-Kaisha Nippon Conlux，24 F. 3d 1368，1374（Fed. Cir. 1994）.

❷ TOYS "R" US, INC. v. STEP TWO, S. A.，318 F. 3d 446（2003）.

❸ Graduate Management Admission Council v. Raju，241 F. Supp. 2d 589（E. D. Va. 2003）.

内法的适用范围扩展至域外侵权行为，从而在计算损害赔偿时囊括权利人的域外损失。例如，在著作权领域，根据"前提行为主义"（Predicate Act Doctrine），权利人在美国的著作权受到侵犯的，其获得的损害赔偿不仅包括在美国境内受到的损失，还可能包括与美国侵权行为直接相关的境外损失。美国联邦法院根据"前提行为主义"计算损害赔偿时，不会考虑被控侵权人境外的行为是否侵犯行为地相关知识产权。❶ 在专利领域，最近由美国联邦最高法院调卷重审的 WesternGeco LLC 一案❷中，被告 ION 公司不仅被判令赔偿专利权人 WesternGeco 公司 1230 万美元的合理许可费，还需要赔偿高达 9340 万美元的境外预期利润损失。尽管美国联邦最高法院认为关于境外利润损失的赔偿属于美国专利法相关条款在国内的适用从而回避了美国专利法的治外法权问题，但从效果上来说仍然体现了美国专利权效力的境外扩张。

五、国内立法和司法实践情况

我国对知识产权跨境侵权纠纷管辖没有作出专门规定，关于知识产权侵权案件的管辖权规定主要体现在《民事诉讼法》第 28 条，"因侵权行为提起的诉讼，由侵权行为地或被告住所地人民法院管辖"。司法实践中，对于侵犯本国知识产权的案件，人民法院行使专属管辖权，而对于侵犯外国知识产权的案件倾向于不行使管辖权。在司法实践中，也存在人民法院对域外知识产权侵权纠纷行使管辖权的个案，例如山东省医药保健品进出口公司诉中国包装进出口山东公司"至宝"三鞭酒商标侵权案。在该案件中，原告山东省医药保健品进出口公司拥有"至宝"商标在中国香港地区的商标权，被告中国包装进出口山东公司从内地"至宝"商标合法拥有人山东省烟台中药厂合法购得至宝三鞭酒后销往香港。原告向青岛市市南区人民法院提起侵权之诉，被告以原告在内地不享有商标权、内地法院没有司法管辖权为由提出管辖异议。法院最终基于原告

---

❶ Lydia Lundstedt. Territoriality in Intellectual Property Law [M]. Malmö: Holmbergs, 2016: 460-461.

❷ WESTERNGECO LLC v. ION GEOPHYSICAL CORP. CERTIORARI TO THE UNITED STATES COURT OF APPEALS FOR THE FEDERAL CIRCUIT No. 16-1011. Argued April 16, 2018—Decided June 22, 2018.

就被告原则行使了管辖权。

对于跨境网络知识产权侵权纠纷的管辖标准，我国法律没有作出明确规定。从司法实践来看，人民法院在审理相关案件时，虽然在判断是否有管辖权时没有采取欧美等国家和地区的"指向"标准，但在判断是否构成侵权这一实体问题时在很大程度上使用了这一标准。例如，泛爵投资有限公司诉惠州强宏达塑胶用品有限公司侵害外观设计专利权纠纷案❶中，广东省高级人民法院在二审判决中指出，涉案网站的所有者为境外企业、网站使用语言为英文而没有任何中文内容、域名不包含"cn"等专门标识中国区域的字符，由此可推知该网站所作许诺销售针对的是境外市场而非中国内地，因此不侵犯原告在中国的外观设计专利权。

关于法律适用，我国《涉外民事关系法律适用法》第 50 条规定："知识产权的侵权责任，适用被请求保护地法律，当事人也可以在侵权行为发生后协议选择适用法院地法律。"从该规定来看，立法者似乎并不排除我国法院管辖外国知识产权的侵权纠纷。一方面，如果我国法院按照"绝对"专属管辖规则，仅管辖我国知识产权侵权纠纷的话，显然仅需要适用我国法律即可，而无需作出"适用被请求保护地法律"的规定，更无需允许当事人协议选择适用法院地法律。另一方面，该条允许当事人在侵权行为发生后协议选择适用法院地法律的规定，也与知识产权地域性相冲突。如前文所述，知识产权的产生、保护期间、效力范围、救济途径等均只能由请求保护国的法律规定。如果一国法院根据本国法律对在外国受到保护的知识产权侵权纠纷作出判决，则该判决的对象不再是受该外国法律保护的知识产权，违背了知识产权地域性的基本原则。例如，由于各国著作权的保护期限存在区别，在法院地国著作权保护期已届满的作品，在其他国家可能仍然受到保护。此时如果按照法院地国法律来判决外国著作权侵权纠纷，则会得出相关作品在外国不再受到著作权保护而因此不存在侵权行为的结论。

六、结论与建议

由于缺乏国际条约的协调，对于知识产权侵权纠纷的司法管辖、法

---

❶ 广东省高级人民法院（2014）粤高法民三终字第 513 号。

律适用以及立法管辖等问题，各国无论在立法还是司法实践中都存在较大差异。尤其是在互联网环境下，有关跨境侵权纠纷的管辖等问题更是成了理论和实务界的一大难题。在缺乏国际规则协调的情况下，欧美等国家和地区均在不同程度上、以不同方式扩张了跨境知识产权侵权纠纷的司法或立法管辖权。欧盟国家对网络侵权纠纷确立了很低的司法管辖门槛，只要相关网络行为存在侵犯受其国内法律保护的知识产权的可能性，就能行使管辖权。尤为关键的是，欧盟国家未确立知识产权侵权纠纷的专属管辖规则，还可以对侵犯外国知识产权的纠纷行使管辖权。此外，尽管欧盟国家的法院在审理侵权纠纷案件时适用权利请求保护国法律，但在计算损失赔偿时也有可能会将权利人的境外损失包含在内。也就是说，欧盟国家在司法管辖权和立法管辖权方面均存在明显的域外扩张。美国对于网络知识产权侵权的司法管辖设立了比欧盟更高的"有意利用"或"有意指向"门槛，但在审理侵犯本国知识产权案件时会将权利人在境外的损失也包含在内，扩张了其知识产权法的立法管辖权。我国则在立法和实践中均尚未形成明确具体的管辖规则。

无论是司法管辖权还是立法管辖权的域外扩张，均对知识产权地域性原则造成了冲击，也给知识产权权利人及社会公众带来了很大的不确定性。互联网环境下，由于互联网上的信息几乎可以在世界上每一个角落被访问，如果各国确立司法管辖权的门槛过低，则可能导致行为人在某一特定国家的行为在多个国家被控侵犯知识产权。这种管辖规则不仅会增加民事主体相关行为法律后果的不确定性，而且还干涉了行为人在一国法律下的行为自由，实质上影响了其他国家的知识产权效力。知识产权领域立法管辖权的域外扩张主要体现在损害赔偿计算时纳入域外损失。将权利人域外损失纳入侵权损害赔偿之中，实质上是代替相关域外国家对其境内的相关行为进行审理，对地域性原则造成极大冲击。而且，这增加了被控侵权人的风险和负担，致使其对原本不构成侵权的行为承担侵权责任，甚至有可能重复承担赔偿责任。

知识产权领域司法和立法管辖权的域外扩张，增加了互联网相关行为法律后果的不确定性，对互联网相关经营行为造成了极大干扰。为促进全球互联网经济的发展，有必要对网络跨境侵权的司法和立法管辖设立更加符合互联网规律和需求的规则。从根本上来说，这些规则的建立需要国际社会的共同努力，形成对各国均有约束力的国际规则。总体而言，网络跨境知识产权纠纷相关管辖规则需要重点考虑以下两点因素。

一是严格遵循知识产权地域性原则。在当前知识产权国际条约和各国国内立法中，地域性原则仍然是知识产权制度最重要的基石。网络跨境侵权管辖规则应当建立在此基石之上，而不应当对这一基本原则进行冲击。根据地域性原则，各国司法和立法管辖权范围仅及于侵犯本国知识产权的行为。具体而言，在没有相关国际条约的情况下，各国不得对侵犯外国知识产权的行为行使司法管辖权，也不得针对域外的行为计算本国知识产权权利人的损失。

二是充分考虑互联网特性，避免对经营活动造成不必要限制。互联网空间不存在传统意义上的物理边界，对于互联网上的信息，如果不施加特别措施，在全球任何一个地方均可访问。如果对网络跨境侵权建立司法管辖权的门槛过低，将导致在特定国家的行为有可能被其他任何一个国家行使管辖权，迫使网络用户对其网站和信息采取限制访问等措施。这不仅增加了网络用户的成本，而且更为重要的是在本来没有边界的互联网上设置了不同的访问边界，与互联网的"互联"的本质和特性相悖。

专利纠纷调解制度
的现状及完善

傅启国❶　　罗震宇❷

摘　要

　　建设知识产权强国需要加快构建知识产权"大保护"工作格局。随着专利纠纷的日益增多，建立高效、便捷、多元化的专利纠纷解决机制显得更为迫切。调解解决专利纠纷相对于公权力解决专利纠纷有其独特的优势。在分析了我国行政调解、司法调解和人民调解解决专利纠纷的现状及其作用后，本文提出将律师调解和三大调解有机结合来促进专利纠纷解决的方法，并针对专利纠纷行政调解协议的效力问题指出应当从立法上继续完善专利纠纷行政调解制度。

关键词

专利纠纷　行政调解　司法调解　人民调解　律师调解

❶ 作者单位：中国（南京）知识产权保护中心。
❷ 作者单位：南京市法律援助中心。

引　言

专利权本质上属于权利人私权，专利纠纷属于民事纠纷，但相对于一般的民事纠纷，专利纠纷又有其特点，比如专利纠纷不仅包括专利侵权纠纷，还包括专利权属纠纷；不仅包括专利许可合同纠纷，还包括专利转让合同纠纷；不仅包括实施专利强制许可使用费纠纷，还包括发明专利临时保护期使用费纠纷；不仅涉及专利权人的私人利益，还涉及国家利益和公共利益；不仅涉及复杂的法律问题，还涉及各种疑难的专业技术问题；不仅涉及民事诉讼程序，还涉及不服专利复审或无效宣告请求审查决定引发的行政诉讼程序；不仅在国内大量存在，还常常延伸到国外。这些特点决定了专利权人通过公权力维权必然存在举证难、周期长、成本高等问题。

我国的专利申请量早在 2011 年就超越美国居于世界首位，此后逐年增长，居高不下，随之而来的专利纠纷也呈现逐年迅速增长的趋势，近几年更是出现了井喷式增长。这给专利行政部门和有管辖权的法院带来了巨大压力。

考虑到专利纠纷的特殊性和数量的迅速攀升，在国家要求着力构建知识产权"大保护"格局的背景下，建立高效、便捷、多元化的专利纠纷解决机制显得非常急迫。如果能通过调解化解专利纠纷，则不仅能及时保障专利权人的合法权益，减少纠纷双方当事人的时间、金钱成本，而且能节约行政和司法资源，有利于让公权力机关集中精力处理专利疑难案件。

本文首先对调解解决专利纠纷的必要性进行分析，接着介绍目前专利纠纷行政调解、司法调解和人民调解的具体情况，最后指出需要发挥律师调解在专利纠纷调解中的重要作用，并针对性地给出从立法上完善专利纠纷行政调解制度的建议。

一、调解解决专利纠纷的必要性

（一）公权力解决专利纠纷的局限性

源于我国知识产权"双轨制"的保护模式，对于专利纠纷来说，专利权人也享有专利行政保护和司法保护两种救济途径。通过公权力解决专利纠纷主要包括专利行政管理部门处理专利侵权纠纷和其他纠纷、法院诉讼解决专利民事纠纷，但这两种救济途径都存在局限性。

首先，专利尤其是发明专利和实用新型专利的专业性很强，仅仅依靠专利行政部门工作人员和法院法官的知识，难免会存在专利侵权判定上的偏差，进而影响专利纠纷案件处理结果的客观性和公正性。

其次，公权力解决纠纷周期较长，成本较高。司法实践中常常出现专利权人赢了官司，所获赔偿却仅够或不够支付诉讼费、律师费、差旅费等诉讼成本的情况。当专利纠纷经过行政部门的行政处理后，一方当事人不服行政处理决定而继续寻求司法救济时，纠纷解决周期会更长。❶

最后，专利纠纷一旦进入公权力救济程序且不能调解结案时，往往会导致当事人之间产生或者加剧对立关系。但对于专利纠纷当事人来说，他们之间往往并不必然存在对立关系，很多情况下，可能存在合作关系或潜在的合作关系。比如专利权人和被控侵权人可能会进行合作，从而转变为专利许可人和被许可人，而公权力的介入和处理往往让专利纠纷当事人之间建立或维持合作的希望破灭，从而不利于最大限度地维护和争取双方当事人的权益。

（二）调解解决专利纠纷的优势

相对于公权力解决专利纠纷的手段，调解具有独特的优势，可以有效降低专利权人的维权成本，缩短纠纷解决周期，争取双方当事人利益的最大化。

首先，调解具有程序上的灵活性和快捷性。与民事诉讼程序相比，进行调解的当事人不必拘泥于相关法律程序，也不用过于陷入专利本身的技术细节，只要让当事人达成共识即可。调解机构也可以更灵活地引入相关技术专家作为调解员，较好较快地解决专利纠纷。可以说，调解解决专利纠纷所具有的灵活、方便、快速的优势是诉讼所不能比拟的。

其次，调解的成本较低。我国专利行政部门对专利纠纷进行的行政调解和一些人民调解委员会主持的人民调解是免费的。对于司法调解，如果在立案前或诉讼中达成调解，法院也会免收或减半收取诉讼费用。而且，调解可以尽早让当事人从冗长的行政或司法程序中解脱出来，大

---

❶ 李文江．美国专利纠纷调解制度及借鉴［J］．知识产权，2017（12）：87.

大节约当事人的时间成本。

再次，调解以自愿为原则。基于民法中的意思自治原则，进行调解的当事人不必拘泥于相关法律规定，可以更加灵活地掌控纠纷解决的程序和预期利益，涉及具体利益的让渡也有更大空间，更能保证调解结果尽量体现当事各方的真实意愿。

最后，调解有利于建立或维持合作关系。专利纠纷大多发生在商业领域，很多纠纷涉及的专利是高科技专利甚至是无法回避的标准必要专利，行业的发展往往需要专利持有企业与其他企业之间的合作，而调解非常有利于建立或维持企业之间的合作关系。双方企业通过充分沟通，积极找寻利益共同点，有可能将冲突变为合作，甚至建立长期的合作伙伴关系，实现双赢。

二、专利纠纷调解的现状

目前对专利纠纷进行调解主要包括行政调解、司法调解和人民调解三种方式。下面笔者分别对这三种调解方式解决专利纠纷进行具体分析。

（一）行政调解

行政调解，是指在相关行政机关主持下，依据国家法律法规对争议双方进行说服劝导，促使其达成和解的活动。《专利法》第 60 条关于应当事人请求对赔偿数额进行调解的规定是专利行政部门对专利纠纷进行行政调解的法律依据。❶

表 1 列出了 2014～2018 年全国各地区管理专利工作的部门立案的专利侵权纠纷案件数量及以调解方式结案的专利侵权纠纷案件数量。

表1　2014～2018 年各地区管理专利工作的部门立案及以
调解方式结案的专利侵权纠纷案件数量之比较❷

时间	立案数量/件	调解结案数量/件	调解率
2014 年	7671	5256	68.52%
2015 年	14202	11223	79.02%

❶ 《专利法》第 60 条规定，进行处理的管理专利工作的部门应当事人的请求，可以就侵犯专利权的赔偿数额进行调解；调解不成的，当事人可以依照《民事诉讼法》向人民法院起诉。

❷ 相关数据来源于国家知识产权局官网公布的专利统计年报。

续表

时间	立案数量/件	调解结案数量/件	调解率
2016 年	20351	12788	62.84%
2017 年	27305	17511	64.13%
2018 年	33976	22923	67.47%

根据表1可知，从2014年开始的5年，各地区管理专利工作的部门立案的专利侵权纠纷案件数和以调解方式结案的专利侵权纠纷案件数，每年都有较大幅度的增长。立案的专利侵权纠纷案件数从2014年的7671件增长到2018年的33976件，增长了约3.4倍。调解结案的专利侵权纠纷案件数从2014年的5256件增长到2018年的22923件，也增长了约3.4倍。而从调解率（调解结案的案件数量占立案的案件数量的比例）上看，每年的调解率都在60%以上，2015年的调解率近80%。

基于表1，笔者进一步绘制了2014～2018年全国各地区管理专利工作的部门立案的专利侵权纠纷案件数和以调解方式结案的专利侵权纠纷案件数的趋势比较图（如图1所示）。

图1　趋势比较情况

图1表明：2014～2018年，全国各地区管理专利工作的部门调解结案的专利侵权纠纷案件的增长趋势基本上与各地区管理专利工作的部门立案的专利侵权纠纷案件的增长趋势保持一致。

由此可见，近年来，行政调解专利纠纷因其简便、高效、快捷的优势呈现出稳步增长的趋势，行政调解在化解专利纠纷和维护专利权人合法权益方面发挥了不可忽视的巨大作用，行政调解已成为当事人解决专利纠纷的重要方式之一。

（二）司法调解

与行政调解相类似，司法调解也是对争议双方说服教育以达成和解的活动，只是主持调解的机构为人民法院，包括诉前调解和诉中调解。人民法院积极以调解促和谐、促合作、促发展，妥善化解专利领域的矛盾纠纷，是推进知识产权纠纷多元化解决机制建设的重要组成部分。

表2列出了2014～2018年全国地方各级法院新收的专利一审民事案件数。

表2　2014～2018年全国地方各级法院新收专利一审民事案件数

时间	新收案件数量/件
2014 年	9648
2015 年	11607
2016 年	12357
2017 年	16010
2018 年	21699

根据表2可知，2014～2018年全国地方各级法院新收的专利一审民事案件数从2014年的9648件增长到2018年的21699件，增长了约1.2倍。案件数量的迅速攀升，使得各级法院越来越不堪重负。而且，很多专利民事纠纷案件还要经历一审、二审和再审，纠纷解决周期往往很长，有些专利案件甚至长达六七年之久。

需要说明的是，相对于商标纠纷、著作权纠纷等其他知识产权纠纷案件，专利侵权纠纷案件需要对被控侵权产品或方法的技术方案与专利权人的专利技术方案进行比对，往往涉及复杂、疑难技术问题的鉴定，鉴定程序复杂，审理难度较大。而且，随着我国创新驱动发展战略的深入推进，专利创造、运用的水平不断提高，加强专利保护的需求进一步增强，法院审理专利纠纷案件的难度和压力还在持续增大。

因此，让专利纠纷通过司法调解解决，不仅是专利纠纷当事人的意愿，也是法院所希望的。早在2012年，江苏省高级人民法院与江苏省知识产权局就共同制定了《关于人民法院委托或者邀请知识产权维权援助中心调解知识产权民事纠纷案件的意见》。该意见规定，法院可以委托或邀请国家知识产权局批准设立的知识产权维权援助中心及其分支机构对包括专利案件在内的知识产权民事案件进行调解。

近年来，司法调解在化解知识产权纠纷中也确实发挥了重要作用，达到了良好的社会效果。相关数据显示，2013～2016 年，我国知识产权民事案件一审调撤率都在 60% 以上。❶ 中国法院知识产权司法保护状况白皮书也显示，2018 年宁夏法院知识产权案件调撤率达 92%，其他各省区市知识产权案件调撤率也大幅上升。众多知识产权案件的调撤结案，既节约了当事人的大量成本，又节约了国家的司法资源，体现了司法保护知识产权法律效果和社会效果的统一。

2018 年 12 月 3 日，最高人民法院审判委员会第 1756 次会议通过了《最高人民法院关于知识产权法庭若干问题的规定》。其中第 1 条规定，最高人民法院设立知识产权法庭，主要审理专利等技术性较强的知识产权上诉案件。这意味着全国的发明及实用新型专利纠纷当事人必须赴北京参加二审上诉庭审，这在一定程度上增加了当事人的诉讼成本。因此，通过司法调解化解当事人专利纠纷的需求会更加迫切，司法调解解决专利纠纷的重要性也会进一步增强。

（三）人民调解

人民调解，又称诉讼外调解，是《人民调解法》明确规定的在人民调解委员会主持下进行的调解活动。《人民调解法》同时还明确了经人民调解达成的调解协议的法律效力，和当事人可以就调解协议向法院申请司法确认并申请强制执行。❷

为了完善人民调解制度，司法部在 2011 年颁布了《司法部关于加强行业性、专业性人民调解委员会建设的意见》，为加强行业性、专业性人

---

❶ 詹映，邱亦寒. 我国知识产权替代性纠纷解决机制的发展与完善［J］. 西北大学学报（哲学社会科学版），2018（5）：77.

❷ 《人民调解法》第 31 条规定：经人民调解委员会调解达成的调解协议，具有法律约束力，当事人应当按照约定履行。第 33 条规定：经人民调解委员会调解达成调解协议后，双方当事人认为有必要的，可以自调解协议生效之日起 30 日内共同向人民法院申请司法确认，人民法院应当及时对调解协议进行审查，依法确认调解协议的效力。人民法院依法确认调解协议有效，一方当事人拒绝履行或者未全部履行的，对方当事人可以向人民法院申请强制执行。

民调解委员会建设提供了具体的规章依据。近年来，各地相继成立了知识产权纠纷人民调解委员会，如 2016 年 3 月，温州市成立了知识产权纠纷人民调解委员会，由市知识产权局和市司法局共同指导其开展知识产权纠纷的调解工作。据了解，温州市知识产权纠纷案件的调解成功量超过 2/3。2016 年 12 月，江苏省也成立了知识产权纠纷人民调解委员会，调解员主要由退休法官、资深律师和高校教授等专家学者组成，这为专利纠纷的调解工作提供了强有力的人才支撑。随后，江苏各市县也相继成立了知识产权纠纷人民调解委员会，众多的知识产权纠纷人民调解委员会积极开展专利纠纷调解工作，取得了良好的社会效果。

实践证明，通过人民调解解决专利纠纷为权利人和公众提供了更加高效便捷的纠纷解决途径，人民调解解决专利纠纷是我国专利纠纷调解体系中不可缺少的组成部分。

三、完善专利纠纷调解制度的建议

（一）发挥律师调解在专利纠纷调解中的作用

1. 律师调解

律师调解是由律师或律师调解工作室等居中调解，协助纠纷各方当事人自愿达成和解协议的活动。开展律师调解可以充分发挥律师的实践优势和职业优势，有助于及时化解各种纠纷，也有利于中国特色多元化纠纷解决体系的构建和完善。

为了健全完善律师调解制度，最高人民法院和司法部在 2017 年 9 月印发《最高人民法院 司法部关于开展律师调解试点工作的意见》。该意见规定可以在地方公共法律服务中心、法院诉讼服务中心或诉调对接中心设立律师调解工作室方便律师开展纠纷调解。

2018 年 12 月，司法部发布《公职律师管理办法》和《公司律师管理办法》，规定党政机关从事法律事务工作的人员可按规定申请成为公职律师，国有企业从事法律事务工作的人员可按规定申请成为公司律师。从此，我国正式明确了社会律师、公职律师和公司律师并存的律师制度，形成了三种律师队伍并存、相互配合、优势互补的格局，律师队伍的壮大也为律师调解工作的发展提供了更好的人才支撑。

2. 律师调解和三大调解的有机结合

笔者认为，律师调解试点工作意见的出台和律师制度的改革将有利于我国专利纠纷调解制度的发展完善，将律师调解和三大调解有机结合将大大促进专利纠纷的解决。

一方面，社会律师代理专利纠纷案件或公司律师处理本单位专利纠纷时，由于其非常熟悉所代理的案件或本单位的纠纷，可以避免其他不熟悉案情的调解员在侵权判定上出现偏差而影响案件调解结果的客观性和公正性；其参与的调解往往更为精准、有效，调解结果也更容易得到当事人和本单位的支持和认可。

另一方面，在严格知识产权保护的背景下，近年来，地方知识产权局在行政处理专利纠纷中的作用日益突出，地方知识产权局的工作人员可以申请成为公职律师参与行政调解。近年来我国也相继成立了众多地方知识产权保护中心、知识产权快速维权中心和知识产权维权援助中心，这些机构一般是地方知识产权局下属的公益类事业单位，根据《公职律师管理办法》第24条规定❶，符合条件的工作人员可以申请成为公职律师，成为公职律师后可以依托在本单位成立的知识产权纠纷人民调解委员会或设立的公共法律服务中心知识产权纠纷律师调解工作室等开展人民调解。如前所述，经人民调解达成的调解协议直接具有法律约束力，并可申请司法确认。

不管是地方知识产权局的公职律师，还是知识产权保护中心、知识产权维权援助中心等单位的公职律师，都非常熟悉专利纠纷处理的整个流程，且提供的是公益法律服务，能更加客观和专业地考虑问题，提供的意见更具公正性和针对性，调解达成的协议也更容易得到当事人的认可。公职律师参与行政调解或人民调解必将在化解专利纠纷、保护专利权人及社会公众合法权益方面发挥越来越重要的作用。

公职律师参与调解化解专利纠纷意义非凡，建议相关部门制定和出台更具体的规定，完善公职律师的设立程序和参与调解程序，尤其是支持相关知识产权公益类服务机构里的工作人员成为公职律师参与专利纠纷调解，让公职律师为我国专利纠纷的多元化解决机制建设贡献力量。

---

❶ 《公职律师管理办法》第24条规定：法律、法规授权的具有公共事务管理职能的事业单位、社会团体及其他组织，可以参照该办法设立公职律师。

（二）从立法上完善专利纠纷的行政调解

相对于司法调解和人民调解，行政调解是在具有公信力的政府机构组织下进行的，对当事双方达成调解有积极意义。但我国目前的法律法规对专利纠纷行政调解的规定相对简单，仅规定了纠纷的类型和调解的管辖，在调解程序上缺乏有效的规范和指导，专利行政部门在实践中常常凭借经验或借鉴人民调解委员会的一些程序规则来进行调解。即使专利行政部门对专利纠纷进行积极有效调解，使双方达成合意后制作了行政调解书，但由于我国尚未建立行政调解书的强制执行程序或司法确认程序，如果调解双方当事人中任意一方不按调解书执行，那么当事人仍需借助司法程序针对该行政调解书的内容提起诉讼来彻底解决专利纠纷。

专利纠纷的行政调解书缺乏强制执行力是专利纠纷行政调解制度的一大缺陷，也是专利纠纷行政调解与司法调解、人民调解的主要区别之一，大大影响了专利纠纷行政调解作用的发挥。

因此，为了充分发挥行政调解在化解专利纠纷中的重要作用，建议相关立法部门对行政调解专利纠纷制定全面而详尽的规定，进一步提高专利纠纷当事人选择行政调解解决其纠纷的积极性。我国《民事诉讼法》第194条对向法院提出司法确认申请的调解协议范围预留了空间❶，如果相关法律规定行政调解协议可以进行司法确认不违背《民事诉讼法》的规定，是完全可行的。而且，2015年12月2日国务院法制办公室公布的《中华人民共和国专利法修订草案（送审稿）》第61条规定，"调解协议达成后，一方当事人拒绝履行或未全部履行的，对方当事人可以申请人民法院确认并强制执行"。草案中的这一规定将调解协议司法确认制度引入了专利领域，当事人可以通过非讼程序确认专利纠纷行政调解的成果。希望《专利法》第四次修改早日完成，为我国专利纠纷调解制度的完善提供明确的法律依据。

四、结　语

专利纠纷因其特殊性和案件数量的不断增多，决定了仅靠公权力解

---

❶　《民事诉讼法》第194条规定：申请司法确认调解协议，由双方当事人依照《人民调解法》等法律，自调解协议生效之日起30日内，共同向调解组织所在地基层人民法院提出。

决纠纷越来越无法满足快速有效解决纠纷的实际需求，而近年来行政调解、司法调解、人民调解在解决专利纠纷中的作用日渐突出。因此，我们需要进一步完善行政调解，着力深化司法调解，继续推行人民调解，充分发挥三大调解在化解专利纠纷中的重要作用，同时积极探索三大调解与律师调解的有机结合，进一步完善专利纠纷调解制度，促进我国知识产权"大保护"格局的构建和完善。

国家财政资助科技成果混合所有制的实证研究[*]

唐素琴[❶]　任　婧[❷]　卓柳俊[❸]　曾心怡[❹]

摘　要

2016 年底,《四川省职务科技成果权属混合所有制改革试点实施方案》率先规定了"先确权、后转化"的成果转化方式,聚焦科技成果转化中的产权问题,突破了现行法律制度的规定。"职务科技成果混合所有制"的合理性、合法性以及制度推行的必要性如何?笔者对我国典型高校和科研院所进行了较大规模的问卷调查和广泛的访谈。基于调查问卷及访谈结果得出几点供同人参考的初步结论,期望对未来扩大职务发明混合所有制试点有一定参考价值。

关键词

国家财政资助　科技成果　职务发明　混合所有制

---

* 本文获得 2018 年国家知识产权局委托的"国家财政资助研究机构科研成果共有制调研论证"项目的资助,特此鸣谢。特别感谢支持本问卷调查的高校老师以及中国科学院相关研究所的同人。

❶ 作者单位:中国科学院大学公共政策与管理学院。
❷ 作者单位:中国科学院心理研究所知识产权办公室。
❸❹ 作者单位:中国科学院大学。

引　言

　　职务科技成果权利归属问题是科技创新和知识产权领域的核心问题，国家财政资助科技成果的权属确定更加复杂。2007 年修订后的《科学技术进步法》第 20 条解决了国家与项目承担单位的权利归属关系。对于单位与职务科技成果人的利益分配仅在第 20 条第 4 款作了原则规定。2015 年修订的《促进科技成果转化法》第 45 条对单位和职务科技成果人的利益分配作出了详细而明确的规定，大大激发了职务发明人进行成果转化的热情。这里的"利益分配"属于成果转化后的激励机制，属于"事后激励"。是否可以将这种"事后激励"前移至科技成果产生时甚至在成果产生前？借助单位与职务发明人的权属划分从而进一步激发科研人员的创新积极性？理论上对这个问题的探讨早已有之，中国知网上最相关的文件可以追溯到 20 世纪 90 年代西南交通大学许义文的一篇文章。❶ 无独有偶，职务发明共有制的制度建设和实践也始于西南交通大学。2016 年初，西南交通大学发布了《西南交通大学专利管理规定》（以下简称《西南交大管理规定》），因为其第二章关于"权属"的 9 条规定率先突破现有立法规定，格外抢眼，被称为"西南交大九条"。❷ 此后，2016 年 12 月 26 日，四川省科学技术厅和四川省知识产权局印发了《四川省职务科技成果权属混合所有制改革试点实施方案》（以下简称《四川实施方案》），四川大学、西南交通大学等 10 个在川高校以及省中医药科学院等 10 所在川科研院所作为试点单位。2018 年 7 月 18 日，国务院发布了《国务院关于优化科研管理提升科研绩效若干措施的通知》，明确提出了开展赋予科研人员职务科技成果所有权或长期使用权试点，从中央开始重视并开始试点探索。由此，有必要加以重视并深入研究。

---

　　❶　许义文. 职务发明共有制：对我国职务发明专利权归属的思考 [J]. 研究与发展管理，1996（1）：41. 作者认为，实行职务发明共有制，不仅避免了专利权不是单位拥有就是个人所有这种简单的"非此即彼"的逻辑，而且还有如下优越性：有利于调动双方的积极性；有利于体现社会主义分配原则；有利于提高人们的专利意识；有利于增强我国的国际国内竞争能力。

　　❷　2016 年 1 月 19 日，西南交通大学发布了《西南交通大学专利管理规定》【第二章"权属"第 4～12 条】（业界简称"西南交大九条"），学校将奖励前置简化为国有知识产权奖励。规定了学校和职务发明人按 3：7 的比例共享专利权。

中国科学院课题组对我国典型高校和科研院所进行了较大规模的问卷调查及深度访谈。以下是基于调查访谈的结果展开的实证分析。

一、职务发明共有制的概念本质以及 其面临的法律和政策障碍

(一) 概念及本质

职务科技成果，是指执行研究开发机构、高等院校和企业等单位的工作任务，或者主要是利用上述单位的物质技术条件所完成的科技成果。主要包括职务发明创造（专利）、职务作品（含软件）、集成电路布图设计、单位商业秘密中的技术秘密和其他与技术相关的职务成果。

职务发明共有制又称为混合所有制，❶是指职务科技成果完成后，职务发明人所在单位和发明人将共同享有科技成果的权属，并且通过划分各自所有的权利份额与比例的方式，使得单位和职务发明人根据划定的份额行使权利、获得收益并承担责任的制度。

职务发明创造的权利归属是整个职务发明创造制度设计的核心内容。职务发明创造的权利归属模式是确定职务发明创造中雇主和雇员权利义务的出发点。但是，研究职务发明创造权利归属的目的不是单纯地确定职务技术成果归哪一方所有，而是通过研究权利归属找到资源配置的最佳模式。通过研究职务发明创造权利归属要达到的目的是建立一个完备的制度：这一制度既能激发职务发明人进行职务发明创造的积极性，保护其智力劳动成果，又能促使单位管理并整合资源持续投资于技术创新活动，从而实现单位和职务发明人利益的平衡，并不断促进社会科学技术的进步与经济的发展。

(二) 实施职务发明共有制面临的法律和政策障碍

职务发明共有制所要解决的就是把专利权和专利申请权在高校院所

---

❶ 本课题立项题目为"国家财政资助研究机构科研成果共有制调研论证"，但四川省发布的试点文件名称为《四川省职务科技成果权属混合所有制改革试点实施方案》。实践中，"混合所有制"叫法比较通俗，故而本文中对"职务发明混合所有制"和"职务发明共有制"没有进行区分。但笔者认为从学理上称为"共有制"更恰当。同时，本文中的"职务发明"与"职务科技成果"也没有进行细分。

和职务科技成果人之间进行分配，形成专利权共有。这一规定，目前在我国没有法律依据。《专利法》第 6 条对发明权属只规定了职务发明或者非职务发明，其他各层级立法中也没有出现"混合所有制"或者"共有制"的规定。特别是对财政资助的高校院所，其权利归属更缺乏法理根据。

此外，由于高校院所的科技成果属于国有资产，高校院所科技成果作为无形资产的一种，相应地也被纳入到国有资产管理的范围内。因此，在处置权限和处置责任方面均参照国有资产进行管理。科技成果混合所有制的背景之下，职务科技成果由职务发明人与学校共同享有专利权。而现行立法的规定是高校院所职务科技成果由高校代表国家持有，成果权属于国家。科技成果混合所有制改革，面临国有资产流失的风险；相关的执行人员则面临一定的法律风险。

二、职务发明共有制问卷调研及分析

（一）关于问卷设计、回收及分析的情况说明

本研究问卷调查对象为高校和科研院所的科技管理人员（含主管科研成果的高校与科研机构领导、技术转移转化机构管理人员、项目管理单位人员等）及科研人员（含教授、研究人员、高校科研院所的对接企业等）。课题组针对四类不同群体制定了四个版本的调查问卷，分别是：科研机构科技管理人员版、科研机构科研人员版、高校科技管理人员版、高校科研人员版。

需要特别说明的是，对于本问卷中的评价性问题，设置了 7 点李克特量表，意在通过量表评价，反映调研对象的真实态度程度。课题组于 2018 年 7 月初开始实施问卷调查，采用纸质版和电子版两种方式，电子版问卷委托问卷星公司实现。截至 2018 年 7 月底，共计发出纸质问卷 300 份，回收 183 份，纸质版问卷回收率 61%。剔除不合格问卷后，纸质合格问卷 158 份。为统计分析方便，纸质版问卷通过问卷输入方式，与问卷星有效问卷合并计算，有效问卷合计 478 份。四套问卷的发放数、回收数和回收率如表 1 所示。

表1 四套问卷发放数、回收数及回收率统计

问卷类型	发放数/份	回收数/份	回收率
科研机构科研人员	475	189	39.79%
科研机构科技管理人员	387	115	29.72%
高校科研人员	263	88	33.46%
高校科技管理人员	335	86	25.67%

根据问卷第一部分"个人情况"，调研对象的总体情况如表2所示。从表2中可以看出，此次问卷发放的对象基本覆盖科技成果混合所有制所涉及的各类机构、人员、学科，以及不同层级、不同领域的科技管理人员和科研人员。样本数量充足，抽样分布比较合理。

表2 问卷调研对象的总体情况

分类依据	调查对象所在类别名称	有效问卷数量/份	问卷数量占总体比例
按机构类型分	研究机构	304	63.60%
	高校	174	36.40%
按人员类型分	科技管理人员	201	42.05%
	科研人员①	277	57.95%
按机构学科性质分	工科	222	46.44%
	理科	192	40.17%
	其他	64	13.39%
按职务分	校所领导	2	0.42%
	中层人员/研究室主任	95	19.87%
	基层人员/科研人员②	381	79.71%
按职称分	高级职称	247	51.67%
	中级职称	161	33.68%
	初级职称	70	14.64%
按参与转化工作年限分	没有转化工作经验	103	21.55%
	5年以下	220	46.03%
	5~10年	113	23.64%
	10年以上	42	8.79%
总计		478	

①在277名科技人员中，56人从事基础科研，143人从事应用基础研究，74人从事应用技术开发工作，4人从事其他工作。

②基层人员也包括课题组组长。

在已完成的四套问卷中，考虑到科技管理人员与科研人员的工作职能性质差异，在不同问卷中对个别问题的提问顺序作了调整。同时，依据两个群体的不同工作性质和对知识产权、国有资产管理的不同认知水平，在科技管理人员版和科研人员版问卷分别增加了有针对性的问题。问卷分析除了进行描述性统计，还会根据问卷内容开展不同群体之间的对比分析，以使得调研结果更具有参考意义。限于篇幅原因，以下将重点对问卷中直接与职务发明混合所有制相关的问题进行分析。

（二）对科技成果混合所有制的含义及需求程度的调查

1. 科技成果混合所有制的含义调查

如表 3 所示，调研对象对评价分数的选择频次，基本呈正态分布，其中表示非常了解的仅有 21 人，占总体调研对象人数的 4.39%。将对此题评价分数为 5~7 的群体视为对"混合所有制"含义有了解的群体，将对此题评价分数为 1~4 的群体视为对"混合所有制"含义不了解的群体，能够看出，只有 32.22% 的调研对象表示了解混合所有制的含义，也就是说，对此概念总体只有近 1/3 的人有了解，不到 5% 的人真正理解。

表 3 调研对象对科技成果混合所有制的含义了解情况

评价分数	总选择频次	占总体比例	科研机构频次	占科研机构比例	高校频次	占高校人员比例	科技管理人员频次	占科技管理人员比例	科研人员	占科研人员比例
1. 非常不了解	88	18.41%	59	19.41%	29	16.67%	26	12.94%	62	22.38%
2. 比较不了解	46	9.62%	35	11.51%	11	6.32%	13	6.47%	33	11.91%
3. 不了解	68	14.23%	49	16.12%	19	10.92%	27	13.43%	41	14.80%
4. 不好说	122	25.52%	65	21.38%	57	32.76%	46	22.89%	76	27.44%
5. 一般了解	91	19.04%	61	20.07%	30	17.24%	48	23.88%	43	15.52%
6. 比较了解	42	8.79%	24	7.89%	18	10.34%	25	12.44%	17	6.14%

评价分数	总选择频次	占总体比例	科研机构频次	占科研机构比例	高校频次	占高校人员比例	科技管理人员频次	占科技管理人员比例	科研人员	占科研人员比例
7. 非常了解	21	4.39%	11	3.62%	10	5.75%	16	7.96%	5	1.81%
5~7 分频次之和	154	32.22%	304	31.58%	58	33.33%	201	44.28%	277	23.47%

通过在不同类型机构之间以及科技管理人员和科研人员之间对比可发现，科研机构和高校人员对此概念了解程度相当，而科技管理人员对此概念的了解程度比科研人员显著要高，有 44.28% 的科技管理人员了解混合所有制的含义，仅有 23.47% 的科研人员了解该概念。

2. **本单位科技管理人员和科研人员是否有过实施混合所有制或者类似要求？**

四版问卷都设置了此题，本题选项从 A 到 D 基本上按照不同程度的评价来进行描述，类似李克特量表评价的模式。具体结果详见表 4。

表 4　科研人员对混合所有制的实施要求

科研人员是否有过实施混合所有制或者类似的要求	总体频次	占总体比例	科研机构频次	占科研机构人员比例	高校频次	占高校人员比例
A. 有，很多	79	16.53%	44	14.47%	35	20.11%
B. 有，比较少	185	38.70%	112	36.84%	73	41.95%
C. 基本没有	176	36.82%	122	40.13%	54	31.03%
D. 完全没有	38	7.95%	22	7.24%	16	9.20%

从表 4 可以看出，选择结果也基本呈正态分布，提及自己所在机构有比较少的人或者基本没有人提出混合所有制要求的调研对象，占总体的 3/4 左右。同时，需要注意的是，表示"周围有很多提出混合所有制实施要求"的群体中，高校的比例（20.11%）高于科研机构的比例（14.47%）。

（三）科技成果混合所有制对成果转化的利弊调查分析

1. 实施职务科技成果混合所有制有利于促进科技成果转化的因素

科研人员版和科技管理人员版问卷都设置了此题。对于实施职务科技成果混合所有制有利于促进科技成果转化的因素，调研评价结果详见表5。

表5　实施职务科技成果混合所有制有利于促进科技成果转化的因素评价

有利于的原因	总体评价	科研机构评价	高校评价	科技管理人员评价	科研人员评价	了解含义人群评价	不了解含义人群评价
A. 赋予发明人产权，激发科研人员技术研发、成果转化积极性	6.11	6.06	6.18	5.96	6.21	5.97	6.40
B. 降低国有资产流失风险，激发单位实施科技成果转化积极性	5.51	5.49	5.53	5.27	5.64	5.40	5.77
C. 解决奖励延迟性问题，激发科研人员技术研发、成果转化积极性	5.94	5.99	5.83	5.73	6.07	5.87	6.07
D. 提高科技成果供给质量，利于鼓励发明人科研全过程培育成果的可转化属性	5.90	5.95	5.83	5.63	6.07	5.83	6.06
E. 弱化国有资产成分，对合作者更有吸引力	5.35	5.38	5.31	5.28	5.42	5.33	5.43

在本题的量表评价中，评价分数"1"表示"非常不同意"，"4"表示"不好说"，"7"表示"非常同意"。从表5中可以看出，大家认为，实施混合所有制最大的好处就是激励作用，认为能够"赋予发明人产权，激发科研人员技术研发、成果转化积极性"，评价分数达到了6.11。

同时，评价分数按照从高到低，列在前三位的为A、C、D选项。我们可以看出这几个"有利于的原因"基本围绕着对科研人员或者发明人的激励作用来表述，也就是说，大家普遍认为混合所有制的核心好处，重点在于激发科研人员本身的转化动力。这一点，在科技管理人员和科研人员两个群体对比分析的时候更为明显，科研人员对此三项的认可程度，明显高于管理人员。

2. 实施职务科技成果混合所有制不利于促进科技成果转化的因素

科研人员版和科技管理人员版问卷都设置了此题。对于实施职务科技成果混合所有制不利于促进科技成果转化的因素，调研评价结果详见表 6。

表 6   实施职务科技成果混合所有制不利于促进科技成果转化的因素评价

不利于的原因	总体评价	科研机构评价	高校评价	科技管理人员评价	科研人员评价	了解含义人群评价	不了解含义人群评价
A. 决策方增多，分歧增多，影响转化效率	5.41	5.37	5.49	5.54	5.29	5.30	5.63
B. 违反现行法律规定	4.57	4.61	4.53	4.76	4.45	4.25	5.32
C. 发明人调离单位后专利难以运用	5.43	5.43	5.42	5.50	5.35	5.25	5.81
D. 仍有国有成分，国有资产管理的审批环节未有简化	5.45	5.37	5.59	5.44	5.46	5.32	5.73
E. 双方共同决策实际操作烦琐，增加了决策成本	5.51	5.47	5.57	5.60	5.42	5.41	5.71

在本题的量表评价中，评价分数"1"表示"非常不同意"，"4"表示"不好说"，"7"表示"非常同意"。从表 6 中可以看出，大家认为，实施混合所有制最大的弊端，即是 E 选项代表的决策成本增加，认为使权利共有人"双方共同决策实际操作烦琐，增加了决策成本"，评价分数达到了 5.51。同时，我们也发现，在当前法学界专家经常讨论的"混合所有制是否违反现行法律规定"这个问题上，总体调研结果显示，大家对此问题的认可程度比较模糊，总体评价分数为 4.57 分；特别是了解这个概念含义的人群，他们对此的评价分数是 4.25 分，也就是说，大家对于混合所有制是否违反现行法律规定，多数都表示"不好说"。在混合所

有制弊端的认识程度上，科技管理人员对弊端的认知分数普遍略高于科研人员。了解该含义的人群的评价分数显著低于不了解该含义的人群的评价分数。

3. 混合所有制是否有利于解决科技成果转化政策难落地的现象

本题为选项性问题，仅在科技管理人员版问卷中有。201 名科技管理人员对此作答（包括科研机构 115 人和高校 86 人）。统计结果详见表 7。

表 7　对混合所有制是否有利于解决科技成果转化政策落地难的判断

对于是否能解决的判断	科技管理人员总体频次	占科技管理人员总体比例	机构管理频次	占科研机构管理比例	高校科技管理人员频次	占高校科技管理人员比例	不了解人员频次	占不了解人员比例	了解人员频次	占了解人员比例
1. 完全解决	27	13.43%	23	20.00%	4	4.65%	21	18.75%	6	6.74%
2. 部分解决	139	69.15%	72	62.61%	67	77.91%	72	64.29%	67	75.28%
3. 无帮助	35	17.41%	20	17.39%	15	17.44%	19	16.96%	16	17.98%

从表 7 中可以看出，近七成科技管理人员认为混合所有制只能部分解决科技成果转化政策落地难的问题。其中，高校科技管理人员认为"部分解决"的人群比例高于科研机构。在科技管理人员中，对科技成果混合所有制含义不了解的为 112 人，了解的为 89 人。基于该数据，我们也在表 7 中分析了这两类人群对"混合所有制是否有利于解决科技成果转化政策落地难"的判断差异。对于此题，我们重点参考了解混合所有制含义的人群的选择，可以看出，这个人群选择"部分解决"选项的比例高达 75.28%。

（四）推行混合所有制的障碍和解决措施调查分析

1. 当前推行职务科技成果混合所有制最大的障碍和问题

本题为评价性问题，科研人员版和科技管理人员版问卷都设置了此题。对于推行职务科技成果混合所有制的障碍和因素，调研评价结果详见表 8。

表8 当前推行职务科技成果混合所有制的障碍和问题

障碍和问题	总体评价	科研机构评价	高校评价	科技管理人员评价	科研人员评价	了解含义人员评价	不了解含义人员评价
A. 不符合《专利法》第6条	4.91	4.67	4.86	5.18	4.72	4.64	5.61
B. 不符合现行的国有资产管理制度	5.19	4.60	5.21	5.46	4.96	4.93	5.73
C. 新修订的《促进科技成果转化法》已解决相关问题，不需要推行混合制	4.52	4.00	4.72	4.88	4.24	4.33	5.13
D. 混合所有制与转化成功无必然因果关系，因此不需要推行	4.15	3.50	4.45	4.89	3.54	3.83	4.98
E. 不好确定双方持有比例	5.41	4.67	5.60	5.52	5.34	5.29	5.69
F. 发明人欠缺成果转化的能力	5.25	4.60	5.58	6.17	5.21	5.13	5.76

在本题的量表评价中，评价分数"1"表示"非常不同意"，"4"表示"不好说"，"7"表示"非常同意"。从表8中可以看出，大家认为，推行混合所有制的障碍和问题，最大的当属"E. 不好确定权利双方持有比例"，评价分数达到了5.41。这涉及评估标准以及量化评估方式的问题，进一步说，这涉及一个公平公正性的问题。公平的量化评估，这个问题在不同学科性质之间存在差异；同时，在当前，如何解决这个问题，显然管理机关层面无法给出明确的标准，学术界似乎短时间内也难以给出最佳建议。在表8中，我们还可以看出，相关人员认为，推行混合所有制的第二大障碍是"F. 发明人欠缺成果转化的能力"，即人才能力是关键，无论是《促进科技成果转化法》的实施，还是混合所有制的推行，人才能力无法跟上将是最大的障碍。除上述两个障碍之外，相关人员也一定程度认可现行专利法和国资制度可能带来的障碍。但是，这两个因素造成的障碍，显然没有前两者（权利评估和人才）大。

2. 哪些措施可以消除科技成果混合所有制推行障碍

科研人员版和科技管理人员版问卷都设置了此题。对于哪些措施可以消除混合所有制推行的障碍或问题，调研评价结果详见表9。

表 9　可以消除科技成果混合所有制推行障碍的措施

消除障碍或问题的措施	总体评价	科研机构评价	高校评价	科技管理人员评价	科研人员评价	了解含义人员评价	不了解含义人员评价
A. 修改《专利法》第 6 条	5.23	5.00	5.47	5.22	5.24	5.02	5.93
B. 修改现行国有资产管理制度以适应实施混合所有制的要求	5.62	5.40	5.76	5.58	5.64	5.46	6.06
C. 制定《职务科技成果条例》并明确单位和发明人各自的比例	5.81	5.60	6.02	5.60	5.92	5.76	5.96
D. 与加大培育创投基金、创业培训、市场交易中介等的政策一起推行	5.91	5.80	6.19	5.69	6.00	5.77	6.30

在本题的量表评价中，评价分数"1"表示"非常不同意"，"4"表示"不好说"，"7"表示"非常同意"。从表 9 中可以看出，问卷对象认为，要消除混合所有制的障碍和问题，最紧要的问题当属"D. 与加大培育创投基金、创业培训、市场交易中介等一起推"和"C. 制定《职务科技成果条例》并明确单位和发明人各自的比例"，这一反馈和我们前述采集到的两个最大的障碍，即"评估比例""人才能力"，有所对应。同时，这也和前述我们考察到的成果转化落地难的几个原因，即"人才问题、转化对接问题、成果成熟度问题"，都有对应关系。

（五）对于实施混合所有制的态度的调查分析

1. 实施科技成果混合所有制是否更有助于激励相关人员从事科技成果转化？

在科研人员版和科技管理人员版问卷都设置了此题，但提问方式不同。在科研人员版问卷中，我们请科研人员回答自己的意愿；而在科技管理人员版问卷中，我们请科技管理人员回答对科研人员意愿的判断。

在本题的量表评价中，评价分数"1"表示"非常无助于"，"4"表示"不好说"，"7"表示"非常有助于"。对于实施混合所有制是否有助于激励从事科技成果转化的态度，详见表 10。从表 10 中可以看出，总体评价分数为 5.25，也就是说，总体上大家觉得推行混合所有制还是在一定程度上有助于激励科研人员从事成果转化。

2. 您认为是否有必要实行职务科技成果混合所有制改革？

科研人员和科技管理人员版问卷都设置了此题。在本题的量表评价中，评价分数"1"表示"非常不必要"，"4"表示"不好说"，"7"表示"非常有必要"。对于是否有必要实行职务科技成果混合所有制改革的态度，详见表10。

表 10　对实行职务科技成果混合所有制改革的必要性判断

评价项目	总体	科研机构	高校	科技管理人员	科研人员	工科	理科	基础研究	应用基础研究	应用开发
有助于激励	5.25	5.28	5.19	4.92	5.49	5.14	5.35	5.21	5.56	5.55
有必要推行	5.35	5.41	5.24	4.85	5.72	5.32	5.52	5.50	5.74	5.87

评价项目	中层职务	基层职务	高级职称	中级职称	初级职称	转化5年以下	5～10年	10年以上	不了解含义	了解含义
有助于激励	5.03	5.30	5.36	5.13	5.14	5.19	5.21	5.45	5.12	5.52
有必要推行	5.16	5.40	5.52	5.16	5.17	5.35	5.15	5.10	5.28	5.49

评价项目	归公倾向		归个人倾向		KG		KK		GG		GK	
有助于激励	5.51		5.49		4.98		5.47		4.82		5.55	
有必要推行	5.57		5.71		4.92		5.71		4.74		5.72	

注：KG 表示科研机构科技管理人员，KK 表示科研机构科技人员，GG 表示高校科技管理人员，GK 表示高校科技人员。

从表10中可以看出，对于职务科技成果混合所有制改革必要性问题，所有受访人员总体评价分数为5.35。也就是说，受访人员总体上觉得改革有一定的必要性，但不是非常必要。在总体认可程度不高的情况下，结合上一题，我们此处将详细分析各个不同群体之间的态度差异。从表10中可以看出：第一，无论对于激励作用，还是对于混合所有制改革必要性的判断，科研机构和高校人员之间差异不大，评价分数都趋于平均分数；第二，科研人员比科技管理人员更觉得有助于激励科研人员从事科技成果转化，同时科研人员认为推行改革的必要性比科技管理人员所认为的更高；第三，不同的学科之间，理科人员觉得更有激励作用，并且也认为更有必要推行；第四，在不同的研究工作属性上，从基础研究、应用基础研究到应用开发，这三个属性与成果成熟度的接近程度越来越高，从表10中可以看出，研究工作属性中，成果成熟度越高的群体，觉得混合所有制激励作用越大，支持推行混合所有制的程度也越高；第五，对于从事成果转化年限不同时长的群体之间的差异，发现从事成果转化工作在 10 年以上的人群（也就是专家级别的人群），更认为混合所有制有助于激励科研人员从事成果转化，然而需要关注的是，在推行必要性的认可程度上，有转化经验群体的认可程度反而是最低的；第六，在四类问卷中，高校的管理人员对混合所有制改革的激励作用以及必要性认知上都是评价最低的。

三、职务发明共有制调研访谈分析

中国科学院课题组单独或者与国家知识产权局联合调查组陆续调研访谈了北京、成都、上海、西安、武汉等地 20 余家高校、科研院所、成果转化专业机构等的近 50 名科技成果转化从业人员，深入了解目前以高校、科研院所为代表的财政资助研究机构科技成果转化工作情况。调研采用与各单位转化管理部门或单位资产管理公司负责人座谈的方式，主要就科技成果转化的模式、进展情况、遇到的问题等，特别就职务发明共有制的相关问题进行了较充分的交流。以下就调查中涉及的科技成果转化的问题和障碍进行归纳分析。

（一）受访谈对象对职务发明共有制的看法

通过调研发现，目前各单位根据自己的实际情况，已逐步建立适应自己单位的成果转化模式，尤其是《促进科技成果转化法》的修订实施，对各单位的成果转化也起到了积极的推动作用。虽然科技成果转化难、科技成果转化成功率低的现象仍然存在，但是通过调研分析发现，问题和障碍主要存在于转化成果成熟度低、转化专业人员严重缺失，这些问题的解决与科技成果产权分割并无直接的因果关系。因此在调研中除西南交通大学等部分在川高校明确支持推行"职务发明混合所有制"外，其他高校、科研机构大多表达出审慎推行或明确反对实施的态度。

1. **不支持职务发明共有制的原因汇总**

（1）职务发明人并非专业转化人员，转化能力普遍偏低；

（2）依据《促进科技成果转化法》，职务发明人可合法获取转化收益；

（3）两方权利人增加决策成本及难度；

（4）职务发明人离职后，科技成果转化决策难；

（5）推行职务发明共有制无法解决国资、财税政策障碍。

2. 支持职务发明共有制的原因汇总

（1）产权激发科研人员积极性；

（2）有助于解决科技成果转化定价的问题；

（3）有助于使科研方向、科研选题向市场化方向转变。

（二）当前科技成果转化存在的问题

课题组通过调研访谈发现，目前科技成果转化的问题与障碍可分为三个方面，核心问题在于成果的成熟度和转化价值低以及缺乏专业的转化人才，另外转化动力的不足和转化政策与其他部门制度不配套亦是阻碍科技成果转化的重要因素。

1. 成果成熟度和转化价值低

高校、科研院所由于传统的科研管理导向及惯性科技行为模式，产出的科技成果多为以学术兴趣为导向的前沿技术，成果的成熟度、实用性还有待检验。而技术需求端的企业是以市场和收益为导向，一般倾向于考量科技成果的技术实用性、可转化性、技术衍生产品的成本、利润回报率等，尤其更倾向于获取成熟实用、可快速转化为经济利益的技术。这样就形成了一个技术和产业之间的断裂带：高校、科研机构大量的成果被束之高阁，无人问津；企业找不到可帮助自己提升产品先进性、优化生产工艺、提高生产效率的转化技术。

2. 专业转化人才缺失

由于科技成果具有复杂性等特征以及上述科技成果转化过程中存在严重的信息不对称，因此在转化过程中需要专业的人才和中介机构充当纽带和桥梁，链接起科技成果转化的供需两端，引进成果转化所需的其他要素。专业的转化人才及中介机构一方面能及时将企业的有效市场需求反映到高校、科研机构，保障高校和科研机构科研项目在立项、研发阶段就有明确的市场导向，还可为其提供技术咨询和市场指导，帮助其筛选可商业化的科技成果；另一方面，可为高校、科研机构的科技成果寻找技术需求主体，通过专业手段促进科技成果商品化、产业化。但现实中，大部分转化人员仅将自己定位为一个联系对接的职能，即为成果转化供需双方提供一个沟通的渠道与平台，缺乏增值服务的能力，不具备技术、市场、商务、法律等复合性专业能力，因此对推动科技成果转化成功的作用有限。

3. 成果转化的内外动力不足

其一，内在动力不足。目前，高校、科研机构对科研人员的绩效考核仍以成果数量和学术水平为主，教学、科研、人才培养、学科建设等通常是高校、科研机构排名的主要评价指标，其中又以科研指标所占权重最大，导致产生诸如"唯帽子、唯论文、唯职称、唯奖项"的问题。科研人员实施成果转化，对个人的发展并无明显积极意义，投入大量的精力从事科技成果转化反而会影响日常的科研任务，从而影响个人的晋升等，因此科研人员从事成果转化的积极性还有待提高。

其二，外在动力缺失。财政资助的高校、科研机构的国有性质，导致这些单位的科技成果转化除了是一项创新活动外，还拥有另外一个属性，即对国有资产的使用、处置。《促进科技成果转化法》修订后，科技成果处置权下放到成果持有单位，反而导致单位领导因害怕承担国有资产流失的责任而不敢轻易做决策；甚至在某些单位科技成果转化成为"烫手山芋"，形成了单位领导谨慎观望的尴尬局面，部分高校、科研机构的成果转化工作反而处于停滞状态。

（三）当前影响科技成果转化的障碍因素分析

1. 国资监管程序不适应成果转化规律

其一，资产评估备案流于形式。根据国有资产管理相关要求，财政资助的高校、科研机构持有的科技成果属于国有资产，涉及其权属变更的行为，例如科技成果的转让、作价入股，应聘请第三方资产评估机构对成果进行评估并报相应国资监管部门进行备案。由于资产评估机构多为财务性专业机构，大多不懂高技术，因此实践中通常为交易双方协议定价后，再请评估机构利用评估模型反推得出结果，致使评估流于形式，对成果的价值确定毫无借鉴意义，反而增加了科研人员成果转化的时间成本、费用成本。

其二，作价入股进去容易退出难。科技成果转化形成的科技型企业往往成功率较低，这是由技术、产业环境、宏观经济环境、市场等多重因素决定的。投资失败的案例常有发生，但由于入股形成的是国有股权，一旦投资效应不好进行股权退出时会产生损失，核销报损过程十分麻烦，而且是否能获得批复具有不确定性，造成股权不能及时退出，投资不能及时止损。

2. 财税政策与促进成果转化法衔接不畅

其一，专有技术未纳入递延范围。依据财税〔2016〕101号文件《财政部　国家税务局关于完善股权激励和技术入股有关所得税政策的通知》，对科技成果投资入股实施选择性优惠的相关政策，技术成果投资入股经向主管税务机关备案，投资入股当期可暂不纳税，允许递延至转让股权时按照规定缴纳。该政策对可享受递延纳税的科技成果作出明确的定义，是指专利技术（含国防专利）、计算机软件著作权、集成电路布图设计专有权、植物新品种权、生物医药新品种，以及科学技术部、财政部、国家税务总局确定的其他技术成果。依据目前的实践案例，除上述规定提出的有权属证的科技成果外，税务机关对其他类型的科技成果不予进行递延纳税，这对以专有技术入股的企业股东、个人股东造成了较大的纳税负担，使其在没有任何现金收益的情况下须缴纳高额的所得税。

其二，奖励代持（奖励二次分配）的递延纳税问题。由于科技成果转化是一个长期、复杂的实践过程，在此过程中需要在不同阶段吸纳技术、市场、经营等不同领域的高级人才，成果转化的股权奖励不能在公司注册初期完成全部分配，需要由单位或个人对未来分配的股权进行代持，具备条件可以把代持的股份转让给受奖励人。由于该过程涉及股权的转移，税务局认为须缴纳所得税，无论是否为代持，这样无形中给代持单位或个人造成无谓的高额税收负担。

3. 部分单位落实《促进科技成果转化法》力度不足

其一，科技成果转化政策宣传不到位。近年来，中央及各部门下发各种促进科技成果转化的政策、制度、文件，由于没有一个统一的归口管理部门，要及时、完整地收集从中央到地方有关科技成果转化的政策文件实属不易。另外，科技成果转化政策未建立普及、咨询政策的平台和渠道。高校、科研机构科研及科技管理人员学习理解科技成果转化政策中存在疑问时，不知向谁咨询。同时相关部门缺乏对政策操作的解释和答疑。例如，《促进科技成果转化法》要求，国家科研机构应对完成、转化成果作出重要贡献的人员予以奖励。在以作价入股形式进行成果转化时，如果成果性质较复杂，通常涉及重要人员较多，实践中以建立持股平台的形式接受奖励更有利于公司的治理效率，但法律条文明确写明"对成果完成人"实施奖励，并未明确成果完成人是否可以使用持股平台接受奖励。

其二，部分主管部门未制定本部门科技成果转化指导意见。部分主管部门因担心落实国家科技成果转化政策对正常的业务造成冲击，也有行政领导因担心把握政策不准确而担责，因此没有出台明确的指导意见或者对科技成果转化没有任何表态，结果导致落实国家科技成果转化政策的动力不强，力度不大。从调研中发现，央企集团下属的科研院所普遍遇到此问题，导致虽有法律支持但无部门规定可依的局面，成果转化推动较迟缓。

四、问卷及调查访谈的初步结论

问卷调查和访谈结果表明，真正了解混合所有制含义的人并不多。对于科技成果混合所有制的优缺点深入思考的人也不是很多，对成果转化的影响因素和真正的障碍了解不够。因此，课题调研论证中的结果只具有一定的参考价值，尚需要实事求是并客观理智地分析。

（一）关于科技成果混合所有制的合理性

从调研结果表 4 中，我们可以看出，半数以上的调研对象都提及，接触到周边"提出混合所有制知识"的需求，其中高校的比例更高。可见，"科技成果混合所有制"，在目前科技成果转化管理领域中，应有其合理性。从调研结果表 5 和表 6 的对比来看，调研对象对实施"科技成果混合所有制"的利弊判断上，显然，对利处判断的总体分数要高于对弊端判断的总体分数，也就是说，相关人员普遍能够认识到其合理性所在。

从表 5 中可以看出，相关人员认为，实施混合所有制最大的好处就是激励作用，认为能够"赋予发明人产权，激发科研人员技术研发、成果转化积极性"。前述我们在提及职务发明共有制概念及本质时，曾阐述"职务发明创造的权利归属模式是确定职务发明创造中雇主和雇员权利义务的出发点"，因此，可以说，实施混合所有制，实际上是给了发明人更多的权利，激发科研人员本身的转化动力。从调研结果上看，表 10 显示，总体上相关人员觉得推行混合所有制还是在一定程度上有助于激励科研人员从事成果转化，科研人员对此的认可程度明显高于科技管理人员，也能印证这一激励作用。

与此同时，我们也需要注意到，上述"职务发明创造的权利归属模式是确定职务发明创造中雇主和雇员权利义务的出发点"，实际上，除了权利以外，还有义务的赋予，对于由实施"混合所有制"而给科研人员带来的义务的履行，这一点我们将在"推行科技成果混合所有制的必要性"中予以论述。

（二）关于科技成果混合所有制的合法性

通过问卷调研，参考表6的数据，我们可以发现，在当前法学界专家经常讨论的"混合所有制是否违反现行法律规定"这个问题上，调研对象对此问题的认可程度比较模糊，特别是了解这个概念含义的人群，对于混合所有制是否违反现行法律规定，多数都表示"不好说"。

根据现行立法规定，确实没有职务发明人与单位共享专利权的法律规定。这也成为"职务发明混合所有制"的积极推动者认为目前应该修改《专利法》第6条的理由。而问卷调研的结果（表9）显示，调研对象认为，修改《专利法》第6条并不是"消除科技成果混合所有制推行的障碍"的首推措施。

虽然目前国家各层级立法中没有出现"混合所有制"或者"共有制"的规定，特别是对财政资助的高校和科研机构，其权利归属更缺乏法理根据，但事实上，单位是目前财政资助研发成果的专利权人，而且《促进科技成果转化法》第16条和第18条仍然使用"单位""持有"的提法。这次修法只是进一步扩大了单位在科技成果的"使用权、处置权、收益权"上的权限。

上述权限是否可以由单位进一步下放或者处置给职务科技成果发明人？如果与国有资产管理规定不冲突，单位应该是可以运作的。因此，职务发明共有制是否可以在立法上突破，取决于单位自主权的实施以及与国资管理的关系。参考访谈调研的结果，科技成果处置权下放到成果持有单位，而国有资产监管程序和政策没有适应新形势作出调整，导致组织因害怕承担国有资产流失的责任而不敢轻易放开尝试如科技成果混合所有制等新举措。

由于本文调研所取数据主要来源于高校和科研机构从事科研或管理的人员，并非是知识产权法学界研究人士，因此，从本文调研所获得的数据，我们不能轻易给出"科技成果混合所有制"具有合法性的推断。但是，调研对象对"科技成果混合所有制"是否合法的判断是较为模糊的，甚至在谈及尝试"科技成果混合所有制"、探索其有益之处时，由于有了《促进科技成果转化法》修订的背景，我们认为科技界和科技管理者对"科技成果混合所有制"的探索，在一定时期内是可以接受的，并不能轻易将之归至"违法"范畴。

（三）推行科技成果混合所有制的必要性

经过上述论述，我们认为"科技成果混合所有制"的存在有其合理性，且目前也难以定论其"违法"。在此基础上，我们重点还是要探讨推行它的必要性。前述"关于科技成果混合所有制的合理性"已经阐述了它对科研人员激励的作用，也就是说，它有有利于科技成果转化的一面，但是，它是否能够解决科技成果转化难的根本问题？

通过访谈调研我们发现，当前科技成果转化存在的核心问题在于成果的成熟度、转化价值低和缺乏专业的转化人才，另外转化动力的不足和转化政策与其他部门制度不配套亦是阻碍科技成果转化的重要因素。以下我们逐项进行分析。

第一，在"成果成熟度低、转化价值低"这个因素上，表5也显示，科研人员群体对于"提高科技成果供给质量，利于鼓励发明人科研全过程培育成果的可转化属性"这一利处的判断分数高达6.07（在问卷李克特量表设置中，6分表示比较同意）。可见，在"成果成熟度低、转化价值低"这个因素上，推行"科技成果混合所有制"可能会带来改善性的影响。这是"有利"的一面。

第二，在"缺乏专业化的转化人才"这个因素上，推行"混合所有制"可能带来的结果是，发明人虽多了"权利"，却也多了"义务"，而对这种"义务"的履行，需要发明人在原来科技创新能力上，新增更多成果转化的工作能力，这对于科研人员来说是比较困难的。问卷调研表8也印证了这个问题，"发明人欠缺成果转化的能力"成为排在第二位的"推行混合所有制的障碍和问题"。也就是说，在"缺乏专业化的转化人才"这个因素上，推行"科技成果混合所有制"可能会带来更差的效果，或者说需要我们投资更多关于人才培养的成本。这成为"不利"的一面。

第三，在"转化动力不足"这个因素上，我们首先回顾一下访谈调研的结果，动力分内在动力和外在动力两个方面。我们首先探讨的是人员内在动力的问题。由问卷调研我们可知，推行"科技成果混合所有制"会给科研人员参与科技成果转化注入更多内在动力，这是"有利"的一面。

第四，在"转化政策与其他部门制度不配套"这个因素上，回顾访谈调研的结果，我们可以说这个因素是制约上述外在动力的条件。在前述"（三）当前影响科技成果转化的障碍因素分析"中，我们发现，当前国资监管、财税政策、奖励政策的调整没有及时跟上科技成果转化政策的转变。此时，我们再推行"科技成果混合所有制"，则更会带来"由于政策之间的不协调而制约外部动力"的结果，这成为"不利"的一面。

综上所述，推行"科技成果混合所有制"，对解决科技成果转化难的根本问题，有两利但同时又有两弊。由于我们在本文并未重点关注上述四个因素对科技成果转化的影响权重，因此我们仅仅依照本文所述的调研，不能轻易对推行"科技成果混合所有制"利大于弊或弊大于利作出定论。

问卷调研结果也在一定程度上反映了这个情况。表7显示在了解混合所有制含义的人群中，75.28%选择"推行混合所有制只能部分解决科技成果转化政策落地难"。参考表10，我们发现从事成果转化工作在10年以上的人群（也就是专家级别的人群），更认为混合所有制有助于激励科研人员从事成果转化，然而，他们这个群体在推行必要性的认可程度上反而是最低的。

从另一个角度讲，混合所有制可能起到的最大作用是激励科研人员参与转化的积极性，但积极性与成果转化成效之间并不存在必然的因果关系。西南交通大学提出支持实行职务发明混合所有制的理由，都忽略了一个前提，那就是职务发明人只是科技成果转化漫长链条的一环，其没有能力统筹整个科技成果转化的过程。故而混合所有制不是解决科技成果转化落地难的根本影响因素。

也就是说，推行科技成果混合所有制的必要性，在当前形势下，也许仍需要探讨，需要通过试点和实践结果来进一步检验和论证。目前下结论还为时尚早。

（四）结论

课题组认为，鉴于职务发明共有制改革的意见分歧较大，目前不适宜全面推广职务发明混合所有制，但可在一定范围和领域内继续进行试点探索，观察效果。一方面急需对四川试点工作的成效进行总结评估，从深层次发现问题，为以后的扩大试点提供宝贵的先行经验；另一方面，还需要随着实践推进对相关问题以及如果推行该制度可能遇到的操作性问题进行持续研究。

促进高校、科研院所科技成果转化的国有资产监管体系研究

白景明[1]　洪金明[2]　刘天琦[3]

摘　要

目前，科技创新已成为推进国家经济发展的重要因素，科技成果转化是实现科技创新的重要手段，高校、科研院所作为国有科技成果转化的实践主体，完成科技创新、发挥引领经济发展的使命作用日趋凸显。然而目前高校、科研院所的科技成果转化状况却不容乐观，其中科技成果的国有资产属性被普遍认为是制约高校、科研院所科技成果转化积极性的重要影响因素。因此，本文在此基础上，结合当下科技成果转化路径，指出国有属性科技成果转化中面临的国有资产监管问题，提出促进高校、科研院所科技成果转化的国有资产监管体系的相关建议。

关键词

高校　科研院所　科技成果转化　国有资产监管

---

[1][2][3]　作者单位：中国财政科学研究院。

近年来，为更好地促进高校、科研院所科技成果转化，财政部、科学技术部、教育部和国家知识产权局等多部门分别相继出台了多项鼓励高校、科研院所科技成果转化的政策，给科技成果"松绑"，赋予单位更多自主权，使发明人获得更多收益，逐步扫除了高校、科研院所成果转化过程中的体制机制障碍。但是，随着世界各国竞相发展，科技创新驱动力成为各国经济发展角逐的重要筹码，科技成果转化越发成为国家发展必不可少的动力，高校、科研院所作为科技成果转化的实践主体，完成科技创新、发挥引领经济发展的使命作用也日趋凸显。如何在竞争日益激烈的国际舞台上，充分发挥高校、科研院所科技创新发展的重要阵地作用，已成为社会和学术界广泛关注的话题。目前，高校和科研院所在科技成果转化过程中，仍面临诸多困境，如不同高校、科研院所政策差异导致的部分科技人员开展科技成果转化积极性不高、动力不足、转化认识不够、政策了解不全面等问题，以及科技成果作为国有资产转化，在突出市场化转化作用时难以避免的国有资产体制机制等问题。这些问题成了现阶段制约科技成果转化工作快速开展的关键瓶颈。因此，为解决高校、科研院所科技成果转化中面临的国有资产监管问题，更好地实现和促进科技成果转化，本文对此开展研究。

一、高校、科研院所科技成果的 国有资产属性、分类和特征

高校、科研院所是国家事业单位的重要组成部分，按照《事业单位国有资产管理暂行办法》（财政部令第 36 号）对事业单位国有资产的界定和相关管理规定，高校、科研院所国有资产，是高校、科研院所占有、使用的，依法确认为国家所有，能以货币计量的各种经济资源的总称，是单位的国有（公共）财产，具体涵盖了国家拨给单位的所有资产、按照国家规定运用国有资产组织收入形成的资产，以及接受捐赠和其他经法律确认为国家所有的资产，表现形式为流动资产、固定资产、无形资产和对外投资等。

高校、科研院所科技成果是高校院所单位的科研人员或学生利用单位的研发场所、设备等物质条件，利用国家或上级单位的财政补助、无偿调拨与本单位的事业收入、经营收入、学费、产业收入等研发资金，

完成国家各部门与企业的科技项目或单位批准的立项课题等工作任务所形成的科技成果，属于职务科技成果。按照《专利法》《著作权法》《合同法》等的规定，职务科技成果涵盖了职务期间的发明创造、职务作品、职务技术成果等法律要件，具体包括知识产权、成果使用权、成果申请权和成果转让权等。为促进科技成果转化为现实生产力，提高生产力水平，加速科学技术进步，对科技成果所进行的后续试验、开发、应用、推广至形成新技术、新工艺、新材料、新产品，发展新产业等活动，被称为科技成果转化。

根据事业单位国有资产管理相关办法，高校、科研院所人员等发明创造的科技成果属于事业单位的国有资产，科技成果的持有者享有对科技成果的法律权利——处置权，即可自行或与其他人合作开展科技成果转化活动。而相比于其他国有固定资产，国有科技成果具有一定的特殊性：

一是国有科技成果属于特殊的无形资产。按照我国法律规定，科技成果转化的对象一般为知识产权，具体分为专利权、计算机软件著作权、集成电路布图专有权、植物新品种权、技术秘密，以及科技成果物质载体的物权，区别于传统货币计量型的设备、厂房等国有固定资产，均属于非货币计量、难以评估价格的国有无形资产。

二是国有科技成果实现市场化转化需后续和持续的研发投入。高校、科研院所形成的科技成果主要为知识产权和专利，尚未转化为现实生产力，为促进科技成果转化为现实生产力，还需不断地投入资金和人员进行成果的后续研发和生产，而传统的国有固定资产伴随购买后的使用则较少或几乎不存在后续特定的研发，因此科技成果是持续不断投入资本的国有资产。

三是科技成果实现转化产出的不确定性。科技成果能否转化为现实生产力，不仅依赖于科研人员的智力成果和物质条件，还依赖于市场环境、资源等无法确定和量化的要素条件。投入要素的不确定性导致科技成果转化后产出的实现也难以获得准确预测，因此，国有科技成果是否能转化为现实生产力很难判断。

二、高校、科研院所科技成果转化的路径

高校、科研院所作为事业单位，其科技成果的转化，实际上是处分

国有科技成果知识产权的过程。按照我国现行的国有资产监管体制，高校、科研院所处分国有科技成果的法律路径较一般民事主体实施私有财产处分的行为更为复杂。因为，高校、科研院所的科技成果知识产权属于国有资产，其财产权的转移既是国有资产占用单位处分财产权的民事法律行为，也是须经法定程序后才能发生法律效力的行政法律行为。❶ 依据事业单位国有资产管理办法，这种行政法律行为也被称为国有资产处置与使用行为。2015 年修正的《促进科技成果转化法》（以下称"2015年《促进科技成果转化法》"）实施后，高校、科研院所处分科技成果主要存在两条法律路径：第一条是依据使用单位国有资产处置与使用法律制度，这是由科技成果作为国有无形资产的法律属性决定的，具体根据财政部制定的部门规章办法，包括上位法律的《事业单位国有资产管理暂行办法》（〔2006〕财政部令 36 号）、《中央级事业单位国有资产处置管理暂行办法》（财教〔2008〕495 号文）、《中央级事业单位国有资产使用管理暂行办法》（财教〔2009〕192 号），以及规范文件《财政部关于进一步规范和加强行政事业单位国有资产管理的指导意见》（财资〔2015〕90号）、《中央部门所属高校国有资产处置管理补充规定》（财资〔2017〕72号）等；第二条是依据新《促进科技成果转化法》、《国务院关于印发实施〈中华人民共和国促进科技成果转化法〉若干规定的通知》（国发〔2016〕16 号，以下简称《促进科技成果转化法实施规定》）与国务院各部委促进指导下属单位成果转化活动的规范文件构成的科技成果转化法律制度，是目前科技成果转化的主要途径。

依据 2015 年《促进科技成果转化法》第 18 条和《促进科技成果转化法实施规定》，国家明确设立的研发开发机构、高等院校对其持有的科技成果，可以自主决定转让、许可或者作价投资，但应当通过协议定价，在技术交易市场挂牌交易、拍卖等方式确定价格。根据这一规定，高校、科研院所处置国有科技成果知识产权无需再履行事业单位国有资产处置与使用审批程序，科技成果的价格可按照市场化方式决定，不受国有资产评估价格的限制，由此高校、科研院所获得可自主处置和使用国有科技成果的权利。因此，目前国有科技成果转化依据处置科技成果财产权

---

❶ 谢地. 国有资产管理制度的法律调整路径：以新《促进科技成果转化法》的实施为背景[J]. 南京邮电大学学报（社会科学版），2017，19（04）：40-50.

的民事法律途径展开，主要可归纳为所有权转让、技术许可使用和作价入股投资三种转化方式。

（1）所有权转让（转让科技成果）。科技成果所有权转让是高校、科研院所将科技成果知识产权与技术秘密的所有权完全让渡给受让人，在经有资质的评估机构评估和双方谈判的基础上一次性收取相关的转让费，获得经营收益的行为。科技成果的转让方式是高校、科研院所等创新源头力量实现科技成果转化的主要方式，技术转移双方利用技术合同等交易形式，实现了技术与经济利益的转化与分享。法定的转让方式有协议定价、技术交易市场挂牌交易、拍卖等。此种成果转让方式可直接获得经营收益，规避了技术资产实施效果和技术资产运营等后续转化活动的风险。这种风险在生物制药和化工领域尤为明显，如化学成果在中试放大环节容易出现的爆炸事故；药物可能在小试环节被证明无法预期转化，在中试环节达不到市场同类产品效果等。转让科技成果的形式一定程度使转让单位避免了后续研发中承担的成果转化失败引发的各种法律责任与经济损失。

（2）技术许可使用（许可他人使用科技成果）。科技成果许可使用是高校和科研院所与市场主体签订授权合同，以收取许可费的形式让渡科技成果的使用权，并由市场主体负责具体转化活动的科技成果转化方式。高校、科研院所一般按照成本法对科技成果定价，并凭借背景知识产权❶在技术合作中以成果的许可使用权为主要对价，辅以科研场所、设备、人员作为技术合同的对价，向希望获取前景知识产权赚取商业利润的市场主体收取许可费用。这种方式是一些重视成果保密或因其他原因不愿公开成果资料内容的高新科研院所常用的成果转让方式，并通过每年调整定价的方式，降低了成果许可单位转化成果可能存在的价格风险，对国有科技成果的保护具有重要的保密作用。

（3）作价入股投资（以科技成果开展技术入股）。作价入股投资方式是高校、科研院所对其持有的科技成果，自主决定开展作价投资、入股

---

❶　背景知识产权，通常指在技术开发合同生效日之前由合同一方产生或持有的，或者一方在技术开发合同有效期内产生或持有但是超出合同范围或与合同无关的知识产权，包括专利、著作权、未公开的技术报告和数据等，有时也被称为背景成果、背景发明或背景专利。前景知识产权，是指技术开发合同生效日之内，合作双方在原有的背景知识产权合作的基础上，新产生的在合同范围内与合同相关的知识产权。

确认股权和出资比例，并通过发起人协议、投资协议或者公司章程等形式明确约定科技成果的权属、作价、折股数量或者出资比例等事项，明晰产权的科技成果转化方式。目前，高校、科研院所以科技成果开展技术入股的转化方式具体又分为两类。一是直接成立科技成果转化公司。根据《公司法》规定，包括科技成果在内的无形资产占注册资本的比例最高可达70%，因此，作为独立法人的高校、科研院所，可对科技成果的知识产权进行价值评估后以技术入股的方式成为公司股东，并对公司的财产与商业收益享有权利，对其他股东与债权人承担义务。这种直接入股的方式要求高校、科研院所将科技成果知识产权作为无形资产转移至科技成果转化公司，公司持有、使用、收益，并根据持股数量与技术转让协议向高校、科研院所分配股利与利润。但依据《公司法》规定，公司成立时也需缴纳实物资本。这种模式在1996年《促进科技成果转化法》颁布后被部分科研院所使用。二是控股全资子公司与成果发明人以科技成果作为技术标的物入股合作公司。以科技成果作为交易对价，与市场主体开展技术合作是高校、科研院所科技成果转化的主要形式之一。此种形式下，高校、科研院所为避免企业投资风险，将知识产权不直接以科技成果作价出资入股企业，而是成果发明单位先利用自有资金与资产建立一个或若干个具有独立法人资格的校办、院办控股企业；控股企业经营范围包括资产管理、实业投资、技术开发、技术咨询、技术推广、技术服务、技术转化和高科技企业孵化等，法定代表人具有职务发明单位的人事背景。高校、科研院所将科技成果的专利所有权、许可使用权、科研设备使用权等科技资源授予控股企业，也安排科技人员及团队在企业中担任研发人员，通过控股企业与其他市场技术主体进行交易，签订技术入股协议、专利使用许可协议、技术顾问聘用协议等一系列约定各方权利义务的合同。在这种方式下，对于合作市场主体而言，背景知识产权可依据双方合作协议选择是否入股新公司，而科研团队、科研资源选择性打包到合作企业，使得合作市场主体不仅可以利用科技成果，还可获得与成果有关的一切资源支持；对于科研团队而言，科研团队的选择性整体"移植"提高了科技成果转化的成功率，也给其提供了更多的收益来源；对于高校、科研院所，由控股企业多层股权关系间接入股市场主体，替代了高校、科研院所成果转化的风险，避免了高校、科研院所以事业单位法人身份直接承担的民事责任。

目前，利用科技成果作为技术标的物入股合作公司（作价入股投资）开展科技成果转化模式居多，相关高校、科研院所主要为以清华大学为主的部属高校，中国科学院下属科研院所以及各省、自治区、直辖市地方高校。为促进成果发明人——科研人员科技成果转化的积极性，根据2015 年《促进科技成果转化法》第 44 条、第 45 条，科技成果转化后，由科技成果完成单位对完成、转化该项科技成果产生重要贡献的人员给予奖励；科技成果完成单位可规定或者与科技人员约定奖励和报酬的方式、数额和时限，如未规定，则按照《促进科技成果转化法》给定标准给予重要贡献人员奖励和报酬。目前，为激发科研人员科技成果转化的积极性，多数高校、科研院所选择将科技成果作价入股的方式，以股权激励的方式促进科研人员实现科技成果转化。

此外，除以上科技成果转化模式外，为大力推动高校科技成果转化，激发广大科研人员的创新活力，2016 年 1 月，四川省按照《四川省系统推进全面创新改革试验实施方案》总体规划，以西南交通大学（以下简称"西南交大"）《西南交通大学专利管理规定》（以下简称"西南交大九条"）为主要实施主体，开展了职务科技成果混合所有制改革，试点将国有科技成果专利权的所有权部分或全部转移给职务发明人。2018 年政府工作报告中也提出"探索赋予科研人员科技成果所有权和长期使用权"。职务科技成果混合所有制的提出，实际上是将目前高校、科研院所对科研人员的奖励形式从奖金、股权等利益分享，前置为对既有职务发明专利等知识产权所有权的奖励。西南交大通过专利权人和专利申请人变更的方式实现对职务发明人的奖励。截至 2017 年 11 月末，西南交大实现了168 项职务科技成果知识产权分割确权，9 家高科技公司成立，知识产权评估作价入股总值超 1 亿元，带动社会投资近 4 亿元；四川大学实施短短半年间，已经有 30 项技术成果申请确权，作价入股创办的企业数量达到20 多家，投资金额近 10 亿元。❶

作为教育部直属院校，与普通高校作价入股、以股权奖励的科技成果转化模式不同的是，职务科技成果混合所有制模式是在现行法律政策已有的股权奖励程序方式下，将职务科技成果的股权奖励变成了专利权

---

❶ 四川省职务科技成果混合所有制改革成效显著［EB/OL］.（2017-11-10）［2018-06-20］. http://gjss.ndrc.gov.cn/gjsgz/201711/t20171110_866789.html.

的分割确权奖励，通过既有专利的分割确权、新专利的共同申请将职务科技成果权属由纯粹的国有改变为国家、个人混合所有。两种模式的对比如图1所示。

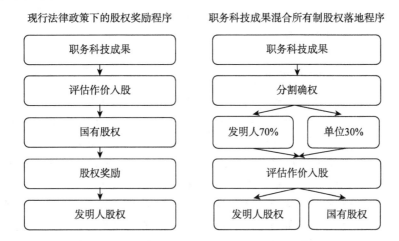

图1 现行法律政策下的科技成果转化模式和
职务科技成果混合所有制模式的对比

资料来源：西南交通大学科技园。

三、影响高校、科研院所科技成果
转化的国有资产监管问题

对比传统事业单位国有资产处置法律路径与科技成果转化法律路径可发现，前者以事前审批、事后备案为监督方式，更侧重防止国有资产流失；而后者更侧重鼓励高校、科研院所处分科技成果，侧重对处分的方式、过程和结果进行事中与事后监督，国有科技成果转化的监管方式不断优化。此外，为更好地促进高校、科研院所科技成果的转化，2015年《促进科技成果转化法》颁布以后，财政部先后制定了《财政部关于进一步规范和加强行政事业单位国有资产管理的指导意见》《财政部关于〈国有资产评估项目备案管理办法〉的补充通知》《中央部门所属高校国有资产处置管理补充规定》等规范性文件和《财政部关于修改〈事业单位国有资产管理暂行办法〉等规章和规范性文件的决定（征求意见稿）》，简化了国有资产使用、处置和评估备案等监管流程，国有资产监管向有利于促进科技成果转化的方向发展。但课题组经对多所高校、科研院所的调研发现，无论是单位负责人、科技转化人员还是科研人员，在科技成果转化过程中仍存在由于国有资产监管体制机制不适应科技成果转化发展要求而影响或不利于高校、科研院所科技成果转化积极性的一系列问题，总结如下。

（一）现有国有资产管理办法不适应科技成果转化发展要求

科技成果转化是高校、科研院所使用和处置国有资产的行为。在现有的国有资产管理体制下，科技成果属于无形资产，而无形资产的管理则参照高校、科研院所的固定资产管理办法。作为一项无形资产的科技成果，包括了技术、专利等，其价值难以用货币衡量，从产生到转化为有用的技术、样品、产品，然后再实现商品化、产业化，是一个漫长且存在风险的过程，最终能否转化成功也存在不确定性，在本质、价值形态、使用和处置等方面均与国有固定资产存在巨大差异。目前，在《中央级事业单位国有资产使用管理暂行办法》第 3 章第 29 条"财政部、主管部门应加强对中央级事业单位国有资产对外投资的考核。中央级事业单位应建立和完善国有资产内控机制和保值增值机制，确保国有资产的安全完整，实现国有资产的保值增值"规定下，科技成果等无形资产需依据国有固定资产管理办法使用与处置，并且事业单位要负责本单位对外投资、出租、出借和担保的国有资产的保值增值工作。基于以上办法，部分高校、科研院所行政管理人员在科技成果转化过程中可能要面临承担双重风险：一方面，如果成果转化不成功，而成果却已进行评估且计入国有资产账面价值，则未来要面临无法实现国有固定资产的保值增值功能的状况；另一方面，如若成果成功实现转化，则要面临未来成果增值与原始评估值存在差异所带来的后续审计风险，以及成果转化完成后，多轮社会资本引入导致国有股权被稀释，进而国有资产收益减少被审计认定国有资产流失的风险。这两类风险都一定程度影响或限制了高校、科研院所负责人及管理人员开展科技成果转化的积极性。同时，一旦触碰国有资产管理问题，对于以科技创新强时效性为原则的市场化企业而言，也极不利于提升它们开展科技成果转化投资的积极性。

（二）国有资产评估机制尚不完整和规范，评估定价易流于形式

目前，根据财政部《事业单位国有资产管理暂行办法》第6章第38条、第41条"事业单位有下列情形之一的，应当对相关国有资产进行评估……（二）以非货币资产对外投资""事业单位国有资产评估工作应当委托具有资产评估性质的评估机构进行……事业单位不得以任何形式干预资产评估机构独立执业"；《财政部关于进一步规范和加强行政事业单位国有资产管理指导意见》第五条第（十五）项"利用非货币性资产进行对外投资的，应当严格履行资产评估程序"，第六条第（十八）项"处置国有资产原则上应当按照规定程序进行资产评估，并通过拍卖、招投标等公开进场交易方式处置"；《财政部关于〈国有资产评估项目备案管理办法〉的补充通知》第三条"国家设立的研究开发机构、高等院校应规范科技成果资产评估机构的选聘工作，按要求如实提供科技成果资产评估所需各项资料，完善资产评估档案管理，配合主管部门做好科技成果资产评估备案工作"，第四条"相关部门和单位在行政事业单位国有资产管理检查工作及资产评估监管工作中，要依法依规加强对科技成果资产评估项目备案情况的监督检查，切实防范国有资产流失"。根据以上规定，事业单位在进行国有资产处置与使用行为时要选择资产评估单位进行国有资产评估，评估备案以年度报告的形式上报主管部门。按照正常的国有科技成果评估机制，在财政部已建的资产评估机构库基础上，高校、科研院所等科研单位可自行选择库内或库外评估机构对其科技成果进行评估，资产评估机构则依据高校、科研院所提供的科技成果转化相关材料，依据成本法、收益法和市场法等评估方法进行评估，高校、科研院所进行汇总备案，年终报主管部门。但目前的情况是，第三方评估机构多属专利技术评估方面的机构而非专业化的财务审计事务所，评估过程形成了"事先商量评估值，评估机构去凑"的评估怪象，即多数评估机构对科技成果的评估定价往往依赖于科技成果来源单位提供的定价或者是成果转化双方已协定的交易价格，然后再根据形成的市场交易价格采用财务方法（收益法）进行倒推补充评估推算过程，评估定价机制流于形式。而对于专业化的专利技术评估机构而言，却普遍存在机构评估专业范围有限和机构数量不足的问题，难以覆盖高校、科研院所不同专业、方向科技成果转化的需求。此外，由于转化前还未形成利润就需

承担相关评估费用，且评估周期耗时长，进而增加了成果转化的交易成本，也不利于科技成果转化市场化时效性作用的发挥。

（三）对科技成果转化与国有资产流失责任界定不明确

国有资产流失问题是我国国有资产管理的防范重点，按照《中央级事业单位国有资产处置管理暂行办法》第 7 章第 39 条，在国有资产处置和使用过程中造成单位资产国有资产损失的一系列行为应根据《财政违法行为处罚处分条例》（国务院令第 427 号）等国家有关规定追究法律责任，即事业单位负责人和相关工作人员违反国有资产管理相关制度将接受相应处罚：轻则对科研人员与工作人员进行事业单位人员处罚、财政违法处罚；重则对高校、科研院所单位负责人进行行政处罚与纪律处分，对造成重大经济损失或存在贪污渎职的按私分国有资产罪、渎职罪追究刑事责任。而根据《中央级事业单位国有资产处置管理暂行办法》第 7 章第 40 条和《中央级事业单位国有资产使用管理暂行办法》第 5 章第 38 条，以上处罚的前提是，高校、科研院所科研人员与工作人员在科技成果转化活动中实质产生了以下造成国有资产流失的行为：违反国家规定或超越法定权限，将无形资产擅自处置、低价出让、无偿转让给民营企业或者个人；不按规定对科技成果进行资产评估或故意压低资产评估价值；在科技成果转化企业的设立与经营中与他人恶意串通，实施或放任损害国有出资人权益的行为。2015 年《促进科技成果转化法》第 49 条专门规定了科技成果转化活动中单位与个人的法律责任：科学技术行政部门和其他有关部门及其工作人员在科技成果转化中滥用职权、玩忽职守、徇私舞弊的，由任免机关或者监察机关对直接负责的主管人员和其他直接负责人员给予依法处分；构成犯罪的，依法追究刑事责任。当高校、科研院所与科技人员、工作人员在转化活动中违反国有资产管理制度处分无形资产时，根据该条款也准用国有资产管理相关规则制度判定与追究法律责任。但同时《促进科技成果转化法实施规定》也提出：科技单位领导在履行勤勉尽责义务，没有牟取非法利益的前提下，免除其在科技成果定价中因科技成果转化后续价值变化产生的决策责任。但根据调研发现，部分高校、科研院所主要负责人积极性不高的原因，在于 2015 年《促进科技成果转化法》部分规定存在责任界定不清的问题，如 2015 年《促进科技成果转化法》对于"勤勉尽责"如何界定，"勤勉尽责"与"牟取非法利益"是否两个前提条件都存在才能免责，科技成果转化的不可控后续价值变化行为虽属免责、但仍已界定责任等问题均未能进行明确说明和释义。同时，目前在对于科技成果作为国有资产处置的问题上，国有资产处置的相关规定及 2015 年《促进科技成果转化法》中对科技成果转化职责的法律认定，其多数规定是强化处分结果而非强化处分行为，对于科技成果转化工作者的激励明显低于潜在产生的法律责任，不利于促进高校、科研院所相关人员对科技成果转化工作积极开展。

（四）职务发明混合所有制难以完全避免科技成果转化过程中涉及的国资管理问题，若模式不规范将难以避免国资流失

职务发明混合所有制是西南交大、四川大学等四川地区高校推进科技成果转化率先开展的科技创新试点工程。相比于科研院所等科研机构，教育部部属高校在开展科技成果转化过程中，除面临以上提出的科技成果转化过程中国有资产监管影响和限制成果转化积极性的一系列问题外，还受限于《教育部关于积极发展、规范管理高校科技产业的指导意见》（教技法〔2005〕2 号）第 6 条"高校要依法组建国有独资性质的资产经营有限公司或从现有校办企业中选择一个产权清晰、管理规范的独资企业（以下统称'高校资产公司'），将学校所有经营性资产划转到高校资产公司，由其代表学校持有对企业投资所形成的股权"的规定，该规定明确教育部部属高校无法独立投资企业，而是由高校资产公司代其投资；而依据 2015 年《促进科技成果转化法》第 45 条和《促进科技成果转化法实施规定》，科技成果的完成单位可以对完成、转化职务科技成果的发明人及单位内对比作出重要贡献的科研人员给予一定奖励和报酬，奖励主体限定为职务科技成果完成单位。但对于教育部部属高校而言，通过高校资产公司以作价入股的方式进行的科技成果转化股权奖励，由于高校与资产公司分属两个独立法人，资产公司并非职务科技成果完成单位，其股权奖励是否符合 2015 年《促进科技成果转化法》第 45 条还存在很大疑问。目前虽未有法律判例，但未来科技成果转化项目公司一旦上市，则可能会面临职务成果发明人股权来源的源头无法追溯的问题。

在此基础上，西南交大职务发明混合所有制模式借此希望通过改革试点解决以上问题，同时，也希望一方面通过科技成果"先确权、再转化"方式，将职务发明的专利权属一部分给发明人，一部分给高校资产公司，以激发职务发明人转化的积极性；另一方面也希望联合资产公司的转化经验，解决由于成果转化奖励力度不够，发明人股权激励所得税

相关手续烦琐和涉及国资问题高校管理人员转化积极性不高、成果转化风险责任划分不清等一系列问题。但是，针对职务科技成果混合所有制所希望解决的问题来看，多数问题已解决。一是除 2015 年《促进科技成果转化法》与《教育部关于积极发展、规范管理高校科技产业的指导意见》第 6 条关于成果单位对成果发明人是否将高校资产公司合法纳入奖励单位范畴还需教育部门明确之外，全国多数高校、科研院所对于科技成果完成人的奖励比例普遍提高到 70% 以上，科技成果人已获得了很高的奖励。多数高校、科研院所也在不断探索开展科技成果转化，如 2014 年 1 月 9 日北京市人民政府印发的《加快推进高等学校科技成果转化和科技协同创新若干意见（试行）》（京政办发〔2014〕3 号）（"京校十条"）明确市属高校对职务发明人等相关贡献人员奖励力度不低于 70%，陕西等省份高校奖励力度在 90% 以上，上海交通大学等上海高校、中国地质大学（武汉校区）等武汉高校和科研院所、中国科学院西安光学精密机械研究所等高校和科研院所均在传统的科技成果转化方式上实现了很好的转化应用。此外，国家更是从立法（2015 年《促进科技成果转化法》）高度和地方政策法规角度（如地方的科技成果转化条例）充分保障了科研人员实施科技成果转化过程中的个人收益，以不断激发成果发明人的积极性。二是科技成果所得税优惠问题得到很大解决。由于政策配套的滞后性，2015 年《促进科技成果转化法》实施初期对于股权奖励个人所得税政策的不明确尤为明显，如股权奖励获得前需先承担一定的个人所得税。但 2016 年 9 月 22 日，《财政部 国家税务总局关于完善股权激励和技术入股有关所得税政策的通知》中明确了股权奖励的"两步合一""递延纳税"等税收优惠政策，将原"工资薪金所得税"和"财产转化所得"对奖励和转让两个环节的征税合并为一个环节征税，且纳税人获得股权奖励时暂不征税，待股权转让时按 20% 的税率一次性征税。上述和其他的税收优惠政策，不仅解决了科技成果作价入股中的税收流程问题，还对科研人员股权收入可实现递延纳税作出了规定。此外，2015 年《促进科技成果转化法》也相应取消了科技成果作价入股的审批手续，简化了相关流程。三是职务混合所有制并未完全摆脱国资管理的限制，违背了《专利法》第 6 条、2015 年《促进科技成果转化法》第 19 条等上位法。经过调研发现，职务混合所有制模式在一定程度上带动了高校科技成果转化，是促进科技成果转化的一种方式，但该方式并未完全规避国有资产的监管。职务混合所有制模式是将科技成果的一部分专利权给了专利发明人，另一部分由高校资产公司持有，而资产公司持有的这部分专利权在项目公司未来所形成的股权中仍属于国有股权，项目公司的增资减持环节依然会按照国有股权管理要求进行评估备案等国资管理办法，实际上难以实现真正的非国资化，其也必然面临传统的科技成果转化后涉及的国资管理问题；不仅如此，从国有资产管理的角度来看，一旦股权分割前置，无法通过评估的方式进行估价会导致分配过程中国有资产的减少。在后续的作价入股过程中，由于高校和科研院所所持股份较少，不愿意参与后续股权的过程，很容易造成谈判中存在利益输送的问题，损害国有资产管理的权益。与此同时，根据《专利法》第6条"执行本单位的任务……职务发明创造申请专利的权利属于该单位；申请被批准后，该单位为专利权人"，2015年《促进科技成果转化法》第19条"国家设立的研究开发机构、高等院校所取得的职务科技成果，完成人和参加人在不变更职务科技成果权属的前提下，可以根据与本单位的协议进行该项科技成果的转化，并享有协议规定的权益。该单位对上述科技成果转化活动应当予以支持"等规定，即使职务科技成果混合所有制的高校，事先与其科研人员签订划分科技成果所有权的相关协议，并在申请专利等环节对职务科技发明进行划分，但从法律意义上也被看作违背《专利法》、2015年《促进科技成果转化法》法律法规精神。

（五）科研与管理人员对科技成果转化政策了解程度不一，部分人员缺乏政策认识

2015年《促进科技成果转化法》实施以来，国家多部门出台了相关政策用于支持科技成果的转化。以财政部为例，财政部联合国家税务总局、科学技术部、教育部等多部门联合下发的支持科技成果转化的政策达十余条，其中既包括了对科技人员取得职务科技成果转化现金奖励的个人所得税政策、完善股权激励和技术入股所得税政策、关于支持科技企业孵化器等税收优惠政策，以及关于无形资产记账的行政事业单位会计准则，还包括《中央部门所属高校国有资产处置管理的补充规定》《财政部关于〈国有资产评估项目备案管理办法〉的补充通知》《财政部关于修改〈事业单位国有资产管理暂行办法〉等规章和规范性文件的决定（征求意见稿）》对于高校、科研院所科技成果转化及评估备案等行政审批权的下放以及促进科技成果转化等国资监管方面的政策，为促进高校、

科研院所科技成果转化和规范无形资产管理提供了重要的政策支持。但是根据调研情况发现，部分高校、科研院所对科技成果转化相关政策的了解程度却不尽人意，表现为对政策的不了解、认识不深、宣传学习力度不够等问题，也是导致科研人员和管理人员难以放开手脚推进单位科技成果转化的重要原因。此外，部分高校院所科研人员对发明成果缺乏转化自信、对科研人员评价仍停留在以论文发表为基础的评价体系、管理人员不作为等现象也是造成高校、科研院所科技成果难以转化的主要原因。

四、促进高校、科研院所科技成果转化国有监管体系的建议

高校和科研院所作为科技成果转化的主要产出地，是科技成果转化为现实生产力的辐射源，是推动国家创新发展的重要力量。对高校和科研院所科技成果形成的国有资产监管是为了保护国有资产不流失，但不能成为科技成果转化的禁锢，造成大量科技成果因不能及时转化而失去价值，形成隐性的国有资产的流失。自从 2015 年《促进科技成果转化法》实施以来，财政部陆续发布了《财政部关于进一步规范和加强行政事业单位国有资产管理的指导意见》《财政部关于〈国有资产评估项目备案管理办法〉的补充通知》《中央部门所属高校国有资产处置管理补充规定》等文件，对科技成果转化过程中涉及国有资产管理的问题采用打补丁的方式进行规定，对促进科技成果转化起到了一定的推动作用，但仍存在诸多问题尚未得到明确的解决。鉴于此，本文提出以下建议。

（一）明确与科技成果转化所形成的无形资产特殊性

目前，《事业单位国有资产管理暂行办法》是监管的法律依据，但是其监管的侧重点主要是有形资产，虽然兼顾了无形资产，但是这些无形资产主要是土地使用权和商标等。不同于这些资产，科技成果转化形成的无形资产具有价值不确定、后续投入大、时效强等特性，如果仍然沿用《事业单位国有资产管理暂行办法》将阻碍科技成果的转化。因此，监管部门应尽快出台与科技成果转化相关的规章制度，重点明确科技成果转化所形成无形资产的特殊性，包括价值不确定性增加评估的难度，难以给出准确的价值；后续投入大意味着可转化的科技成果仍不能较快

地开发出产品；时效强意味着科技成果如不能得到及时转化，将会失去市场价值。这些特性是建立科学的科技成果转化的国有资产管理体系的前提。

（二）继续完善 2015 年《促进科技成果转化法》内容相一致的规章制度

在 2015 年《促进科技成果转化法》出台之后，财政部出台了相关规章及时更新相关的内容，但与 2015 年《促进科技成果转化法》仍存在明显的不一致。例如，《事业单位国有资产管理暂行办法》中规定以非货币性资产对外投资，应对相关国有资产进行评估，而 2015 年《促进科技成果转化法》第 18 条采用的是"协议定价＋内部公示"方式。在实施的过程中由于 2015 年《促进科技成果转化法》的立法层级高于《事业单位国有资产管理暂行办法》，故在对外投资过程中可以采用"协议定价＋内部公示"方式，但是其带来的后续问题是"协议定价＋内部公示"方式所确定的价值能否代替评估价，如果不能的话，一旦评估价格高于经内部公示后的协议定价，是否意味着国有资产流失？这些问题如得不到解决，很容易造成科技成果转化不积极。因此，监管部门应考虑现行制度和 2015 年《促进科技成果转化法》存在的差异，这种差异不能被认为很可能导致国有资产流失。考虑到 2015 年《促进科技成果转化法》属于人民代表大会立法，法律位阶高于行政机关的立法层级，所以监管部门在更新规章制度时应当尽可能与 2015 年《促进科技成果转化法》保持一致，但由于两者的动机并不相同，在出现不一致时应做好相关规章制度的解释说明。

（三）建立科技成果转化公开的市场机制

科技成果供求双方信息交流不够通畅，企业对高校、科研院所取得的科技成果信息缺乏充分了解，由于科技成果转化的价值不确定性以及不存在相关的竞价市场，谈判价格的波动性较大。当高校、科研院所和企业进行单独谈判时，即使很多流程比较规范、合规，但是一旦后期的价值差异较大，便会引起审计、纪检等方面的关注，很容易被追责。2015 年《促进科技成果转化法》采用的是"协议定价＋内部公示"方式，在一定程度上能够降低高校和科研院所的风险，但仍然不是最理想的方式。政府应建立、完善科技报告制度和科技成果信息系统，向社会公布科技项目实施情况以及科技成果和相关知识产权信息，提供科技成果信息查询、筛选等公益服务，有利于形成通过众多企业竞标形成价格的竞争机制。这种公开透明的制度一方面能够为科技成果转化的供需双方搭建交易的平台，能够有效地撮合交易，更为重要的另一方面能够减轻高校和科研院所国有资产流失的心理负担。

（四）建立科技成果转化形成的无形资产管理体系

科技成果转化中的无形资产包括技术、专利等。由于科技成果从产生到转化为有用的技术、样品、产品，然后再将其商品化、产业化，是一个比较漫长的过程，在这个过程中，存在大量的风险，其转化的过程需要科技人员的直接参与。高校和科研院所对此管理比较松懈，根本原因是会计账务处理不规范。调研中我们发现，有的企业将申请的专利在成果转化时才进行账务处理，而《政府会计准则第 4 号——无形资产》要求对于尚未进入开发阶段，或者确实无法区分研究阶段支出和开发阶段支出，但按照法律程序已申请取得无形资产的，按照依法取得时发生的注册费、聘请律师费等费用，将其记入无形资产。由于之前没有账务处理，无形资产处于无人管理的状态，部分科技成果因时效原因而失去价值，部分成果因没有及时申请专利而未得到有效保护，部分成果形成的专利不交纳年费而失效，造成最后可转化的科技成果以及由此形成的无形资产严重流失。此外，科技成果转化过程市场风险较大，企业经营状况难以预期，具有很大的不确定性，多数项目在短期内难以形成效益，导致这些无形资产难以保值增值，在一定程度上影响成果转化的积极性。建议监管部门在材料证明决策机构已履行勤勉尽责义务的情况下，可以考虑将其形成的资产不纳入国有资产保值增值考核口径。

（五）建立较为科学的科技成果评估机制

目前科技成果转化中存在评估难和评估流于形式的问题，主要原因是科技成果等技术类无形资产并不是标准化的商品，成本难以衡量，价值缺乏参照物。由于不可能形成标准化的交易市场，且对收益的预计也难以根据市场来衡量，从而出现"事先商量评估值，评估机构去凑"的现象，失去第三方评估提供公允价值依据的作用，增加了交易成本，甚至延误了成果的时效性。有人建议取消评估机制，事实上这种想法不可取。从目的看，对科技成果进行资产评估是加强国有资产管理、防止不当利益输送的重要制度安排，如果没有评估把关，容易造成制度漏洞，不仅难以做到公开、公平、公正，还为违规私下交易和利益输送留下后门。评估结果作为定价决策参考，防止国有资产流失。从根源看，参与资产评估的第三方大多是财务审计事务所，而非专业的专利价值评估分析机构，国际科技成果评估的实践表明评估并不存在难以评估的问题。监管部门应建立较为科学的评估体系。一是根据现行科技成果市场的发展情况出台相关无形资产评估指引，通过丰富案例不断提高无形资产的评估水平。二是不断丰富和培育无形资产评估市场，有针对性地建立和培育一批实务经验丰富的评估机构和评估师。目前，上海、武汉等地已建立部分帮助科研人员转化科技成果的市场化企业；市场化企业人员由成果转化的相关专业的人才组成，一方面有助于更加合理地评估科技成果价值，另一方面也有利于专业人员的综合化素质提高，促进了科技成果转化与市场的高效结合。三是根据知识产权的特性，选择适当的评估方法。建议不将科技成果价值的评估值确定为一个数值，而是一个区间。

（六）简化科技成果形成国有股权的评估备案程序

在当前市场化情形下，科技成果转化形成的高科技企业发展迅速，增资频繁，投资人也非常看好，时常会出现一年内多达三四次增资的情况。根据现在的相关规定，每次企业增资国有股东股权比例变化都需要进行评估，评估费用从几万元到十几万元不等，需要企业财务、研发、销售、管理等各部门配合，每次耗时半个多月，人力、物力、时间、金钱耗费不菲，影响企业正常生产经营。而后续评估备案还有一定的审核流程。企业在融资过程中，国有股东决策时间远远大于其他非国有股东，致使有的投资人不敢参与具有国有股东的企业融资，让这些企业丧失快速融资机会，最终导致含有国有股东的企业无法与市场中其他企业形成有效竞争。建议监管部门可考虑简化科技成果对外投资形成的国有股权在比例变动时进行资产评估备案程序，缩短评估备案周期，从事前监管向事后备案转移，由各单位采取年度报告的方式（类似科技成果转化年度报告）向主管部门报备。

（七）细化勤勉尽责规定，深化高校、科研院所对科技成果转化的认识

难以评估衡量是否尽到勤勉尽责义务是高校、科研院所行政管理人员开展科技成果转化的原因之一。为解决此问题，上海市人民政府联合上海市财政局下发的《关于改革和完善本市高等院校、科研院所职务科技成果管理制度的若干意见》（沪财教〔2014〕31号）第3条、《关于进

一步促进科技成果转移转化的实施意见》（沪府办发〔2015〕46 号）第 2 条以及《上海市促进科技成果转化条例》第 20 条对如何界定"勤勉尽责"的规定进行了逐步深化。借鉴上海市政策文件相关内容与解决调研中发现的问题，建议从科技成果转化实施条例细则角度，对"勤勉尽责"规定进行细化，将高校、科研院所相关负责人根据法律法规和本单位依法制定的规章制度，开展科技成果转化工作，履行了民主决策程序、合理注意义务和监督管理职责的，视为已履行勤勉尽责义务。此外，为解决高校、科研院所科研人员对于科技成果转化认识不足、政策不了解的情况，建议各单位加强对知识产权及国有资产政策、科研人员科技成果转化的相关政策的培训，并逐步将科技成果转化能力作为一项考评标准纳入高校、科研院所科研水平绩效考核机制。

（八）在条件成熟的地区允许试点职务发明混合所有制

当前科技成果转化的形式有两种典型模式：中国科学院模式和西南交大模式。前者是科技成果评估作价入股，然后根据 2015 年《促进科技成果转化法》以及发明人与单位签订的合同进行股权分割，分别形成国有股权和发明人股权，国有股权被划转到下属的资产管理公司持有。后者是西南交大将专利权转让给下属的科技园，不涉及国有资产流失，然后科技园通过向国家知识产权局提出专利权人变更申请，实现发明人与科技园共有专利权，共有专利权评估作价入股，实现股权分配。由于在评估作价入股前专利产权已经分割，故称为混合所有制模式。从国有资产管理的角度来看，一旦股权分割前置，在后续的作价入股过程中，高校和科研院所所持股份较少，不愿意参与后续股权的过程，其参与后续科技成果转化的积极性也势必会降低。而对于科研人员而言，后续所涉及的投资等市场化行为，则完全会依赖于科研人员个人。根据调研，多数科研人员勤于专业性工作，对于市场投资不甚了解，市场化程度并非专业级别，脱离了高校院所为依托的环境而完全让其靠自身实现科技成果转化也存在很大困难；此外，科技成果转化环节众多，科研人员精力耗费也过多，是否能兼顾工作与科研还是个疑问。但目前据调研，西南交大、四川大学实施混合所有制也在一定程度上提高了研究人员的积极性，加快了转化的速度。但是这种方法的使用还需一定的前提条件。一是因《专利法》第 6 条、2015 年《促进科技成果转化法》第 19 条和《科学技术进步法》第 20 条限制，如要采取职务发明混合所有制改革试点，试点地区政府和相关部门需出台支持混合所有制相关的文件，做到有规可依。二是注重个人利益与国家利益的相结合。在尊重个人利益的前提下，也要以顾及国家利益为前提，股权前置分割的过程中需要采用公平、公开、透明的原则和办法以防止暗箱操作，需一定的材料佐证其评估分配的合理性、公平性，这样既保证了职务发明人的利益，也对高校、科研院所进行基础性研究的科研人员具有一定的公平性。三是在评估作价的过程中，高校、科研院所要克服"搭便车"的心理，积极参与价格评估的过程，共同实现科研人员和高校、科研院所应有的权益。

专利使用权出资
的合法性分析

王　军[❶]

摘　要

　　依据《公司法》第 27 条第 1 款关于非货币财产出资的概括性规则分析，基于专利实施许可而获得的专利使用权符合非货币出资财产的要求。具体来说，专利使用权可用货币估价，可依法转让，法律、行政法规亦未禁止其作为出资财产，因此，专利使用权可以作为合法的出资财产。实际上，以专利使用权出资的做法在商业实践中由来已久。理论上有限制专利使用权出资客体和主体范围的观点，但这并不是一个明智的做法。限制措施表面上减少了风险，实际上阻碍了专利技术更多、更便捷地转化为公司资本。从维护公司清偿能力、保护公司债权人利益的角度看，限制专利使用权出资客体和主体范围既不必要，也不是一个有效的措施，充分、及时的信息披露对公司的债权人更具有保护意义。

关键词

专利使用权　出资　非货币财产　货币估价　可转让性

---

　❶　作者单位：中国政法大学。

引　言

《公司法》明确规定知识产权可以用于出资，其第 27 条第 1 款规定："股东可以用货币出资，也可以用实物、知识产权、土地使用权等可以用货币估价并可以依法转让的非货币财产作价出资；但是，法律、行政法规规定不得作为出资的财产除外。"根据《民法总则》的规定，知识产权是权利人依法就下列客体享有的专有权利：（1）作品；（2）发明、实用新型、外观设计；（3）商标；（4）地理标志；（5）商业秘密；（6）集成电路布图设计；（7）植物新品种；（8）法律规定的其他客体。❶ 对应《专利法》的规定❷可知，《民法总则》所谓权利人就"发明、实用新型、外观设计"享有的专有权利，显然指的是权利人依据《专利法》而取得的专利权，包括发明专利权、实用新型专利权和外观设计专利权❸。因此，三种专利权可以用于出资，是有明确法律依据的。实际上，这历来也没有争议。有争议的问题是：基于专利实施许可而获得的专利使用权能否用于出资？

如前所述，专利使用权不能直接依据《公司法》第 27 条第 1 款作为知识产权进行出资。但《公司法》第 27 条第 1 款除了列举货币、实物、知识产权、土地使用权为出资财产之外，还概括性地规定，其他"可以用货币估价并可以依法转让的非货币财产"也可以作价出资，只要法律、行政法规并未将其列入"不得作为出资的财产"。

因此，对专利使用权能否作为合法出资财产这一问题，应当结合上述条件判断。我们可以将上述条件分解为以下三个标准：（1）可用货币估价；（2）可依法转让；（3）法律、行政法规未禁止其作为出资财产。专利使用权唯有完全符合上述三个标准，才能成为合法的可出资财产。下面首先对这三个标准加以说明，进而结合专利使用权出资的实践情况，对专利使用权出资的合法性作具体分析，最后对主张禁止或限制这种出

---

❶ 《民法总则》第 123 条第 2 款。

❷ 《专利法》第 1 条、第 2 条和第 11 条。

❸ 对该《民法总则》第 123 条的解释，参见：张荣顺．中华人民共和国民法总则解读 [M]．北京：中国法制出版社，2017：402．

资方式的理论观点予以讨论。本文的观点是，以专利使用权出资入股符合《公司法》的出资规则，对这种出资方式无论是禁止还是限制，都是缺乏法律依据和合理性基础的。

一、非货币出资的一般条件

"可用货币估价"的含义无需解释。需要说明的是，非货币出资为什么必须"可用货币估价"？理由主要是有：

其一，公司的注册资本应当以货币金额表明，公司的资产也需要表示为货币金额。因此，股东的所有出资都需要以货币金额表示出来。

其二，只有在出资可以用货币估价的前提下，股东之间才可能公平地计算各自的出资金额，进而按照一定的原则分配股权。

其三，只有在非货币出资可以估价的前提下，才有可能要求股东对非货币出资进行客观公正的价值评估。显然，可估值是公平估值的前提。在这个基础上，才可能做到股东真实出资，进而满足公司资本对公司债权人的一定的保护作用。

非货币出资"可依法转让"可以有两种解释。一种解释是狭义的，即这个要求仅指出资财产可以合法转让给公司。也就是对应《公司法》第 28 条第 1 款对出资的要求（"以非货币财产出资的，应当依法办理其财产权的移转手续"）。另一种解释是广义的，除了上述狭义解释的含义外，还要求出资财产在公司受让后仍然可以再合法转让变现。❶

要求出资财产的权属可以合法转让给公司的理由不难理解。这是因为，出资财产的权属只有转让给公司，它们才能成为公司合法拥有所有权或者支配权的财产，公司才能够按照自己的意愿地将它们应用到生产经营之中。问题是：广义的解释能否成立？公司须以其全部财产清偿公司债务。❷ 如果公司接受的出资财产均可再行转让（"变现"），显然有益于公司利用它们清偿债务；在公司清算的时候，这也有利于公司的债权人获得清偿。但是，一个显而易见的事实是，股东投入公司的出资财产不可能一直保持原状不变——它们要用于生产经营。出资财产一旦投入

---

❶ 李建伟. 公司法学 [M]. 北京：中国人民大学出版社，2018：172.
❷ 《公司法》第 3 条第 1 款。

公司、进入运营之后，其形态、价值都会不断发生变化。例如，某股东以货币出资，将现金存入公司账户后，公司再用现金购买原材料投入生产则货币变成了实物，价值也发生变化。不难发现，该股东的货币出资是无法保持原状和原价值不变的。显然，公司的偿债能力不可能依赖于股东原始出资财产的价值。因此，要求所有的出资财产都具有持久的可转让性，是不现实的。这样过高的要求将阻碍许多资产成为合法的出资财产，实际上也就是限缩了可资本化的财产范围。因此，笔者认为对"可依法转让"这个条件应当采取狭义解释。

哪些财产是"法律、行政法规规定不得作为出资的财产"？截至目前，只有《公司登记管理条例》规定了出资财产的"负面清单"，含：劳务、信用、自然人姓名、商誉、特许经营权或者设定担保的财产。[1] 上述各项之所以被列入禁止出资财产清单，主要的原因是它们无法被转让给公司或者转让即失去原有价值。

在以上说明的基础上，我们来讨论专利使用权究竟是否符合出资要求。在此之间，有必要先了解专利使用权出资的实践情况。

二、专利使用权及其出资现状

"专利使用权"这一术语并未出现于《专利法》，但在商业实践中，早已存在这样的用法——专利使用权被作为转让标的或者出资客体。例如，一份裁判文书显示：1990 年 4 月，北京市西城区万钧技术开发部作为中方投资者与新加坡必威私人有限公司成立了中外合资经营企业北京氧立得制氧有限公司。在合营的双方的出资中，中方即"以制造、生产氧气发生器和氧气发生剂的配方、专利使用权和商标使用权总计折合 10万美元作为出资，占合营公司注册资本的 50%"。[2]

再如，2009 年 12 月，苏州罗普斯金铝业股份有限公司的《首次公开发行股票招股意向书》[3] 披露，苏州罗普斯金铝合金花格网有限公司（以

---

❶ 《公司登记管理条例》（2014 年）第 14 条。

❷ 美国环球科技开发股份有限公司诉北京橡果经贸有限公司确认协议无效纠纷案一审民事判决书，参见北京市第一中级人民法院（2003）一中民初字第 9658 号民事判决书。

❸ 中财网．［发行］罗普斯金（002333）首次公开发行股票招股意向书［EB/OL］．（2009-12-18）［2018-08-15］．http：//www.cfi.net.cn/p20091218000716.html.

下简称"苏州罗普斯金")2001 年 3 月进行的一次增资中，股东台湾罗普斯金用于增资的出资财产即为"花格网"专利使用权（4 项）和"成型"专利使用权（6 项），作价 160 万美元。依据该类专利使用权生产的"花格网"型材和"成型"型材是主要的防盗门型材。此前，苏州罗普斯金是以每年向台湾罗普斯金支付使用费的方式，使用该项专利技术。此次增资专利使用权的作价即是按照原来的专利使用费作价。《首次公开发行股票招股意向书》在解释此次增资的原因时指出：

2000 年之前，苏州罗普斯金的花格网及边料产品所用专利均由台湾罗普斯金无偿提供。随着产品日益为消者所接受，市场上仿冒专利的侵权行为日益增多。在无偿使用的情况下，由于该等专利的权利人为台湾罗普斯金，若由台湾罗普斯金直接对各类侵权行为采取法律措施，存在诸多不便且成本过高。为及时打击仿冒行为，切实有效维护公司品牌和市场形象，双方决定让台湾罗普斯金以专利使用权出资入股。

一些地方政府规范性文件和司法判决中，也有"专利使用权"出资的用法。例如，湖南省的一个规章明确规定，专利许可使用权可以出资入股❶；上海市工商行政管理局提出，支持扩大知识产权出资范围，开展专利许可使用权、域名权等新型知识产权出资试点工作❷。

司法实践中也有一些案例确认了专利使用权出资的合法性。在美国环球科技开发股份有限公司诉北京橡果经贸有限公司等确认协议无效纠纷案中，法院明确肯定专利许可权的出资是有效的。❸ 在陈伟强诉被告李富申、翁锦仪民间借贷纠纷一案中，一审法院认定被告李富申以专利权使用权出资的方式并未违反《公司法》，且原告、被告完全可以将该出资方式载入公司章程。❹ 另外在一些案例中可以发现，各种类型的专利许可权都可以进行出资，并且法院对此没有反对。例如，在罗普斯金公司与鹿城装潢材料公司专利侵权纠纷上诉案中，用于投资的是专利排他许可

---

❶ 胡宇芬，任彬彬 . 湖南省出台新政破解专利成果转化难题［EB/OL］.（2014-12-27）［2018-08-15］. http：//www. hn. chinanews. com/news/cjxx/2014/1227/227232. html.

❷ 上海市工商行政管理局关于积极支持公司创新驱动、转型发展的若干意见［EB/OL］.（2011-02-09）［2018-08-15］. http：//www. sgs. gov. cn/shaic/html/govpub/2012-03-21-0000009a 201203200006. html.

❸ 北京市第一中级人民法院（2003）一中民初字第 9658 号民事判决书。

❹ 陈伟强与李富申、翁锦仪民间借贷纠纷一审民事判决书，参见广东省佛山市禅城区人民法院（2016）粤 0604 民初 5763 号民事判决书。

权；在云南亿润文化旅游发展有限公司与上海亿润影视制作有限公司股东资格确认纠纷案中，上海亿润影视制作有限公司用于出资的是实用新型专利的独占使用权。❶

资产评估机构的评估准则也承认专利使用权评估。中国资产评估协会制定的《专利资产评估指导意见》（2017 年修订）称专利使用权为"专利实施许可权"，"具体包括专利权独占许可、独家许可、普通许可和其他许可形式"（第 11 条）。

但是，各地公司登记机关（工商行政管理部门）未必接受出资人以专利使用权出资。在 2016 年的一篇律师调研报告中，作者写道：就实践中是否可以专利许可使用权出资，笔者电话咨询了北京市、上海市、湖南省及四川省的部分工商行政管理局及知识产权局。电话调研情况显示：北京市接受咨询人员表示不允许股东以专利许可使用权出资；上海市接受咨询人员表示需要根据专利的实际情况判断能否以专利许可使用权出资；湖南省接受咨询人员表示虽然政策上较为支持，但操作层面因缺乏先例而并不鼓励；四川省接受咨询人员表示投资者可自由选择出资形式，工商部门和知识产权局并不干涉。❷

该文总结道："股东以专利许可使用权出资，可以履行评估、财产权转移等程序，符合《公司法》及《公司注册资本登记管理规定》关于股东以知识产权出资的条件和程序要求，且实践中已有成功案例；但在实际办理中，能否办理工商登记，在较大程度上取决于工商登记机关的态度。"❸

鉴于上述实际情况，该文作者给出资人的建议是，尽量以货币出资，而不以专利使用权直接出资，具体做法是："股东通过许可公司使用其专利、以公司支付的许可使用费缴纳其认缴的注册资本的方式，比直接以专利许可使用权出资更为可行。"❹

---

❶ 云南亿润文化旅游发展有限公司与上海亿润影视制作有限公司股东资格确认纠纷二审民事判决书，参见上海市第二中级人民法院（2016）沪 02 民终 2714 号民事判决书。对此的讨论，参见：徐昊天. 专利许可权出资可行性研究［J］. 法制与经济，2017（12）：37.

❷❸❹蔡咖娣. 股东能否以专利许可使用权出资？［EB/OL］.（2016-09-23）［2018-07-15］. http://www.hylandslaw.com/qikan/laywer/130.html.

三、专利使用权出资合法性的具体分析

根据上述情况，人们运用"专利使用权"一词，意指使用人基于其与专利权人的专利实施许可合同而对专利所享有的使用权（或称实施专利的权利）。❶

专利包括发明专利、实用新型专利和外观设计专利。因此，根据专利的内容，专利使用权可以分为发明专利使用权、实用新型专利使用权和外观设计专利使用权。

专利使用权基于实施许可而产生。从实施许可的角度，专利使用权可以区分为不同的种类。司法解释规定，专利实施许可包括"独占实施许可""排他实施许可""普通实施许可"三种方式："（一）独占实施许可，是指让与人在约定许可实施专利的范围内，将该专利仅许可一个受让人实施，让与人依约定不得实施该专利；（二）排他实施许可，是指让与人在约定许可实施专利的范围内，将该专利仅许可一个受让人实施，但让与人依约定可以自行实施该专利；（三）普通实施许可，是指让与人在约定许可实施专利的范围内许可他人实施该专利，并且可以自行实施该专利。"❷ 因此，专利使用权可以根据许可方式的不同区分为三种：独占许可使用权、排他许可使用权和普通许可使用权。

以专利使用权出资，逻辑上应当包括两类可能的情形：一是专利权人通过许可某公司实施其专利的方式，将其专利的使用权作为出资财产，投入该公司而获得相应股权；二是专利权人许可某人（被许可人，亦称"专利使用权人"）实施其专利，此后，专利使用权人又将其专利使用权作为出资财产，投入某公司而获得股权。❸

第一种方式，例如前述苏州罗普斯金 2001 年接受股东以专利使用权出资，其招股意向书对该次专利使用权出资的具体方式有如下说明：苏州罗普斯金于 1999 年 12 月 25 日与台湾罗普斯金签署"专利实施许可合同书"，双方约定台湾罗普斯金将最常用的 10 项专利项目许可罗普斯金

❶ 《专利法》第 11 条、第 12 条。

❷ 《最高人民法院关于审理技术合同纠纷案件适用法律若干问题的解释》第 25 条。

❸ 有观点将第一种出资方式称为"狭义的专利使用权出资"，第二种方式为"广义的专利使用权出资"。参见：李品娜. 专利使用权出资探讨 [J]. 湖北科技学院学报，2014（4）：6-8.

花格网使用；使用方式为"排他使用"；许可使用为每项专利 16 万美元，共计 160 万美元；付款方式为，自 2000 年至 2003 年，每年 1 月 20 日支付 4 万美元。上述"专利实施许可合同书"均经国家知识产权局备案。❶

第二种方式，依据《专利法》第 12 条的规定，如果专利权人在许可被许可人的合同中表示同意，则被许可人可以再许可其他人实施全部或者部分专利技术。被许可人对其他人实施专利的许可叫作"分许可"。❷第二种使用权出资方式，实际上就是专利使用权人对所出资公司的分许可。

无论以上述哪种方式出资，接受出资之公司获得的都是对特定专利技术的许可使用权或者使用权。根据前述《公司法》对非货币出资财产的要求，专利使用权要成为合法的出资财产，它必须同时符合以下三个标准：（1）可用货币估价；（2）可依法转让；（3）法律、行政法规未禁止其作为出资财产。首先可以确定的是，专利使用权并未被列入禁止出资的负面清单之中，因此，以下只需讨论前两个标准。

（一）专利使用权是否可以用货币估价？

专利使用权是被许可人基于专利实施合同而实施特定专利技术并获取收益的权利。具体来说，依《专利法》的表述，实施发明和实用新型专利的行为，包括"为生产经营目的制造、使用、许诺销售、销售、进口其专利产品，或者使用其专利方法以及使用、许诺销售、销售、进口依照该专利方法直接获得的产品"；❸ 实施外观设计专利的行为，包括"为生产经营目的制造、许诺销售、销售、进口其外观设计专利产品"。❹

尽管实施专利的行为能否产生经济收益取决于多项因素，包括：专利技术本身是否具有使用价值、实施方法是否得当、市场对该专利产品是否有一定需求等。但是，这些不确定性因素并不影响人们对专利使用权进行估价。这些影响专利实施收益的因素恰恰是人们对专利使用权进行估价的参考因素。实践中以专利使用权出资的各种情况也表明，专利使用权是可以用货币估价的。

---

❶ 中财网．［发行］罗普斯金（002333）首次公开发行股票招股意向书［EB/OL］．（2009-12-18）［2018-08-15］．http：//www.cfi.net.cn/p20091218000716.html.

❷ 郑成思．知识产权法教程［M］．北京：法律出版社，1993：206.

❸ 《专利法》第 11 条第 1 款。

❹ 《专利法》第 11 条第 2 款。

（二）专利使用权可否依法转让？

无论是专利权人许可，还是被许可人分许可，目标公司都可以获得对特定专利的使用权。专利权人或者被许可人对目标公司的实施许可，依照《合同法》和相关司法解释的表述❶，可以列入专利技术"转让"的范畴。目标公司被许可实施专利技术，相当于受让了专利的使用权。因此，从法律层面看，专利使用权符合狭义的可转让性的要求，可以由专利权人或者被许可人合法地"转让"给目标公司。

但是，目标公司作为出资接受的专利使用权未必还可以再任意转让给不特定的第三人。因为，专利实施许可合同未必给公司这样的权利（实际上这是一种任意实施转许可或分许可的权利）。因此，专利使用权的可转让性未必符合广义的出资财产可转让性要求。

如前所述，出资财产符合狭义可转让性要求就可以满足《公司法》的出资规范了，广义可转让性要求既不必要也不合理。事实上，广义可转让性要求的不合理性在专利使用权出资的情形中表现得更为突出。专利使用权可以根据不同许可方式区分为三种：独占许可使用权、排他许可使用权和普通许可使用权。目标公司无论获得何种使用权，如果其中包含任意转许可的权利，则该项专利技术的独占性或排他性（或者说稀缺性）就大为降低了，其经济价值也会极大贬值。当然，我们不能排除有的公司和出资人可能达成这样的实施许可合同。但从常识来看，这不会是主流做法。法律也不应该强制要求专利使用权出资符合这样的要求，否则对专利技术的资本化十分不利。

总结上述讨论，专利使用权是符合《公司法》关于非货币出资财产的三项要求的。

四、对反对专利使用权出资观点的讨论

有研究者总结了反对专利使用权出资的几种理由，主要有四点：（1）认为专利使用权不属于"独立的财产权"，不能用于清偿公司债务（所谓"承担公司债务的担保功能"）；（2）认为专利使用权无法移转给公司；

---

❶ 《合同法》第342条规定，专利实施许可合同属于"技术转让合同"的一种。另见《最高人民法院关于审理技术合同纠纷案件适用法律若干问题的解释》的表述。

（3）认为专利许可权的"出资"只是在出资人与公司之间形成了合同关系而非实质上的出资关系；（4）认为专利权人可以同时对多个主体进行许可，因此专利使用权价值不稳定，可能会使出资专利使用权价值减损，违反资本维持原则。❶

第 1 种反对理由实际上是主张专利使用权缺乏可转让性，因此在公司清算时无法变现清偿公司债务。上文在分析专利使用权可转让性问题时，笔者已经有所说明。要求每一项出资财产持久地保持可转让性以备变现偿债实际上是不现实的。不仅专利使用权做不到，机器设备、专利权甚至货币出资也做不到。广义的可转让性要求既不合理也不必要。

上述第 2 种和第 3 种理由也是不成立的。前文笔者已经说明，专利权人或者被许可人通过实施许可合同，许可目标公司实施专利技术。实施许可性质上就是专利使用权的转让，而受让人就是目标公司。实施许可的确在出资人与公司之间成立了合同关系，但这个合同关系并不与出资人和公司间的出资入股关系相冲突。这就像股东以土地使用权出资，出资后，目标公司与国家之间存在国有土地使用权出让合同关系一样。以财产的使用权、用益权出资都会存在这种类似的现象，不足为怪。

第 4 种理由在下面的限制出资论中也有反映，我们放在后文一并讨论。

五、对限制专利使用权出资观点的讨论

有学者提出，法律应当采取"干预主义立法模式"，严格限制专利使用权出资的客体和主体：客体应限于独占许可使用权，出资主体则应限定为发明专利的专利权人。❷笔者不赞成这种观点，主要理由是：法律没有必要过多干预当事人的自主安排，公司资本制度也不足以支持这种强制性规则的正当性。以下我们来具体分析"干预主义"的各个论点。

（一）专利使用权出资的客体不必限制为独占许可使用权

法律为什么应当限定可出资的专利使用权类型？一些学者的第一个理由是，这样做可以"降低法律适用的制度成本"。因为，法律目前对专

---

❶ 徐昊天. 专利许可权出资可行性研究［J］. 法制与经济，2017（12）：36.
❷ 张玲，王果. 论专利使用权出资的制度构建［J］. 知识产权，2015（11）：38-44.

利使用权出资语焉不详，规则是模糊的，当事人无所适从，增加了交易成本；如果限定了可出资的客体，规则就清楚了，也有助于统一各地方的规则。❶ 笔者认为，这个看法是不成立的。规则清晰固然有助于降低交易成本，但规则清晰不等于必须采取强制性的限制规则。任意性规则也可以是清晰的，同样可以给当事人明确的行为指引。限制如果不合理的话，当事人仍然会采取一些规避手段去实施有市场需求的行为，这反而抬高了交易成本。

上述学者第二个理由是限定客体可以"避免不必要的纠纷"。具体而言，法律如果不规定可出资的专利使用权类型，当事人通常会在出资协议中不指明具体类型，只笼统约定以"专利使用权出资"，这样会导致在价值评估、公司和出资人专利权限安排等方面产生诸多纠纷。❷ 这个观点同样无法成立。避免纠纷的可取策略不是减少当事人的选择，而是在保护当事人有较充分选择的情况下，明确规则，使当事人在确定的规则之下自主安排相互间的权利、义务。为避免上述学者提出的各种可能发生的纠纷，法律可以要求出资协议注明专利使用权出资的具体使用权类型（例如将这一点作为出资协议的必备条款），至于选择哪种许可使用权出资，当事人可以在了解交易风险的基础上自主约定。

在限定出资客体的立法基调上，上述学者进一步讨论了法律应当禁止普通许可使用权和排他许可使用权出资的理由。关于普通许可使用权，上述学者提出：目标公司如果接受出资人以普通许可使用权出资，则目标公司既不能约束出资人的后续授权行为，也不能约束其后续授权对象——这就导致作为出资的专利使用权价值不稳定，削弱目标公司对专利技术的排他性使用，进而降低公司的竞争优势。❸ 关于排他许可使用权，由于出资人在出资后还可以自行实施专利技术，容易造成股东与公司之间的同业竞争。❹ 笔者同意上述学者对这两种许可使用权可能产生的各种风险的分析。但是，这些风险的存在并不是要求法律实施干预，限制当事人自主选择的充分理由。因为，当事人同样有能力识别这些风险，也有能力通过合同约定避免或者承受这些风险。例如，普通许可使用权

❶ 张玲，王果. 论专利使用权出资的制度构建 [J]. 知识产权，2015 (11)：40-41.
❷ 张玲，王果. 论专利使用权出资的制度构建 [J]. 知识产权，2015 (11)：41.
❸ 张玲，王果. 论专利使用权出资的制度构建 [J]. 知识产权，2015 (11)：41-42.
❹ 张玲，王果. 论专利使用权出资的制度构建 [J]. 知识产权，2015 (11)：42.

确有价值不稳定、公司技术优势被动稀释的可能，但当事人不忽视这个风险时，他们会在出资作价时给出符合双方预期的定价。以排他许可使用权出资，股东与公司可能有同业竞争的风险：如果公司或其他股东在乎这个风险，他们可能不会接受排他许可；如果他们接受出资人以排他许可使用权出资，就表明他们不在乎这个风险，或者在出资定价上已经反映了这一风险。

如果目标公司是上市公司，那么上市公司有必要根据监管规范，排除股东与公司之间可能存在的同业竞争。股东如果以排他许可的方式出资，那么作为专利权人，股东与目标公司可能存在同业竞争；股东若以普通许可的方式出资，那么作为专利权人，股东与目标公司存在同业竞争的可能性更大，且其他被许可人因可使用予以出资的专利技术，对目标公司将产生不利效果。因此，上市公司如果要接受股东以专利权益出资，上市公司自然会依据监管规范排除同业竞争。这种情况下，显然同样无需法律中存在对这两种许可出资的禁止性规则。

实际上，《公司法》限制出资方式的主要原因是出于公司资本充实的考虑，目的是保护公司的债权人。其逻辑是，公司债权人无法参与股东的出资过程，因此，法律进行干预，对股东可用于出资的财产加以限制。但是，2013 年 12 月国家修订《公司法》出资规则并于次年 2 月推出"注册资本登记制度改革方案"之后，关于公司资本的立法政策发生了一个较大调整：出资制度从防弊重于兴利的重监管模式，转向轻监管模式，即降低准入门槛，鼓励投资创业，以信息公示替代原有的繁重管制措施。● 主张禁止普通许可使用权和排他许可使用权出资的观点所提及的上述各种风险，在股东和公司内部实际上都可以通过协议方式调整或者避免。关键的问题其实是，以这两种专利使用权出资对公司的债权人是否构成威胁？从传统的资本制度观点看，确实对债权人有较大风险，因为这两种专利使用权的可变现性比较低。但是，传统观点已经被新的立法政策扭转了：债权人的风险实际上是可以通过信息公示的方法解决的。也就是说，通过在"企业信用信息公示系统"上对出资财产做更加详细的信息披露，使债权人有更加准确、充分和及时的信息来评估债务人公

● 参见《国务院关于印发注册资本登记制度改革方案的通知》（国发〔2014〕7 号）。

司的偿债能力。❶

（二）专利使用权出资的客体也不必限于发明专利

有观点主张，可出资的专利使用权应当限于发明专利使用权，应排除实用新型专利和外观设计专利使用权。其理由是，后两种专利权的"稳定性较差"。具体来说，专利行政部门对发明实行实质审查，而对实用新型、外观设计实行初步审查（对申请文件中的技术方案或设计方案是否真正符合授权条件，不进行全面的实质审查）。因而，实用新型、外观设计的错误授权率较高。所以，即使出资人保证其实用新型、外观设计专利权合法、有效，也不能排除第三方请求宣告该专利权无效并最终导致其被撤销的情况。因此，以实用新型和外观设计专利使用权出资不符合《公司法》要求的"资本有效性"。❷

实用新型和外观设计专利权，因授权基于非实质审查的原因，其"稳定性"的确低于发明专利权。但是，这并不是一个当事人无法或者难以识别的风险。当事人完全可以通过实施许可合同的约定、出资定价等机制避免或者承担这一风险。交给当事人自己决定，比法律强制性地禁止实用新型和外观设计专利使用权出资更为合理。

当然，出资人以专利使用权出资后，专利权一旦被撤销，极可能有损公司资产、生产经营和对债务的清偿能力。这种情况应当适用股东违反出资义务的相关规则处理。❸ 这种事后的救济措施会发挥两方面的作用：一是促使出资人在以这两类专利使用权出资时更为谨慎；二是在发生专利权被撤销的情况时，对公司和公司债权人提供救济手段。

（三）专利使用权出资的主体不必限于专利权人

允许专利权人以授权目标公司实施专利的方式将专利使用权出资入股，这一点是没有争议的。有争议的问题是，被许可人能否再以其获得的专利使用权，以分许可方式，向公司出资入股。主张禁止被许可人作为出资主体的观点，有两方面的理由：

---

❶ "企业信用信息公示系统"的规则见《企业信息公示暂行条例》（2014 年）。该系统的信息披露要求还需要进一步改进，以便企业信用信息的相关使用者能够更加便捷地获得较充分的信息。

❷ 张玲，王果. 论专利使用权出资的制度构建 [J]. 知识产权，2015 (11)：44.

❸《公司法》第 30 条、《最高人民法院关于适用〈中华人民共和国公司法〉若干问题的规定（三）》第 13 条。

其一，被许可人的使用权能否再出资是不确定的。被许可人如果有权以手中的专利使用权再出资，其前提须是专利权人事先同意被许可人有权向他人发放分许可。但是，目标公司要核查这一点，"只能通过查验被许可人签订的许可合同，或与专利权人联系确认。但这很难确保被许可人的分许可权利的有效性"。在难以核实的情况下，目标公司接受被许可人的专利使用权出资，可能导致公司侵权。❶

其二，被许可人权利的从属性不符合《公司法》对资本制度的要求。具体说，被许可人很难保证出资的专利使用权合法有效，因为专利权人与公司并无合同关系；此外，被许可人出资的专利使用权也无法成为公司债务的"有效担保"，因为被许可人无权允许主许可合同规定以外的任何单位或个人实施专利，债权人也无法真正通过变现专利使用权而实现其债权。❷

上述担忧不无道理。如果是律师为目标公司提供这样的法律意见，公司的确要好好考虑一下是否接受出资人（被许可人）以分许可的方式出资。正如有律师如下所分析的。

与专利权人不同，在专利权人给予被许可人分许可权的情形下，被许可人许可专利的权利来源于专利权人的许可，专利权人基于基本许可给予被许可人两项许可：实施专利的许可和（分）许可专利的许可。只有两个许可同时具备，被许可人才可能以其专利使用权出资；若专利权人与被许可人就基本许可发生争议导致其中任何一项许可出现瑕疵，如专利权人向被许可人收回实施专利的许可的，被许可人用以出资的专利使用权即丧失权利基础；专利权人向被许可人收回（分）许可专利的许可的，被许可人虽享有专利使用权但其给予目标公司的分许可亦丧失事实基础和法律依据。事实上，因关于基本许可的争议是否发生系出于专利权人和/或被许可人人为因素的主观控制而导致被许可人享有的许可专利的权利并不稳定，该种不稳定与因可能被宣告无效而导致的专利权不稳定的情形具有本质区别，专利权被宣告无效更多是基于客体不符合《专利法》规定的授权条件，系由客观因素而致。

在这个意义上，即使专利权人给予被许可人分许可权，鉴于分许可涉及专利权人、被许可人及目标公司共三方交易主体，鉴于专利权人和被许可人就基本许可发生争议的可能性考量，被许可人享有的许可专利

---

❶❷ 张玲，王果．论专利使用权出资的制度构建［J］．知识产权，2015（11）：43.

的权利并不稳定……❶

但是，这些担忧还不足以令法律以强制性规范的方式一律禁止被许可人以其专利使用权出资。道理仍然是：风险固然是真实存在的，但应该让当事人自己去判断要不要以及如何去避免风险、如何给风险定价。

事实上，有的地方规章目前只允许专利权人以许可使用的方式进行使用权出资，不允许以分许可方式出资。❷ 还有的地方，公司登记机关事实上不允许专利所有权人再以分许可的方式出资。❸

六、结　论

综上所述，出资人以专利使用权出资入股符合我国《公司法》对出资财产的要求。本文认为，限制专利使用权客体和主体范围并不是一个明智的做法。限制措施表面上减少了风险，但实际上也阻碍了专利技术更多、更便捷地转化为公司资本。为保护目标公司及其他股东的利益，法律设定强制性规则限制专利使用权出资的客体和主体，实际上是一种立法上的"父爱主义"。看起来是在保护当事人，其实是限制了当事人安排自己事务和找到更好的权利义务架构的自由和可能性。而从维护公司清偿能力、保护公司债权人利益的目标看，限制专利使用权出资客体和主体既不必要，也不是一个有效的措施。充分、及时的信息披露，对公司的债权人通过各种救济手段保护自身利益更有意义。

目前我国已经建立了企业信息的公示系统。根据 2014 年《企业信息公示暂行条例》，企业应当在每年 1 月 1 日至 6 月 30 日，通过企业信用信息公示系统，向工商管理部门报送上一年度的"年度报告"并向社会公

---

❶ 刘骁. 专利使用权出资：理论与实践［EB/OL］.（2017-04-24）［2018-08-07］. https：//www. sohu. com/a/136101070_479036.

❷ 2014 年 12 月 9 日，湖南省科学技术厅、湖南省工商行政管理局和湖南省知识产权局联合发布《关于支持以专利使用权出资登记注册公司的若干规定（试行）》。该规定第 2 条规定："在登记注册公司时允许专利权人用专利使用权作价出资，入股比例不受限制，促进财产性权利转化为资本。"该条将专利使用权的出资主体限定为专利权人。

❸ 2011 年 2 月 16 日，上海市工商行政管理局发布《上海市工商行政管理局关于积极支持企业创新驱动、转型发展的若干意见》。该意见明确规定："扩大知识产权出资范围，开展专利使用权、域名权等新类型知识产权出资试点工作。"据律师了解，在工商登记实践中，工商行政管理部门目前仅接受专利权人以其专利使用权出资。参见：刘骁. 专利使用权出资：理论与实践［EB/OL］.（2017-04-24）［2018-08-07］. https：//www. sohu. com/a/136101070_479036.

示，其中包括股东出资方式等信息。企业经营过程中的一些重要事项发生后，企业也应当自信息形成之日起 20 日内在该系统公示。这些事项包括股东认缴或者实缴出资额、出资时间、出资方式的变动。这些公示信息，公众都可以上网查询。信息及时公开是利害关系人预估风险、判断交易成本的有效而且便捷的方法。

专利"当然许可"
制度的初步探讨

徐 东[●]

摘 要

本文对《专利法修改草案》提出的"当然许可"制度展开研究。本文首先介绍了英德两国专利法的"当然许可"条款,并作了初步分析。接着,本文介绍了国际上对"当然许可"的一些评价,初步考察了"当然许可"的社会成本与收益之间的关系,认为"当然许可"可以提高社会的总收益,但是担心"当然许可"的低利用率会成为隐忧。随后,本文初步分析了我国的"当然许可"制度,认为该制度的规定有一些地方体现了创新,也有一些地方需要进一步探究合理性和可操作性。

关键词

专利 当然许可 利用率 社会效益

[●] 作者单位:国家知识产权产权局条法司。

一、什么是专利的"当然许可"❶

我国已经成为新兴的专利大国，但我国的专利成果转化率一直维持在较低的水平。❷ 专利成果转化这一环节上的不足造成了社会财富的损失和社会开销的增加。在我国建设创新型国家的进程中，专利成果转化的问题更加突出和迫切。

因此，在 2015 年 4 月的《专利法修改草案》中，提出要在《专利法》中新增关于"当然许可"的条款，并认为"当然许可"可以有效地促进专利技术的交流和运用。虽然"当然许可"从其诞生到现在已有百余年的历史，并已被 20 余个国家所采纳，但是由于缺乏关注的动机，对于国内专利业界而言，仍稍显陌生。

"当然许可"（License of Right❸）不是一种新的制度。从其诞生到现在，已有百余年的历史。时至今日，全世界大约有 20 个国家建立了该制度，其中较为主要的是英国、德国、法国❹、意大利、西班牙❺，还有俄罗斯、巴西、泰国等❻。

这种专利权人承诺向任何第三人授予许可的最初想法出现在 1903 年的加拿大专利法中，此时加拿大还是英属殖民地。英国的立法机构借鉴了这一想法，于是"当然许可"条款在 1919 年被引入了英国专利法中。

---

❶ 在经第十三届全国人大常委会第七次会议审议的《中华人民共和国专利法修正案（草案）》中，"当然许可"的称呼变为"开放许可"，但在制度设计上没有变化。

❷ 据 2014 年的报道称，"专利实施仅为 10% 左右"（专利实施率即专利成果转化率）。参见：王晔君. 中国科研投入首破万亿　高投入低产出困局待解 [EB/OL]. （2013-10-08）［2016-03-01］. http：//news. sciencenet. cn/htmlnews/2013/10/283489. shtm? id＝283489.

据 2015 年的报道称，"来自教育部的数据表明，我国高校的专利转化率普遍低于 5%"。参见：沈慧. 高校发明专利质量有待提升转化率不高 [EB/OL]. （2015-02-12）［2016-03-01］. http：//finance. ifeng. com/a/20150212/13499313_0. shtml.

❸ 或写成 Licence of Right，也有资料简称为 L. O. R. 或 LOR。

❹ 法国于 2005 年废止了"当然许可"。

❺ KLAMP C. Licence of Right：A possibility to reduce maintenance fees [EB/OL]. ［2016-03-01］. https：//www. dennemeyer. com/fr/ip-insights/overview/news/licence-of-right-a-possibility-to-reduce-maintenance-fees/.

❻ 文希凯. 当然许可制度与促进专利技术运用 [G] //国家知识产权局条法司. 专利法研究 2011. 北京：知识产权出版社，2013：227-238.

  一般认为，"当然许可"是一种"介于自愿实施许可和强制实施许可之间的实施许可"❶，是一种"经专利权人在专利局发出公告声明后，任何人都有权使用其专利，专利局予以注册后，专利的年费可减收一半"❷的制度，该制度"便捷了专利技术转化为产品，使其得到充分利用，推进技术的创新"❸。"当然许可"的特点包括：①专利权人是自愿的，"当然许可是专利权人自由意志的体现，是专利权人自己选择的一种对自己进行某种限制的形式"❹，"专利权人自愿申请'当然许可'，即可避免在自己不实施时产生强制许可或撤销专利的后果"❺。②专利权人应当在专利局登记"当然许可"，并由专利局向社会公布。这样，"任何人只要提出实施申请，就能取得该专利的使用权，专利权人不能拒绝许可其实施"❻。③根据当然许可实施专利的被许可人"有义务向专利权人支付使用费，使用费数额由双方协商。协商不成时，由专利局或法院裁决"❼。④对于专利权人而言，"当然许可"的好处是减免一半的年费❽。⑤"当然许可"的被许可人"无权向第三者发放分许可证，也无权将该专利转让给他人"❾。⑥专利权人可在任何时候请求专利局取消"当然许可"，条件是"当时没有有效的实施许可存在，或所有的许可证领取人都同意"❿，并补交被减免的费用。⑦当然许可"只能是非独占性的"⓫，并且在登记"当然许可"之前，"必须在相关的地域范围内没有关于该专利技

❶❷陶希晋，刘春茂．中国民法学：知识产权 [M]．北京：中国人民公安大学出版社，1997：480-487.

 ❸ 屈广清，徐红菊．国际技术贸易法 [M]．大连：大连海事大学出版社，2006：84-90.

 ❹ 程开源．工业产权法 [M]．天津：南开大学出版社，1998：157-158.

 ❺ 佟柔．民法原理 [M]．北京：法律出版社，1983：407-421.

 ❻ 汪啸风．市场经济大辞典 [M]．长沙：湖南出版社，1994：252.

 ❼ 冯晓青．工业产权法通论 [M]．长沙：中南工业大学出版社，1997：81-89.

 ❽ 陶希晋，刘春茂．中国民法学：知识产权 [M]．北京：中国人民公安大学出版社，1997：480-487；佟柔．民法原理 [M]．北京：法律出版社，1983：407-421；克拉瑟．专利法：德国专利和实用新型法、欧洲和国际专利法 [M]．6版．单晓光、于馨淼，等译．北京：知识产权出版社，2016：1005-1010；李传合，凤兆林．国际经济贸易实用手册 [M]．济南：山东科学技术出版社，1993：681-682.

 ❾ 冯晓青．工业产权法通论 [M]．长沙：中南工业大学出版社，1997：81-89.

 ❿ 陶希晋，刘春茂．中国民法学：知识产权 [M]．北京：中国人民公安大学出版社，1997：480-487.

 ⓫ 屈广清，徐红菊．国际技术贸易法 [M]．大连：大连海事大学出版社，2006：84-90.

术的独占许可的登记"❶。

据此,我们对"当然许可"有了初步的认知。但是,认知还存在模糊不清之处,如"当然许可"是否可被视为一种要约、"当然许可"为什么具有积极的社会效果等。因此,为了弥补不足,完善认知,本文展开了研究。

二、英国和德国的"当然许可"条款比较研究

(一)英国专利法的"当然许可"条款

"当然许可"的出现是社会发展的必然结果。在 1919 年之前,虽然 1907 年的英国专利法没有关于"当然许可"的规定,但是关于强制许可的条文(第 24 条)发生了变化,其中规定了当公众对于专利的合理需求不能满足时,法院有权颁发强制许可;还规定了如果法院认为强制许可也不能满足公众需求时,还有权取消专利。❷

比较 1907 年英国专利法和 1883 年英国专利法的关于强制许可的条文,可以看出,1907 年的规定包含了专利权人不实施或没有充分实施专利的情形,但是条件极为宽松:任何企业或个人只要认为某个专利产品没有完全满足市场需求,都有可能得到法院颁发的强制许可,使其有权生产该专利产品,充分满足市场的需求。❸ 这种强制许可条件宽松化的行为,表明专利权作为一种新技术的垄断权,其阻碍新技术传播与利用的后果已显现出来。一种新的许可制度正呼之欲出。

因此,在 1919 年修订的 1907 年英国专利法中,在"强制许可与取消"一节放入了"当然许可"的条款(第 24 条)。在现行的 2014 年英国专利法中,"当然许可"规定在第 46 条:

❶ 屈广清,徐红菊.国际技术贸易法 [M].大连:大连海事大学出版社,2006:84-90.

❷ Intellectual Property Unit,Patent and Design Act 1907 [EB/OL]. (2007-12-17) [2016-02-17]. http://www.legislation.gov.uk/ukpga/Edw7/7/29/contents.

❸ 张伟君.规制知识产权滥用法律制度研究 [M].北京:知识产权出版社,2008:48-59.

当然许可和强制许可❶

第 46 条　专利权人请求登记签发当然许可证

（1）在专利获得批准后的任何时间，该专利的所有者都可以向专利局局长请求登记和签发当然许可证。

（2）当提出此项请求时，专利局局长将把此项请求通知已登记享有该专利的直接权利和间接权利的任何人。如果该专利权人不因有合同不许他就此项专利签发许可证，即可登记此请求。

（3）进行这种登记后：

（a）任何人在登记后的任何时候，都有权利按双方协议的条件取得许可证，如果双方不能就许可条件达成协议，专利局局长在该专利权人或请求此项许可的人提出请求下，可规定条件；

（b）在登记以前取得该专利的许可证的人提出请求时，专利局局长可命令将该许可证改变为上述条件的当然许可证；

（c）如果在对侵害该专利（因从不是欧洲经济共同体成员国的国家进口任何物品造成的侵害除外）进行起诉时，被告保证按这一条件取得许可证时，不得向其发出禁令，因损失而索赔的款额（如果有）不得超过假定被告在第一次侵害行为以前已是被许可人所应付的款额的 2 倍；

（d）在登记日期以后的专利年费，是登记前应付费用的一半。

（3A）在诉讼中，在上述第 3 款第 c 项下的保证可以在最终判决之前的任何时刻上提出，无需承担任何责任。

（3B）在上述第 3 款第 d 项的适用上，缴纳年费的截止日期是第 25 条第 3 款规定的日期，如果未缴费的话该专利的权利中止。

（4）特许证领取人（除非在以协议确定其条件的许可证的情况

---

❶　中文译文来自《十二国专利法》一书，但根据英文文本作了部分更正。参见：中国人民大学知识产权教学与研究中心，中国人民大学知识产权学院，《十二国专利法》翻译组．十二国专利法［M］．北京：清华大学出版社，2013：115-174. 英文文本参见：Intellectual Property Office. Patent Act 1977（as amended to 1st Oct. 2014）［EB/OL］．［2016-02-17］．https：//www. gov. uk/government/publications/the-patents-act-1977.

下，该许可证另有明确规定）可要求该专利的所有者起诉以阻止对该专利的任何侵害，假如该所有者在要求提出后的两个月内拒绝或不愿这样做，许可证领取人可以以自己的名义像所有者一样对侵害起诉，而使该专利的所有者成为被告。

（5）但成为被告的专利所有者，如未出庭或参与此诉讼，不应负担任何费用。

（二）德国专利法的"当然许可"条款

德国也是很早地设立了"当然许可"制度。1936年的德国专利法增加了"专利申请人或专利权人可以向专利局声明他愿意允许任何人以合理的补偿使用其发明"，并且"在声明被接受后年费减半"的条款。现行的2013年德国专利法中，"当然许可"规定在第23条❶：

第23条　当然许可的声明

（1）专利申请人或者专利登记簿上记载的专利权人［第30条第（1）款］以书面声明的方式告知，其愿意许可任何人通过支付合理的补偿费实施其专利的，在专利局收到该声明后，尚未缴纳的年费减少一半。就主专利作出的该声明将适用于其所有的增补专利。该声明应当记载在专利登记簿并刊登在专利公报上。

（2）专利登记簿上记载已对专利权授予独占许可的，或者已经向专利局申请登记独占许可的［第30条第（4）款］，不得提出上述声明。

（3）专利登记簿记载上述声明后，任何人希望实施该专利的，应当通知专利权人。通知以挂号信函的方式向专利登记簿上记载的专利权人或者其代表人（第25条）发出的，视为有效。通知中应当包括关于如何实施该专利的陈述。发出前述通知后，被许可人即可

---

❶　中文译文来自《外国专利法选译（中）》一书，并结合《十二国专利法》的中译文和德国专利法的英文文本作了更正。参见：国家知识产权局条法司. 外国专利法选译（中）［M］. 北京：知识产权出版社，2015：862-931；中国人民大学知识产权教学研究中心，中国人民大学知识产权学院，《十二国专利法》翻译组. 十二国专利法［M］. 北京：清华大学出版社，2013：517-618，115-174；英文文本参见：Patent Act as published on 16 December 1980（Federal Law Gazette 1981 I, p. 1）；as last amended by Article 1 of the Act of 19 October 2013（Federal Law Gazette I, p. 3830）［EB/OL］.［2016-02-10］. https：//www. wipo. int/edocs/lexdocs/laws/en/de/de160en. pdf.

以其所陈述的方式实施该专利。被许可人有义务在每个季度向专利权人详细通报其实施的情况并支付补偿费。被许可人未按时履行义务的，专利登记簿上记载的专利权人可以给予其合理的宽限期；宽限期届满仍未履行的，专利权人可以禁止其再实施该专利。

（4）补偿费数额应当由专利部门根据当事人的书面请求确定。确定补偿费用的程序参照适用第 46 条、第 47 条和第 62 条的规定。补偿费请求可针对数人提起。专利部门确定补偿费时，可以要求补偿费请求的对方承担确定补偿费程序的全部费用或者部分费用。

（5）在最后一次确定补偿费数额后的一年期间内出现情势变更或者公知原因，导致已确定的补偿费数额明显不合理的，任何一方当事人可以请求变更。就此参照适用本条第（4）款的规定。

（6）对一项专利申请作出许可声明的，参照适用本条第（1）款至第（5）款的规定。

（7）专利权人未接到任何请求实施其专利的通知的，可以随时向专利局递交撤回许可的书面声明。该撤回于通知递交时生效。专利权人应当在撤回许可声明后一个月内，缴纳被减免的年费。在第三句规定的期限内没有缴纳该减免的费用的，应当最迟在随后的四个月内，将被减免的年费连同滞纳金一并缴纳。

（三）英德两国的"当然许可"条款比较研究

1. "当然许可"的声明具有合同法意义上的要约性质

"当然许可"本质上是专利权人向社会作出许诺（Promise），被许可人接受许诺作出承诺（Acceptance）的过程，在被许可人承诺之后许可生效。这种"许诺—承诺"的过程和许可的生效方式，与合同法意义上的要约发出与生效的行为十分相似。那么，"当然许可"是否可被视为一种要约？

合同法意义上的要约的四个构成要件包括：要约人具有订约能力；要约具有明确的订立合同的意图；要约应当向特定的相对人发出；要约的内容必须具体确定。❶ 其中，内容具体确定是指"要约的内容必须具有足以使合同成立的主要条款，如标的、数量、履行期限，如果要约中具

---

❶ 刘凯湘. 合同法 [M]. 北京：中国法制出版社，2006：20-32.

备了这三项内容,即可认为要约的内容是具体的"。❶ 如果"当然许可"的声明满足要约的四个构成要件,可认为"当然许可"的声明是一种要约。

同时,根据当事人的意愿判断,"当然许可"也应该是一种要约。专利权人一旦提出了"当然许可"的声明,即表明他愿意受到该声明的约束。被许可人的实施行为,也是一种明确的意思表示。

2. 两国均规定了年费减免

提出"当然许可"声明是专利权人的自愿行为。英德两国均规定,专利权人提出当然许可声明的,可以享受 50% 的年费减免。这也是制度保证的专利权人(不论专利技术的水平如何)可以享受的直接好处。以英国为例,英国的专利(发明专利)保护期为 20 年,自申请日起的第 5 年开始缴纳年费,根据 2015 年 12 月 7 日更新的年费标准,第 5 年的费用为 70 英镑,逐年递增,第 20 年的费用为 600 英镑,维持专利 20 年需缴年费 4550 英镑。❷ 可见,如果专利权人提出了"当然许可"的申请并获得了批准,其最多可节约近 2300 英镑的费用。对于个人或小企业而言,这是一笔不小的费用。

3. 两国确定许可费的规定不同

英德两国许可费❸的确定机制也不同。英国规定:"任何人在登记后的任何时候,都有权利按双方协议的条件取得许可证。"这表明双方协商确定许可费是第一位的,在双方协商不成时,由英国专利局确定。德国规定:"补偿费数额应当由专利部门根据当事人的书面请求确定。"从条文上看,许可费的确定由德国专利局负责。

同时,从法律条文上还可以看出,协商不成时,英国专利局除了有权确定"当然许可"的许可费外,还有权确定"当然许可"的其他条件。

---

❶ 丘婷. 价格,要约的有效要件?:解读 CISG 第 14 条和第 55 条 [J]. 黑龙江省政法管理干部学院学报,2008(5):142-144.

❷ Renew a patent [EB/OL]. [2016-02-21]. https://www.gov.uk/renew-patent.

❸ 又称补偿费(德国)、使用费(巴西)等。

三、"当然许可"的积极社会效益

（一）"当然许可"制度的积极作用

德国是最早建立"当然许可"制度的国家之一。根据建立时（1936年）的一份解释性备忘录，建立该制度的目的是：在专利和实用新型法的领域中，一方面，通过使缺少资金的发明人方便地得到专利保护，促进和呵护人的创新本性；另一方面，发明人应当将他的发明提供给公众，因为他的成就应归功于全社会。❶ 可见，当时的德国政府对当然许可制度持积极乐观的态度。

一份 2006 年的英国财政部报告也指出"增加专利所含信息利用的一种方法就是专利的当然许可"。该报告还表示："当然许可的专利更具吸引力，专利局应公布当然许可的专利，这将帮助发明人快速确定哪些与其研发领域相关的专利已经登记当然许可。"❷

2008 年的欧洲议会科学与技术方案评估报告认为，"这种方案❸对许多申请人是有吸引力的。其中一部分是独立发明人，他们对其发明的用途缺乏清楚的认识，因此不容易推广自己的发明。一部分是中小企业，它们的财力不足以支持其捍卫权利。还有一部分可能是大学，许多大学已经信任非独占许可了"。❹

日本也一直在推动在国内设立"当然许可"制度。日本特许厅、东京大学等机构发布了一系列的研究报告。特许制度研究会的一份研究报告认为，"当然许可"制度的优势在于：促进创新与公开，避开技术标准

---

❶ RUDYK I. The License of Right in the German Patent System ［EB/OL］. ［2016-03-30］. https：//edoc. ub. uni-muenchen. de/15791/1/Rudyk_Ilja. pdf.

❷ GOWERS A. Gowers Review of Intellectual Property ［EB/OL］. （2006-12）［2016-04-02］. https：//www. gov. uk/government/uploads/system/uploads/attachment_data/file/228849/0118404830. pdf.

❸ 指"当然许可"。

❹ STOA，Scientific Technology Options Assessment，European Parliament. Policy options for the improvement of the European patent system ［EB/OL］. （2008-05-27）［2016-04-09］. http：//www. europarl. europa. eu/document/activities/cont/200805/20080527ATT30112/20080527ATT30112EN. pdf.

化中的专利阻碍，以及减少大学等非实施机构的权利保持费用。❶

建立当然许可制度甚至成为欧洲议会的讨论话题。欧洲议会建议"当然许可"成为即将到来的统一效力欧洲专利的内在组成部分，这意味着"当然许可"制度会自动在欧洲专利组织的 38 个成员国内建立。❷

（二）"当然许可"制度的社会成本与收益之间的关系

据统计，到 2008 年为止，世界上已建立专利制度的国家和地区有 170 多个。目前在大概 20 个国家可以提出"当然许可"。从比例来看，可以提出"当然许可"的国家的占比不高。这些可以提出"当然许可"的国家，包括英国、德国、法国（曾经）、意大利、西班牙、俄罗斯、巴西、希腊、新西兰、新加坡、南非等，❸ 另外还有积极谋求在本国设立"当然许可"的中国、日本。❹ 可见，支配世界经济的几乎所有主要国家都对"当然许可"抛出了橄榄枝。这表明，随着经济的发展，"当然许可"的矛盾主要方面转化为积极的、正面的；社会越是希望遏制专利权的垄断性，就越是青睐"当然许可"。

而且，量化分析也证明了"当然许可"制度的正向社会收益。慕尼黑大学的 Ilja Rudyk 博士指出，从理论模型可以确定存在两种提出"当然许可"声明的动机——节省费用的动机和承诺的动机（在承诺的动机下，专利权人倾向于提出当然许可，而不是排他性许可，因为当然许可有助于其财富增加）。前一种动机显然会导致社会收益的下降，但是后一种动机会导致社会收益的增加，因为专利权人消除了束缚在有价值专利上的垄断性。社会总收益的正负、多少就取决于持有这两种动机的专利

---

❶ 特許制度研究会. 特許制度に関する論点整理について［EB/OL］.（2009-12）［2016-04-10］. https：//www. jpo. go. jp/shiryou/toushin/kenkyukai/pdf/tokkyoseidokenkyu/houkokusyo. pdf.

❷ European Commission. 2011/0093（COD）Enhanced cooperation in the area of the creation of unitary patent protection：implementation［EB/OL］.［2016-04-10］. https：//oeil. secure. europarl. europa. eu/oeil/popups/ficheprocedure. do? reference＝2011/0093（COD）.

❸ 財団法人知的財産研究所. 産業財産権に係る料金施策の在り方に関する調査研究報告書［EB/OL］.（2009-03）［2016-02-16］. https：//www. jpo. go. jp/shiryou/toushin/chousa/pdf/zaisanken/200700all. pdf.

❹ 特許制度研究会. 特許制度に関する論点整理について［EB/OL］.（2009-12）［2016-04-10］. https：//www. jpo. go. jp/shiryou/toushin/kenkyukai/pdf/tokkyoseidokenkyu/houkokusyo. pdf；瀬川友史，小林徹，渡部俊也. 英・独におけるライセンス・オブ・ライト制度およびその利用実態［EB/OL］.［2016-02-16］. http：//pari. u-tokyo. ac. jp/policy/working_paper/Segawa_Kobayashi_&_Watanabe_Working_Paper2. pdf.

权人的比率。❶ 进一步地，Ilja Rudyk 博士选取了 1983～1988 年的德国授权专利数据，因为这一段时间内的专利可以观察到完整的专利周期，并且不会受到 1992 年开始的允许撤回"当然许可"声明的影响。通过数学建模和量化分析，Ilja Rudyk 博士指出：如果没有"当然许可"制度，德国专利局的年费收入会提高 2.21%，但来自所有专利的专利保护的私人回报会降低 0.51%。在"当然许可"制度下，德国专利局虽然损失了一些收入，但这一损失与在该制度下增加的私人回报相比是很小的。❷ 本文认为，20 世纪八九十年代是平稳的发展期，专利数据受到社会、经济、科技等的影响较小，是理想的观察对象。Ilja Rudyk 博士的分析所针对的 1983～1988 年的德国专利数据，具有代表性，分析的方法科学合理，得到的结论是可靠的。

Ilja Rudyk 博士认识到了"当然许可"会导致政府的年费收入减少。但是，Ilja Rudyk 博士从更高层次的社会总收益角度看待这个问题。Ilja Rudyk 博士的研究成果已经证明，"当然许可"使社会总收益增加了，而且极高比率（20 年保护期内平均 95.59%）的当然许可声明是在承诺的目的下作出的❸，这表明"当然许可"促使专利权人开放其专利，有力地遏制了专利的垄断性。而且，增加的社会总收益与"当然许可"的利用率相关。从其他国家的统计数据来看，"当然许可"的利用率并不高。例如，从 1989 年到 2003 年英国的"当然许可"声明年均提出率从 4% 下降到 1.2%❹，2006 年英国的当然许可专利占全部有效专利的约 0.5%❺。巴西的"当然许可"专利在 1992 年达到峰值时占比也没有超过全部专利的 0.2%，且在 1998 年之后下降至基本为零。❻ 在各国中，德国的"当然

---

❶　RUDYK I. The License of Right in the German Patent System ［EB/OL］. ［2016-03-30］. https：//edoc. ub. uni-muenchen. de/15791/1/Rudyk_Ilja. pdf.

❷❸　RUDYK I. The License of Right，Compulsory Licensing and the Value of Exclusivity ［EB/OL］. （2012-12）［2016-03-30］. http：//www. sfbtr15. de/uploads/media/415. pdf.

❹　财团法人知的财产研究所. 産業財産権に係る料金施策の在り方に関する調査研究報告書［EB/OL］. （2009-03）［2016-02-16］. https：//www. jpo. go. jp/shiryou/toushin/chousa/pdf/zaisanken/200700all. pdf.

❺　GOWERS A. Gowers Review of Intellectual Property ［EB/OL］. （2006-12）［2016-04-02］. https：//www. gov. uk/government/uploads/system/uploads/attachment_data/file/228849/0118404830. pdf.

❻　MARTINEZ C. Licensing and change of ownership in international patent legal status data ［EB/OL］. ［2011-11-14］. http：//www. oecd. org/sti/sci-tech/49363502. pdf.

许可"制度运行最好，根据 2012 年的数据，德国的"当然许可"专利占全部授权专利的约 6%。❶ 如何提升"当然许可"的利用率，是立法者在设立制度之后需要解决的主要问题。

统计数据还表明，英德两国的大企业更倾向于利用"当然许可"制度。❷ 而且，德国的数据还表明，在电子工程领域，提出"当然许可"声明的专利占比超过 11%，而在化工和生物技术领域，比率是 1.3%。❸ 一份日本的研究报告也指出，（当然许可）在英国集中在信息通信领域，在德国集中在汽车领域。❹ 电子工程、信息通信和汽车领域，与化工和生物技术的领域相比，显然是竞争更激烈、竞争对手更多的技术领域。究其原因，在竞争激烈的领域中，"一方面可能是专利越来越多，另一方面可能是技术成为标准较为容易"。❺ 这份日本的研究报告还指出："对于已成为业界标准的技术等……当然许可制度是合适的。"❻ 这给了我们有益的启示：如果一项专利技术成为行业的技术标准，同时该专利技术又被专利权人所垄断，这会极大地侵害公共利益。"当然许可"制度有助于解决专利权的垄断性与技术标准的普遍适用性之间存在的矛盾。

四、对中国的专利"当然许可"制度的评论

中国希望借由《专利法》第四次全面修改的机会建立本国的当然许可制度。因此，2015 年 4 月公布的《专利法修改草案（征求意见稿）》（以下简称"修改草案"）作了如下规定。

---

❶ RUDYK I. The License of Right in the German Patent System ［EB/OL］. ［2016-03-30］. https：//edoc. ub. uni-muenchen. de/15791/1/Rudyk_Ilja. pdf.

❷ RUDYK I. The License of Right in the German Patent System ［EB/OL］. ［2016-03-30］. https：//edoc. ub. uni-muenchen. de/15791/1/Rudyk_Ilja. pdf；瀬川友史，小林徹，渡部俊也. 英・独におけるライセンス・オブ・ライト制度およびその利用実態 ［EB/OL］. ［2016-02-16］. http：//pari. u-tokyo. ac. jp/policy/working_paper/Segawa_Kobayashi_&_Watanabe_Working_Paper2. pdf.

❸ RUDYK I. The License of Right，Compulsory Licensing and the Value of Exclusivity ［EB/OL］. （2012-12）［2016-03-30］. http：//www. sfbtr15. de/uploads/media/415. pdf.

❹❺❻ 瀬川友史，小林徹，渡部俊也. 英・独におけるライセンス・オブ・ライト制度およびその利用実態 ［EB/OL］. ［2016-02-16］. http：//pari. u-tokyo. ac. jp/policy/working_paper/Segawa_Kobayashi_&_Watanabe_Working_Paper2. pdf.

第 79 条：

专利权人以书面方式向国务院专利行政部门声明其愿意许可任何人实施其专利，并明确许可费的，由国务院专利行政部门予以公告，实行当然许可。

就实用新型、外观设计专利提出当然许可声明的，应当提供专利权评价报告。

撤回当然许可声明的，专利权人应当以书面方式提出并由国务院专利行政部门予以公告。当然许可声明被撤回的，不影响在先被许可人的权益。

第 80 条：

任何人希望实施当然许可的专利的，应当以书面方式通知专利权人，并支付许可费。

当然许可期间，专利权人不得就该专利给予独占或者排他许可、请求诉前临时禁令。

第 81 条：

当事人就当然许可发生纠纷的，由国务院专利行政部门裁决。当事人不服的，可以自收到裁决通知书之日起 15 日内向人民法院起诉。❶

（一）创新之处

修改草案第 79 条规定，提出"当然许可"声明时需要"明确许可费"。结合前面的讨论来看，"明确许可费"使"当然许可"声明更容易满足合同法意义上要约的构成要件；同时，第 79 条还规定，"就实用新型、外观设计专利提出当然许可声明的，应当提供专利权评价报告"。可以看出，中国允许对实用新型和外观设计专利提出当然许可声明。而且，考虑到实用新型和外观设计专利未经实质审查，为便于被许可人了解专利权的稳定性，草案规定了在对实用新型和外观设计专利提出"当然许可"声明时，"应当提供专利权评价报告"。将专利的"当然许可"和实用新型、外观设计专利、专利权评价报告串联起来，这也是一个立法创新。

此外，修改草案规定"当事人就当然许可发生纠纷的，由国务院专利行政部门裁决"。此处所称的"当然许可纠纷"，应该不止包括许可费

---

❶ 国家知识产权局.《中华人民共和国专利法修改草案（征求意见稿）》条文对照［EB/OL］.［2016-02-10］. http://www.sipo.gov.cn/gztz/1099255.htm.

纠纷，还应该包括许可条件等纠纷，这与英国的规定是一致的。

（二）值得探讨之处

综合各国的相关规定来看，中国是唯一没有年费减免规定的国家。在修改草案的说明中，也没有对此作出解释。没有年费减免的规定势必会打击专利权人的积极性，那么不作出该规定的原因何在？本文分析，如前文所述，存在两种提出当然许可声明的动机：节省费用的动机和承诺的动机。中国之所以作出这样的规定可能是为了将出于节省费用动机的专利排除在当然许可之外。但是，Ilja Rudyk 博士还分析了年费折扣与社会收益之间的关系，指出："较低的折扣只会吸引具有正向财富贡献的专利采用当然许可制度，但折扣率太低会导致专利权人没法在社会效益最佳的时机上提出当然许可声明，许多专利权人提出声明会晚一些，或者干脆不提出声明了。另外，较高的折扣会使具有较高财富贡献的专利在社会效益最佳的时机提出声明，但是也会鼓励具有负面财富贡献的专利采用当然许可制度。因此，最优的折扣应该是平衡这些效果的。"❶ 据此，本文认为这是中国的"当然许可"制度的一个不足之处。

再者，中国规定了专利权人提出"当然许可"声明时需要"明确许可费"，但是，随之而来的许可费是否合理、随着社会环境的变化许可费是否有可能变动等问题，还需要进一步研究。

五、结 语

本文对专利"当然许可"制度持乐观态度，认为该制度可以平衡专利权的垄断性，促进专利技术的交流与利用，增加社会的总收益，有助于专利权人和被许可人快速达成一致。而且，良好的经济、社会效果，也有助于向其他的知识产权领域推广"当然许可"，如商标、著作权等领域。欧盟、日本也都注意到了专利"当然许可"制度的积极作用，积极谋划在本地区或本国建立"当然许可"制度。最后，目前的《专利法修改草案》给出的"当然许可"条款还需要借鉴其他国家的相关规定，保留合理创新，进一步发展完善。

---

❶ RUDYK I. The License of Right，Compulsory Licensing and the Value of Exclusivity [EB/OL].（2012-12）[2016-03-30]. http：//www.sfbtr15.de/uploads/media/415.pdf.

用方法特征限定的产品权利要求的法律困境及出路

李建忠[1]

摘 要

在现代专利制度下，用方法特征限定的产品权利要求（PBP 权利要求）不能清楚地描述保护范围，公示效果差，而且在专利的授权、确权和维权方面带来了一系列的问题。其根本原因在于，PBP 权利要求与现代专利制度和司法制度难以兼容，且它的存在并无现实必要性，所以应当禁止 PBP 权利要求的使用。如果发明人不能用产品本身的结构、组成和性能特征对产品进行清楚的表征，只应授予一项方法专利权，这与其发明的贡献相称。对于难以表征的产品，寻求产品专利保护未必是最佳途径，它可以寻求方法专利的保护，还可以作为技术秘密进行保护。

关键词

方法特征 限定 产品权利要求 Product-by-Process

---

❶ 作者单位：北京三友知识产权代理有限公司。

在专利实践中，经常会见到用方法特征表征的产品权利要求（Product-by-Process Claim，以下简称"PBP 权利要求"）。PBP 权利要求被认为是一类特殊的权利要求，其特殊性表现在：权利要求的主题是产品，而用来限定该主题的特征却完全是或部分是方法特征。这种权利要求给人们带来了很大的困惑。虽然它形式上是产品权利要求，但其特征部分具有方法特征，导致在专利性审查和侵权判定中产生许多难题。

一、PBP 权利要求的现状

（一）各国官方的态度

1. 是否允许采用 PBP 权利要求

在是否允许采用 PBP 权利要求的问题上，多数国家和地区的专利审查机关认为，PBP 权利要求是不得已而为之，不能任意使用。例如，我国的《专利审查指南 2010》规定，对于用制备方法之外的其他特征不能充分表征的化学产品，允许用制备方法来表征。●欧洲专利局审查指南《Guidelines for Examination in the EPO》（2016）规定，只有在产品本身具备新颖性和创造性，且该产品不能用制备方法以外的特征来表征时，才可以使用 PBP 权利要求。● 日本特许厅在日本最高法院的平成 24 年（受）1204 号判决和平成 24 年（受）2658 号判决后，于 2016 年 4 月 1 日修改了其《专利和实用新型审查手册》● 中关于 PBP 权利要求的审查规定，其中要求只有在存在"不可能和非实际"的情况下才能采用 PBP 权利要求，并且对如何审查和处理"不可能和非实际"的情况作出了明确而详细的规定。

美国专利商标局（United States Patent and Trademark Office，USPTO）对可否采用 PBP 权利要求的态度并非一以贯之。在 20 世纪 60 年代之前，USPTO 采取的是有条件使用 PBP 权利要求的政策，即"只有在申请人采用结构特征不能充分描述发明，不论是因为语言滞后于创新，还是现

● 国家知识产权局. 专利审查指南 2010［M］. 北京：知识产权出版社，2010：280.

❷ Guidelines for Examination in the EPO, November 2016, Part F-Chapter IV-18 4.12.

❸ 日本特許庁：《特 許·实 用 新 案 審查ハンドブック》，平成 27 年 9 月，第 II 部第 2 章特許請求の範囲の記載要件：2203-2205。

有技术无法确定这些特征"时，才允许采用 PBP 权利要求。[1] 从 20 世纪 60 年代后期到 20 世纪 70 年代初期，USPTO 对 PBP 权利要求的态度变得宽松。在 1974 年修订的美国《专利审查程序手册》中，申请人无需说明其采用 PBP 权利要求的必要性，只要满足美国专利法第 112 条关于"清楚"的规定即可。[2] 所以，时至今日，USPTO 并未对 PBP 权利要求的使用设定特殊的门槛，原则上申请人可以自主选择使用 PBP 权利要求来限定其发明。

2. PBP 权利要求的保护范围

长期以来，在专利的授权、确权和侵权诉讼程序中如何解释 PBP 权利要求的问题上，世界各国的差异很大，而且有时摇摆不定。在专利的授权和确权程序中，各国审查机关在判定其专利性时，大多采用"产品限定论"，即认为这种权利要求属于产品权利要求，故将其作为产品权利要求进行审查，至于用来定义该产品的方法步骤是否对该产品具有限定作用，取决于该方法步骤对该产品的结构和组成存在何种影响。在专利侵权诉讼程序中，各国法院（甚至同一法院在不同时期）对于此种权利要求的保护范围的解释都不一致。例如，美国联邦巡回上诉法院曾在 1991 年[3]和 1992 年[4]分别作出两个截然相反的判决。直到 2009 年，该法院才最终确定，PBP 权利要求的保护范围应当考虑记载在其中的方法特征。[5] 但是，2015 年 1 月和 2015 年 6 月，韩国最高法院[6]和日本最高法院[7]分别作出判决，认为此类权利要求保护的对象是产品本身，不应受到其中记载的方法特征的限制。

---

[1] Atl. Thermoplastics Co., 970 F. 2d at 843.

[2] NEWTON G. Product-by-Process Patent Claims: Arguing for a Return to Necessity and a Reduction in the Scope of Protection [J]. Arizona State Law Journal, 2008 (40): 327.

[3] Scripps Clinic & Research Found v. Genentech, Inc., 927 F. 2d 1565, 1583 (Fed. Cir. 1991).

[4] Atl. Thermoplastics Co. v. Faytex Corp. 970 F. 2d 834, 847 (Fed. Cir. 1992).

[5] Abbott Laboratories v. Sandoz, Inc., 566 F. 3d 1282 (Fed. Cir. 2009).

[6] 韩国最高法院 2011 (hu) 927 号判决书（2015.1.22）。

[7] 日本最高裁判决平成 24 年（受）第 1204 号および平成 24 年（受）第 2658 号，平成 27 年 6 月 5 日第二小法廷判决。

2009 年中国最高人民法院发布司法解释❶，确立了权利要求范围的解释应采用"全面覆盖原则"。2016 年最高人民法院的司法解释进一步明确，侵权判定时应考虑权利要求中以制备方法界定产品的技术特征。❷ 从我国的司法实践来看，对于包括 PBP 权利要求在内的任何类型的权利要求，我国法院都坚持"全面覆盖原则"。例如，2006 年江苏省高级人民法院对涉及 PBP 权利要求的侵权诉讼的二审判决❸和 2011 年广东省高级人民法院对涉及 PBP 权利要求的侵权诉讼的二审判决❹均采用了该原则，即认为 PBP 权利要求中记载的方法特征对权利要求的范围具有限定作用。

（二）学界观点

学界对于 PBP 权利要求的争论一直在进行。绝大多数学者认为，PBP 权利要求的存在是必要的❺，但关于其解释却众说纷纭。有的主张产品限定论，即 PBP 权利要求是产品权利要求，其保护范围不应当受到权利要求中记载的方法特征的限定❻；有的主张全部限定论，即应当采用 PBP 权利要求中记载的全部技术特征（包括方法特征）来确定其保护范围❼；有的主张

---

❶ 《最高人民法院关于审理侵犯专利权纠纷案件应用法律若干问题的解释》（法释〔2009〕21 号）第 7 条：人民法院判定被诉侵权技术方案是否落入专利权的保护范围，应当审查权利人主张的权利要求所记载的全部技术特征。

❷ 《最高人民法院关于审理侵犯专利权纠纷案件应用法律若干问题的解释（二）》（法释〔2016〕1 号）第 10 条：对于权利要求中以制备方法界定产品的技术特征，被诉侵权产品的制备方法与其不相同也不等同的，人民法院应当认定被诉侵权技术方案未落入专利权的保护范围。

❸ 江苏省高级人民法院（2006）苏民三终字第 0025 号判决书。

❹ 广东省高级人民法院（2011）粤高法民三终字第 373 号判决书。

❺ 张清奎. 化学领域发明专利申请的文件撰写与审查［M］. 北京：知识产权出版社，2004：375-376；尹新天. 试论用方法特征定义的产品权利要求［G］//中国专利局专利法研究所. 专利法研究 1996. 北京：专利文献出版社，1996：56.

❻ 崔军. 方法表征的产品权利要求的审查与保护［G］//国家知识产权局专利局审查业务管理部. 专利审查业务实践. 北京：知识产权出版社，2002：227；PASSLER D M. Product-by-Process Patent Claims：Majority of the Court of Appeals for the Federal Circuit Forgets Purpose of the Patent Act［J］. University of Miami Law Review，1994，49：233.

❼ 毛映红. 小议"方法限定产品"专利权利要求的解释方法：从美国 CAFC 大法庭最新判决谈起［J］. 知识产权，2009（6）：88-92；田振，姚云. 对方法限定的产品权利要求的解释［J］. 中国发明与专利，2011（1）：106-109.

在授权、确权和侵权程序中采用统一的解释原则；❶ 有的主张在授权、确权和侵权程序应采用不同的解释原则；❷ 还有的学者主张，应当区分真正的 PBP 权利要求和不真正的 PBP 权利要求❸，并对这两种不同类型的 PBP 权利要求采用不同的解释原则，对于真正的 PBP 权利要求，其保护范围应采用产品限定论来确定，对于不真正的 PBP 权利要求，其保护范围应采用方法限定论来确定，或将其以不清楚为由无效；也有个别学者曾提议❹，应当禁止 PBP 权利要求，或者规定一种限制性的解释方式，使之仅限于用权利要求所记载的方法所获得的产品。很多年过去了，这种争议有增无减，而且可以预见，关于该类权利要求的争论还会继续。

由上文可见，目前，世界各国在 PBP 权利要求的审查及侵权判定上存在多方面的差异，学界也存在诸多难以调和的观点。这显然不是一种理想的状况。专利制度作为一种法律制度，其根本价值在于促进技术的发展，稳定社会关系，消弭争议，解决冲突，从而促进社会的进步。而 PBP 权利要求的这种纷争状态无疑加剧了冲突，耗费了社会资源，且没有取得良好的社会效果。为了解决 PBP 权利要求所带来的问题，使此类发明的保护不再产生困扰，本文对 PBP 权利要求进行了较为深入和全面的研究。

二、PBP 权利要求的法律困境

从 PBP 权利要求本身的特点来看，它与专利制度存在多方面的不协调，在理论上和实践上产生了诸多困惑。尽管学者们对于 PBP 权利要求各抒己见，提出了种种解决措施，但这并不能克服 PBP 权利要求的固有

❶ 毛映红. 小议"方法限定产品"专利权利要求的解释方法：从美国 CAFC 大法庭最新判决谈起 [J]. 知识产权，2009（6）：88-92；FAN C. Construing Product-by-Process Patent Claims in Scripps and Atlantic [J]. U. C. Davis Law Review，1994，28：219.

❷ 孙平. 论方法特征限定的产品权利要求的解释 [G] //国家知识产权局条法司. 专利法研究 2011. 北京：知识产权出版社，2013：289.

❸ KAGEYAMA K. Necessity，Criteria（Requirements or Limits）and Acknowledgement of Product Identity of Cliams for Product Described by Its Manufacturing Process（Product-by-Process Claims）[J]. Beijing Law Review，2014（5）：114-129.

❹ TAKENAKA T. The Best Patent Practice or Mere Compromise? A Review of the Current Draft of the Substantive Patent Law Treaty and a Proposal for a 'First-To-Invent' Exception for Domestic Applicants [J]. Texas Intellectual Property Law Journal，2003，11：259.

缺陷。PBP 权利要求的缺陷是内生的，是由其本质决定的，并不能通过解释来消除。下文将逐一分析 PBP 权利要求与现行专利制度在理论和实践上的矛盾，并且将简要评述现有各种观点在面对这些问题时的不足。

（一）PBP 权利要求的清楚性

1. 权利要求"清楚"的含义

从我国《专利法》第 26 条第 3 款和第 4 款的规定可以看出，权利要求的"清楚"与说明书的"清楚"有所不同。权利要求的"清楚"是指，权利要求应"清楚"地限定保护范围，即权利要求的边界应当清晰；而说明书的"清楚"是指，说明书对于发明的说明应当"清楚"到能够实现的程度，即本领域的技术人员通过阅读说明书，应当能够理解并再现该发明。

权利要求应当清楚，是权利要求本身的功能所决定的。权利要求是限定专利权保护范围的根本依据，所以应当清楚地限定其保护范围。为了便于确定权利要求的保护范围，根据发明类型的不同，各国普遍将权利要求划分为两种基本类型，即物的权利要求和活动的权利要求，或者简单地称为产品权利要求和方法权利要求。[1] 两种类型的权利要求须采用不同的限定方式。在第一种基本类型的权利要求中，包括人类技术生产的物（产品、设备等），例如，物品、物质、材料、工具、装置、设备等权利要求均属于物的权利要求；在第二种基本类型的权利要求中，包括有时间过程要素的活动（方法、用途等），例如，制造方法、检测方法、使用方法、处理方法以及产品的使用方法等权利要求均属于活动的权利要求。[2]

我国的《专利审查指南 2010》在第二部分第二章 3.2.2（笔者注：权利要求的）"清楚"一节中，以部门规章的形式肯定了 PBP 权利要求的法律地位，即允许采用方法特征来限定权利要求，但属于有条件的允

---

[1] 根据郭禾教授的观点，专利法将发明分为产品发明和方法发明的意义在于：（1）在专利申请过程中，对于不同发明的申请文件，其撰写方式不同；（2）专利授权后，对于不同类型的发明，专利权人行使权利的方式不同，专利权的效力范围也不同；（3）在侵权诉讼中，不同类型的发明可能产生不同的举证责任。参见：郭禾. 知识产权法［M］. 5 版. 北京：中国人民大学出版社，2014：104.

[2] 参见：国家知识产权局. 专利审查指南 2010［M］. 北京：知识产权出版社，2010：141.

许——当无法用结构（或组分、含量等）特征并且也不能用理化参数特征表征时，才允许采用方法特征来表征。[1]

2. PBP 权利要求是否清楚

产品（物品或物质）的结构、组分、组成或参数特征表征是产品的静态特征，这些特征是产品本质属性的反映。这类特征的集合就像一个个界桩，用来表明权利要求的界限。用这类特征表征的权利要求回答了产品"是什么"或"怎么样"的问题，因此我们不妨把它称为"正规产品权利要求"。

PBP 权利要求中的方法特征是制备物品或物质的过程，它通常包括原料（如种类、数量等）和操作条件（如温度、湿度、压力、速度及时间和空间关系等）两方面的信息。方法特征表现为一个过程，该过程起于操作的开始，终于产品的形成。当该过程结束之后，所保留下来的结果仅表现为作为由该过程而获得的有形的产品。用方法特征表征的产品权利要求回答了产品"如何得到"（如何实现）的问题，而对于产品权利要求，"如何实现"本来应该是由说明书来回答的问题。因此，PBP 权利要求的表征方式明显越位了。鉴于此，我们可以将这类权利要求称为"非正规产品权利要求"。

正规产品权利要求回答了产品"是什么"或"怎么样"的问题；不论该产品以何种方法获得以及以何种方式使用，只要被比产品与专利产品的权利要求所记载的特征相同或相似，或者被比产品的相应特征是专利产品的权利要求所记载的特征的下位概念，则被比产品落入了专利产品的权利要求的保护范围，而不论两个产品各自由何种方法得到。在这个意义上，我们将正规的产品权利要求所具有的权能称为"绝对保护"。

PBP 权利要求的技术特征是方法特征或包括方法特征，而方法特征理所当然是用来表征方法权利要求的。PBP 权利要求在形式（产品）和内容（方法）上明显"驴唇不对马嘴"。PBP 权利要求模糊了产品权利要求和方法权利要求的界限，令人莫辨雌雄，从而导致人们对其保护范围产生了巨大的争议。从实践的效果来看，很难说 PBP 权利要求是清楚的。着眼于 PBP 权利要求主题部分的人会认为，PBP 权利要求是产品权利要求，应当受到绝对保护（产品限定论）；而着眼于 PBP 权利要求的特征部

---

[1] 国家知识产权局. 专利审查指南 2010 [M]. 北京：知识产权出版社，2010：146.

分的人会认为，PBP 权利要求本质上是方法权利要求，其保护范围应当仅限于由权利要求所记载的方法特征所限定的产品（方法限定论）。

尽管多数国家的审查机关均允许采用 PBP 权利要求，但在态度上明显不提倡，其主要原因就是，这种权利要求不清楚。众多学者其实也已经意识到了 PBP 权利要求的这种缺陷，但基于这种权利要求乃"不得已而为之"的认识，还是希望在肯定其存在合理性的前提下寻求一种确定性的解释，以期使之变得清楚、确定。但是，从各国法院的审判实践来看，美国联邦最高法院和中国最高人民法院均认为 PBP 权利要求的方法特征对保护范围有限定作用；而日本和韩国的判例显示，只有"真正的 PBP 权利要求"的保护范围才不受方法特征的限定，而"不真正的 PBP 权利要求"的保护范围则受到方法特征的限定，或者干脆认为 PBP 权利要求不满足清楚性的规定，应当予以无效。目前尚不能说何种解释原则占据上风，但这种分歧显然无益于解决 PBP 权利要求的清楚问题。

比较有意思的是日本最高法院在"普伐他汀钠"案中的判决。❶ 它一方面认为 PBP 权利要求"原则上是不清楚的"，另一方面又认为在用制备方法之外的方式限定产品是不可能或不现实的情况下，可以认为 PBP 权利要求"满足了清楚性的要求"。至于其背后的法理依据是什么，该法院没有对此做更多的解释。笔者猜测，这应该是对难以表征的产品"网开一面"的一种特殊规定，即法院认定，这种产品既然不能用方法之外的特征来限定，又不能不对其予以保护，退而求其次，只好允许采用方法特征来限定这类产品，并将其视为是清楚的。然而，笔者认为，这种特殊规定既不合理，又无必要。

首先，权利要求的清楚有其法律上的依据，是对权利要求本身的表征方式的明确规定，只有满足了相关的法律规定才能认为满足了清楚的要求。上文说到，权利要求的清楚，是指其能够清楚地限定专利权的保护范围。PBP 权利要求满足的是说明书的"发明创造能够实现"的要求，而不满足对于权利要求的清楚的要求。不能因为某些产品难以用产品本身的特征表征就认为这种所谓的"真正的 PBP 权利要求"满足了权利要求清楚的要求。正如官方和民间所一致认为的，PBP 权利要求在类型上

---

❶ 知财高判平成 24 年 1 月 27 日判时 2144 号 51 页，知财高判平成 24 年 8 月 9 日 • 平成 23 年（ネ）10057 号。

是骑墙的，是不清楚的，它给审查和权利要求范围的确定带来了很大的困惑。我们必须直面这种不清楚的问题，而不是勉强通过某种迂回的手段使 PBP 权利要求绕开有关权利要求清楚的规定。因此，上述特殊规定是不合理的。

其次，不能用产品特征限定的产品不应获得产品保护。根据产品限定论，PBP 权利要求所要求保护的是产品本身，但它并没有充分公开产品本身的信息，因而不应得到产品专利的"绝对保护"。根据方法限定论，PBP 权利要求的保护范围被限定为由权利要求所记载的方法所得到的产品，此时，其保护范围与该方法所保护的范围无异，此时直接撰写方法权利要求即可，而没有必要舍近求远地撰写 PBP 权利要求。即从制度设计的合理性来看，对于不能用产品特征限定的产品，并没有必要硬性设置 PBP 权利要求来保护其产品。因此，上述特殊规定也无必要。

从权利要求的产生和发展过程来看，权利要求经历了自身从无到有，边界从不清楚到清楚的过程。在权利要求诞生的早期，发明人仅笼统地要求保护"一种工艺""一种发明"或"如说明书所述的技术"等，其限定方式常常夹杂使用产品和方法特征。❶ 这类权利要求因界限不明确而在实务中产生了诸多问题。为了克服这种弊病，后来才逐渐产生了产品权利要求和方法权利要求的分野。PBP 权利要求更像是权利要求诞生早期的产物，其不清楚是由其固有的性质决定的。不论是否对 PBP 权利要求的使用设定前提条件，也不论对 PBP 权利要求采用何种解释方式，这种固有的不清楚的缺陷均难以消除。

在专利制度中，权利要求不清楚是驳回的理由之一，也是授权后的专利权被无效的理由之一。因此，对于这种不清楚的权利要求授予专利权是不符合专利法的立法精神的。

（二）专利性审查结论的不确定性

在专利申请的专利性审查中，权利要求的新颖性和创造性的审查是两大重点，同时也是两大难点。《专利审查指南 2010》第二部分第三章 3.2.5 规定了 PBP 权利要求的新颖性和创造性的判断方法。具体来说，审查员应首先推断 PBP 权利要求中的方法特征对产品本身的结构、组成

---

❶ HYMO L A, ANDERSON R A. Product-By-Process Claims: Time For Reexamination [J]. The Federal Circuit Bar Journal, 1993, 3 (2): 131.

或性能是否有影响，然后判断这种影响是否导致要求保护的产品与现有技术的产品不同。

笔者认为，由这种审查方式得出的新颖性和创造性结论并不可靠，理由如下。

首先，审查结论由推断而来，其可信度和一致性较差。正规产品权利要求中记载了产品本身的结构、组成或性能参数，进行新颖性判断时，比较的是这些直接记载的产品特征。而对于 PBP 权利要求，则是以权利要求中记载的方法特征为出发点，判断待审产品与现有技术的产品的性能是否相同，进而"推断"所得产品的结构或组成与现有技术的产品是否相同。这种推断不论其论据是否充分，论证过程是否严密，作为推断，其本身或多或少带有"推测"的成分，这会导致结论的可信度降低。而且，针对相同的事实，不同的审查员在推断过程中有可能会得到不同的结论，从而导致审查结论的一致性较差。

其次，实践中较难操作。在上述审查方法中，需要在产品的方法特征与结构、组成或性能参数之间建立严格的对应关系。如果这种对应关系不是很直接或很明显，或者对比文件中没有完整地公开产品的制造方法和结构、组成或性能参数，就难以将 PBP 权利要求中的产品与现有技术的产品进行对比。例如，如果对比文件公开了一种制造同类产品的方法，该方法不同于 PBP 权利要求的方法，在没有产品的结构、组成或性能参数等指标的情况下，就不能判断二者是否为相同的产品，因为不同的方法亦有可能得到相同的产品。

最后，新颖性和创造性的证明存在逻辑缺陷。即使能够证明待审的 PBP 权利要求中的方法与现有技术的方法存在差异，也只能断定 PBP 权利要求中的方法特征具备新颖性。而按照常识，制造方法具备新颖性时，产品不一定具备新颖性，故而 PBP 权利要求的产品是否具备新颖性是存疑的。在判断创造性时，虽然审查员可以由说明书记载的技术效果得出 PBP 权利要求所限定的产品具备"显著的进步"，但由于不能确定该"新"的方法对产品产生了何种影响，从而难以断定由该"新"的方法得到产品具备"突出的实质性特点"。因此，从逻辑上来说，PBP 权利要求所限定的产品的创造性处于真伪不明的状态。

总之，新颖性和创造性的判断必须通过技术特征的对比来进行，而在 PBP 权利要求的审查中，这种对比难以进行，或者对比结论可靠性不高，出现误判的可能较大。造成这种局面的根本原因在于，PBP 权利要求具有技术特征与主题不匹配的固有缺陷，这难以通过建立一套审查基准来克服。

（三）侵权判定的两难推理

在专利的侵权判定时，首先必须确定权利要求所要求保护的范围，然后判断被诉产品或方法是否落入了该权利要求的保护范围。而权利要求保护范围的确定必然要依赖于权利要求的解释。关于 PBP 权利要求保护范围的解释，分歧集中在方法特征是否对保护范围具有限定作用。这在理论上和实践上都一直是一个悬而未决的问题。从各国司法机关的判决来看，产品限定论和整体限定论几乎平分秋色。当同一发明在不同的国家和地区提出申请时，对于 PBP 权利要求保护范围的解释不一致必然会导致同案不同判的结局。而且，由于 PBP 权利要求的保护范围一直处于不安定的状态，所以其公示性不佳，不利于专利权人与公众利益的平衡，也不利于侵权纠纷的解决。

在解释 PBP 权利要求的保护范围时，如果采用产品限定论，则其保护范围不受其中所记载的方法特征的限定，权利要求的保护范围被大大扩张。而且，如果 PBP 权利要求中只有方法特征，忽略掉方法特征就无法确定权利要求的保护范围。

如果在 PBP 权利要求的侵权判定中采用方法限定论，即认为 PBP 权利要求的保护范围是由 PBP 权利要求中所记载的方法得到的产品，则需要通过对比方法特征来确定产品是否侵权。这时，只要证明被诉产品系采用 PBP 权利要求中所记载的方法得到的，即可完成侵权的证明。这种解释方法和侵权比对方法有利于体现权利要求对保护范围的良好的公示性，比较符合公众对于权利要求的理解及对于保护范围的预期。在方法限定论之下，其实是通过证明方法相同来推定产品是相同的，在此情况下，PBP 权利要求的保护范围与方法权利要求无异，因此，PBP 权利要求并无存在的必要。

（四）举证责任是否倒置

1. 举证责任的现行规定

举证责任（又称"证明责任"），是指当事人有义务对于自己提出的主张收集或提供证据，并有责任运用该证据来证明自己所主张的案件事实成立或对自己有利的主张，否则，当事人将承担其主张不能成立的后果。这就是所谓的"谁主张，谁举证"的证明责任分配原则。❶ 在专利侵权诉讼中，如果涉诉专利的权利要求的主题是产品，证明被诉产品落入权利要求保护范围的责任通常由专利权人承担。但是，对于方法权利要求，由于方法的实施通常都在被诉侵权方的场所内部，专利权人难以进入并获取证据。这时，如果专利权人仍被要求承担全部的举证责任，在多数情况下，他将难以证明其主张，从而难以使其方法专利获得应有的保护。为了平衡诉争双方的权利和义务，有必要对这种情况下的举证责任进行重新分配，以便合理、有效地解决纠纷。为此，专利法规定，对于新产品制造方法的发明专利，涉嫌侵权方应当承担其产品的制造方法不同于专利方法的证明责任。❷

从该条规定的立法目的及法条本身的行文来看，举证责任的倒置仅适用于方法权利要求。同时，该规定并非适用于任何方法权利要求，而是仅适用于新产品制造方法的方法权利要求。其法理依据是，举证责任倒置是一种特殊的举证责任分配制度，是在原告难以举证且被告有相当大可能实施了侵权行为的情况下，才让被告承担部分举证责任，由被告提出其未实施侵权行为的反证，否则，推定侵权成立。新产品的制造方法必定是在专利申请日前未曾有过的方法。尽管一个新产品可能有多种制造方法，但同样产品由专利方法所制造的可能性较大，因此，对于新产品的制造方法实行举证责任倒置是公平的。但对于不制造产品的检测方法、测量方法，或对于制造已知产品的方法，均不宜采用举证责任倒置。

此外，上述规定并非绝对。根据有关民事诉讼证据的司法解释的规定，对于任何类型的权利要求，根据实际情况，法官有权依照公平原则和诚实信用原则来分配原被告双方的举证责任。❸ 即在特定的情况下，即使涉诉权利要求不是新产品的制备方法权利要求，被告也可能承担一定的举证责任。

---

❶ 《民事诉讼法》第64条第1款规定："当事人对自己提出的主张，有责任提供证据。"

❷ 《专利法》第61条规定："专利侵权纠纷涉及新产品制造方法的发明专利的，制造同样产品的单位或者个人应当提供其产品制造方法不同于专利方法的证明。"

❸ 《最高人民法院关于民事诉讼证据的若干规定》（法释〔2001〕33号）第7条规定："在法律没有具体规定，依本规定及其他司法解释无法确定举证责任承担时，人民法院可以根据公平原则和诚实信用原则，综合当事人举证能力等因素确定举证责任的承担。"

2. PBP 权利要求的举证责任

那么，对于涉及 PBP 权利要求的侵权诉讼，是否可以适用《专利法》第 61 条呢？在回答这个问题之前，首先应弄清 PBP 权利要求的类型，即它是产品权利要求还是方法权利要求。《专利法》和《专利法实施细则》里均没有对 PBP 权利要求的类型作出明确规定。仅《专利审查指南 2010》里指出，权利要求要求的类型取决于其主题的类型，PBP 权利要求的主题是产品，因此，它是产品权利要求。这虽然是为了审查的便利而做的一种政策性的规定，而且专利审查指南的位阶也不高，但由于该规定较为明确具体，且便于操作，具有合理性，所以得到了普遍的认同。

在承认 PBP 权利要求是产品权利要求的前提下，当 PBP 权利要求受到侵犯时，就不应适用《专利法》第 61 条有关举证责任倒置的规定。而根据民事诉讼证据的司法解释的规定，对于 PBP 权利要求，还可以根据公平原则和诚实信用原则来分配举证责任。这样分配举证责任的结果仍然是被诉侵权方承担了至少部分举证责任。在上述规定之下，对于基本相似的案情，实践中产生了不同的判决。例如，在北京望族净化技术开发有限责任公司诉陕西四维高科滤材股份有限公司等侵犯发明专利权纠纷案❶中，北京市第一中级人民法院认为，涉诉的权利要求是由方法特征限定的产品权利要求，证明被诉产品落入权利要求保护范围的责任应当由原告承担，即法院认为 PBP 权利要求的举证责任不倒置。而在 C.I.R.S 公开有限公司诉常州市武进佳华化工有限公司专利侵权纠纷一案❷中，长沙市中级人民法院和湖南省高级人民法院均认为涉诉权利要求是 PBP 权利要求，该 PBP 权利要求涉及新产品的制造方法，故应当依照《专利法》第 61 条的规定，举证责任应当倒置，由被告承担证明其方法不同于专利方法的责任，即法院认为 PBP 权利要求的举证责任倒置。另外，在广东东鹏陶瓷股份有限公司（以下简称"东鹏公司"）诉佛山市嘉俊陶瓷有限公司（以下简称"嘉俊公司"）一案❸中，一审法院认为 PBP 权利要求应当适用专利中有关举证责任倒置的规定，二审法院则认为 PBP 权利要求不适用专利法中有关举证责任倒置的规定，但可以根据公平原则，让被告承担适当的证明责任。可见，在 PBP 权利要求的举证责

---

❶ 参见：北京市第一中级人民法院（2006）一中民初字第 9998 号民事判决书。

❷ 参见：江苏省高级人民法院（2006）苏民三终字第 0025 号民事判决书。

❸ 参见：广东省高级人民法院（2011）粤高法民三终字第 373 号民事判决书。

任是否倒置的问题上，同案不同判的现象比较严重。

在 PBP 权利要求的举证责任问题上，学者们也有不同的观点。

范胜祥等认为❶，PBP 权利要求所要求保护的产品应当是新产品，如果按照"谁主张，谁举证"的原则，要求专利权人承担全部举证责任，则有失公平。专利权人应当对 PBP 权利要求中的产品特征承担证明责任。对于其中的方法特征，如果能够确认该方法特征所涉及的产品结构是已知结构，则应由专利权人证明该结构与被控侵权产品的结构相同。如果不能确定方法特征涉及的产品结构为何，或者所涉及的结构是新的，则应由被控侵权方证明被诉产品是使用不同于 PBP 权利要求所记载的方法制造的，否则被告应当承担举证不能的后果。即被告应视情况对 PBP 权利要求中的方法特征承担部分举证责任。

李艳法官认为❷，PBP 权利要求的举证责任不可倒置，但可以对证明标准做适当调整。只要专利权人能够证明被告所采用的制备方法的核心步骤与涉诉专利的权利要求相同，并且对两者的非核心步骤亦相同作出合理解释，即可认为专利权人已经提交侵犯专利权的初步证据。之后，举证责任转移到被诉侵权人，即被告应当对 PBP 权利要求的非核心方法步骤承担举证责任。

汤锷认为❸，我国是成文法国家，向来重视法律的统一性和稳定性，法律的适用应严格遵循适用条件。对于法官自由裁量权的使用应当慎之又慎。PBP 权利要求是产品权利要求，因此不能适用专利法的举证责任倒置。

总之，不论是法官之间还是学者之间，对于 PBP 权利要求的举证责任有的主张举证责任应该倒置，有的主张不能倒置，有的主张应当有条件地倒置，分歧较大。各种观点均具有某种合理性，但没有一种观点能够获得普遍认可。造成这种局面的根本原因在于，PBP 权利要求形式上是产品权利要求，实质却是具有明显的方法权利要求的属性。这导致人

---

❶ 范胜祥，樊晓东. 试论方法特征限定的产品权利要求的撰写形式与保护范围［J］. 知识产权，2012（7）：100-105.

❷ 李艳. 以方法特征表征的产品权利要求若干问题探析：一种装饰陶瓷制备方法及其产品发明专利纠纷案评析［J］. 科技与法律，2011（6）：41-45.

❸ 汤锷. 论方法表征的产品专利在侵权诉讼中的举证责任［J］. 中国发明与专利，2011（10）：88-90.

们不论站在产品专利的角度还是方法专利的角度，都能找出支持己方观点的理由。

如果以 PBP 权利要求是产品权利要求而不适用《专利法》第 61 条的规定，则实质上增大了权利人的举证难度，权利人不能获得实质上的公正；如果以其实质上属于方法权利要求而适用《专利法》第 61 条的规定，则在形式上难以将 PBP 权利要求与该规定中的"专利方法"匹配。最后，不得不舍法律规则而求诸法律原则。但法律原则的模糊性又常常导致裁判结论的不确定，不利于实现纠纷解决的公平性和一致性。因此，在面对 PBP 权利要求的举证责任分配时，难免顾此失彼，不能两全。

三、PBP 权利要求的存废及对策

当今的专利制度强调权利边界的清晰、申请人的权利和义务的平衡以及权利人与公众的利益平衡。PBP 权利要求并不能满足这种要求。随着各学科分析检测技术的不断发展，真正难以表征的产品越来越少。专利制度及其他知识产权制度已经为难以表征的产品提供了法律保护，例如方法专利的延伸保护和技术秘密的保护。结合前文所指出的 PBP 权利要求所固有的种种弊端，笔者认为，从历史和现实的角度来看，采用 PBP 权利要求来保护产品的时代已经渐行渐远，PBP 权利要求的存在已经没有必要。

（一）物质分析检测的可能性

目前，专利领域的从业者中有不少人仍然认为，某些技术领域（如化学、生物、中药等）的产品难于检测，且难于描述，因此不适合用正规的产品权利来表征，而只能用其制备方法特征来表征。❶ 这是 PBP 权利要求存在的关键理由。

对于这个问题，应当从技术和法律两个方面的发展来观察。首先，从技术角度来看，诚然，在化学和生物的理论和技术均不发达的时代，用产品本身的信息来表征产品有时确有难度；其次，从法律角度来看，在过去权利要求的解释采用"中心限定原则"的历史时代下，权利要求

---

❶ 张清奎. 化学领域发明专利申请的文件撰写与审查［M］. 北京：知识产权出版社，2004：375-376.

的保护范围不拘泥于权利要求的文字记载，而是由法官根据发明的技术思想，并结合权利要求书、说明书和附图的记载，把权利要求所描述的核心技术特征周边一定范围的技术方案都包括在权利要求的保护范围中。在那种情况下，PBP 权利要求的存在有一定的价值，它可以使难以检测或描述的产品发明获得保护。

产品权利要求和方法权利要求的分野是权利要求从模糊走向清晰的重要标志。对于创新性主要体现在微观的结构和组成上的物质发明，要想清楚地界定物质（产品）权利要求的范围，必须依赖于相关的检测分析技术。而近代以来，随着化学知识的丰富，以及光、声、热、电、磁等物理技术的发展，化学物质的分析检测技术有了巨大的进步，这为人们分析物质的微观结构和组成提供了极大的帮助。当前的分析检测技术多种多样，化学分析法和仪器分析法的发展齐头并进，已经能够对物质做定性和定量分析。特别是仪器分析法的灵敏度很高，能够进行微量、痕量组分的定量测定或结构分析。

尽管目前的分析检测技术还不能让人们完全认识物质内部的全部信息，但至少对于大多数物质来说，我们已经有能力获知其大部分的信息。虽然这些信息还不足以让我们能够把物质本身的信息与物质所具备的技术效果一一对应，但已经足以用来区分此物质和彼物质。基于当前的检测技术，申请人如果希望就所得到的产品获得产品专利保护，通常能够对该产品进行分析和检测，并且撰写出正规的产品权利要求。如果由于检测技术水平所限，发明人未能获得产品本身的结构、组成或性能方面的信息，则公众亦无法得知该产品具体为何物，发明人的技术贡献仅在于提供了一种制造该产品的新的方法，那么他应当撰写方法权利要求，请求获得方法专利的保护，这对于他本人和公众来说是公平的。

如果由于检测成本所限，发明人未获得产品本身的结构、组成或性能方面的信息，他仍然不应获得产品的专利保护。因为公开足以将专利产品与现有产品区分开来的信息是专利法的基本要求，是发明获得产品保护的前提条件。不能为了节约检测成本而免除发明人的对产品本身的结构或组成信息的公开义务，否则，这对公众是不公平的。

可能有人会担心，如果申请人因未能检测产品而提交了方法专利申请，而他人在日后仅对该方法获得的产品进行检测，即可获得产品专利保护，从而反过来限制本人实施其专利方法。这种担心是多余的。因为，只要发明人公开了该产品的制造方法，该产品就成为现有产品，他人不可能再获得该产品的专利保护。即使他人用不同的方法获得了同样的产品，也只能获得该不同的方法的专利保护，而不能获得该现有产品的专利保护。因此，并不会发生发明人公开了专利方法而被他人获得了产品专利的情况。

（二）技术保护方式的选择

发明创造是人类特有的能力，也是人类能动地运用自然规律改造自然的基本手段。各国为了鼓励发明创造，以法律制度的方式对发明创造提供保护。保护的方式主要有两种，一是专利保护，二是技术秘密保护。专利保护是国家给予专利权人一定时期和一定地域内的专利技术实施垄断权，但专利申请人需以书面方式充分公开其技术内容并清楚地限定其保护范围为对价，同时，专利申请文件还必须满足专利法中的诸多实体性和程序性的规定。技术秘密的保护是国家以法律形式确认了技术秘密所有权人对其所开发的技术的无限期的专有权，技术秘密所有权人无需向国家申请，也无需公开技术秘密，他人未经许可不得传播和使用该技术秘密，但他人可以使用和传播自己独立开发的相同的技术。这两种保护方式各有千秋，权利人可以根据技术的特点及自身的需要自助选择采用何种保护方式。一般来说，如果某种技术投入商业使用后，并不必然导致技术被公开，他人也不易通过使用权利人的产品而破解该技术，则该技术比较适合采用技术秘密进行保护；否则，采用专利保护较为合适。在当前的经济和技术环境下，多数技术一经使用，就变得广为人知，因此，多数技术采用的是专利保护。

对发明创造选择专利保护时，申请人首先应当准确地评估该发明创造的内容，判断该发明创造到底是提供了一种新的操作方法，还是提供了一种前所未有的产品，还是二者兼而有之。然后，他需要按照有关专利法律法规的规定提出专利申请，并且在专利申请文件中清楚、完整地描述该发明创造，申请文件经专利主管当局依法审查之后，才有可能被授予一定时期内的垄断权。

由于方法专利保护的延伸❶，其产品不论是否具备专利性，只要它是

---

❶　《专利法》第 11 条第 1 款："发明和实用新型专利权被授予后，除本法另有规定的以外，任何单位或者个人未经专利权人许可，都不得实施其专利，即不得为生产经营目的制造、使用、许诺销售、销售、进口其专利产品，或者使用其专利方法以及使用、许诺销售、销售、进口依照该专利方法直接获得的产品。"

该方法直接得到的产品，就可受到专利法的保护。根据最新司法解释❶，这种方法专利的延伸保护仅能延及由该方法直接得到的产品及由该产品进一步加工、处理而获得的后续产品，而不延及由该后续产品进行再加工、处理得到的产品。因此，与产品权利要求的"绝对保护"相比，方法专利权的延伸保护仅限于直接产品和次级衍生产品，而不延及次级衍生产品之后的产品，其保护力度略逊于产品专利权。但这种保护合理合法，易于审查和进行侵权判定，而且对申请人和公众都是公平的。

有人担心❷，如果用产品本身的结构、组成和理化参数信息来表征产品，有时会很复杂。例如，蛋糕的成分分析结果可能是一个很长的清单，不如用 PBP 权利要求来得简明。其实这种担心是多余的。产品的信息在宏观和微观上存在多个维度。对于产品的限定并不要求把产品的所有信息均写入权利要求，这在实际上也不可能做到。但是，写入权利要求的信息应该足以区分此物和彼物，并且产品信息应该揭示到能够产生发明所声称的技术效果的程度。当发明人认为他得到了一种"新"产品时，必定已经确认该产品在结构、组成或性能方面与现有的产品存在差异。把这些特征写入权利要求，才能满足产品权利要求"清楚"的要求。这种情况下，为了权利要求的清楚，需要较多的信息是一种客观需要，而不应该为了所谓的"简洁"而采用不清楚的 PBP 权利要求。

对于结构或组成不明或难以检测的产品，即使将其投放市场，他人也难以破解其技术。此时，该技术的权利人采用技术秘密来保护其技术是恰当的选择。技术秘密不会因产品的销售而公之于众，保护没有时间限制，且无需缴费，这是专利保护所不具有的优势。

四、结　论

PBP 权利要求是在检测技术落后时的产物。当前物质的分析和检测技术已经获得极大的发展，难以分析其组成和结构的产品很少，因此

---

❶　《最高人民法院关于审理侵犯专利权纠纷案件应用法律若干问题的解释（二）》（法释〔2016〕1号）第20条："对于将依照专利方法直接获得的产品进一步加工、处理而获得的后续产品，进行再加工、处理的，人民法院应当认定不属于《专利法》第11条规定的'使用依照该专利方法直接获得的产品'。"

❷　张清奎．专利审查实践论［M］．北京：知识产权出版社，2013：65-69.

PBP 权利要求其实已经没有太多的现实需要，它有时甚至成了申请人逃避公开产品特征的手段。在权利要求的法律地位和解释规则不明确的时代，PBP 权利要求尚有用武之地。当前，侵权判定时的解释原则已经确定为"全面覆盖原则"，而且方法专利的保护已经延及由该方法直接得到的产品，因此其存在的理由已经消失。

更为严重的问题是，PBP 权利要求本身是权利要求进化不完全的产物，它不能清楚地描述保护范围，公示效果差，而且在专利的授权、确权和维权方面带来了一系列的问题。禁止采用 PBP 权利要求后，能够正本清源，促进权利要求的清楚表达。这样做既不损害权利人的利益，也避免了国家对与 PBP 权利要求的授权、确权和维权有关的制度不停地修修补补，从而获得标本兼治的有益效果。

通过以上研究和分析，笔者认为，专利制度中应当严格禁止 PBP 权利要求的使用。如果发明人不能用产品本身的物理及化学特征对产品进行清楚的表征，只应授予一项方法专利权——这与其发明的贡献相称。对于难以检测和表征的产品，寻求专利保护未必是最佳途径，作为技术秘密保护其实更好。